全国优秀数学教师专著系列

向量观念下的直线方程与立体几何

Equations of lines and 3-dimensional geometry of high-school courses based on concept of vector

● 赵生初 编著

HITP
哈爾濱工業大學出版社
HARBIN INSTITUTE OF TECHNOLOGY PRESS

内 容 简 介

本书用向量的观念与方法全面有序地讨论了三阶矩阵与行列式、三元一次方程组、平面向量及其应用、空间向量代数、空间向量与立体几何、空间中的平面与直线等直接与向量相关的六大领域的内容，还将传统上不用向量方法讨论的直线与方程、立体几何初步等内容融入本书，极大地丰富了高中数学课程中关于向量的认知观念。

本书既可作为高中(甚至初中)教师或高中学生提升向量观念与向量方法的参考书，也可作为师范院校在读师范生认知中学数学课程中与向量有关的课程内容的参考书。

图书在版编目(CIP)数据

向量观念下的直线方程与立体几何/赵生初编著. —哈尔滨:哈尔滨工业大学出版社,2020.2

ISBN 978-7-5603-8690-4

Ⅰ.①向… Ⅱ.①赵… Ⅲ.①几何课－高中－教学参考资料 Ⅳ.①G634.633

中国版本图书馆 CIP 数据核字(2020)第 006591 号

策划编辑 刘培杰 张永芹
责任编辑 张永芹 宋 淼
封面设计 孙茵艾
出版发行 哈尔滨工业大学出版社
社 址 哈尔滨市南岗区复华四道街 10 号 邮编 150006
传 真 0451－86414749
网 址 http://hitpress.hit.edu.cn
印 刷 哈尔滨市工大节能印刷厂
开 本 787mm×1092mm 1/16 印张 10.25 字数 180 千字
版 次 2020 年 2 月第 1 版 2020 年 2 月第 1 次印刷
书 号 ISBN 978-7-5603-8690-4
定 价 68.00 元

◎序 言

北京中学的赵生初老师给我送来了一本讲义:《向量观念下的直线方程与立体几何》(以下简称《向量与立体几何》). 阅后感觉:内容体会比较深刻,具有一定研究探索的心得见地,对当前的中学数学教育研究有一定的参考价值.

大家都知道自新课标推行以来,平面向量、空间向量的内容逐步引入到了中学数学教学,这是中学数学课程改革的一项重大推进. 然而从各种中学数学教育期刊发表的文章来看,多数是开发向量法解题的内容和技巧,特别是用向量法解高考试题的文章比比皆是. 而《向量与立体几何》从一个全新的角度来思考问题:"我们不仅需要认真思考向量本身是什么,还需要认真思考向量与以前的平面几何课程有哪些联系,如何才能更有效地用向量的观念来把握平面几何、立体几何,并使之成为一个整体;还需要进一步思考向量到底能做什么,到底能解决哪些曾经遇到过的困难;当然,还需要进一步思考向量的引入还可能会给我们带来哪些新的认知和教学实践等方面的困难等". 总之,《向量与立体几何》站在思维的高度为切实提升向量在数学课程中的价值进行了探索.

《向量与立体几何》立足于用向量的观念建构高中几何课程，将课标中的“必修”“选择性必修”“选修课程”与向量有关的内容有机地融为一体，使学生逐步升华到“向量空间”，为与高等代数的自然接轨做了铺垫.《向量与立体几何》做了极为有益的尝试，建议大家认真研读本书各章的内容，体会其中的要义.

《向量与立体几何》的作者是一位中年数学教师，正处于积累经验、走向成熟的发展期.作为21世纪的中学数学教师，应该是教学与科研兼备型的教师.应该具备中学数学教育研究的能力，力求在用高观点指导数学科研与教学方面勇于实践、大胆探索，为提高中学数学教育的质量多做贡献.应该说《向量与立体几何》的作者正在积极地朝这个方向进取.

一个新的设计或想法难免有不成熟的地方，疏漏难免，希望对《向量与立体几何》课题有兴趣的同仁们共同交流，集思广益，使其内容更加丰满与完善.

——首都师范大学数学科学学院
周春荔

2019年8月20日

◎前言

关于向量观念下的直线方程与立体几何课程建设的思考与实践

一、2017 年版课标是一个历史性的飞跃

从我国高中数学课程的历史发展来看，可以把 1996 年看作向量进入我国高中数学课程的元年. 尽管在这之前，1984 年项武义教授主持编写的《中学数学实验教材》第五册（上）第三章“向量及其运算”中也涉及向量及其内积等相关内容，但当时这套教材仅仅用于实验，在全国的使用范围有限. 当然，这套实验教材也为后来向量课程进入高中数学课程开了先河，积累了经验.

总体来看，与向量有关的课程内容在我国高中数学课程的发展过程中，大体经历了两个阶段. 2017 年可以认为是这两个发展阶段的分水岭：从 1996 年到 2017 年版《普通高中数学课程标准》的颁布，可以看作我国高中数学课程中向量课程的起步阶段；从 2017 年版课标的颁布，到 2019 年根据新课标编写的新教材，则可以认为我国高中数学课程中向量课程已经步入第二个重要的发展阶段.

1996 年 5 月我国颁布了《全日制普通高级中学数学教学大纲(供试验用)》.这个大纲在借鉴项武义教授实验教材的经验的基础上,第一次在我国高中数学课程中引入了"平面向量""空间向量"等与向量有关的课程内容.2004 年颁布的《普通高中数学课程标准(实验)》及《普通高中数学课程标准(2017 年版)》又借鉴了 1996 年实验大纲的经验,在"必修"课程中保留了 1996 年实验大纲中有关"平面向量"的课程内容,在"选修"(或"选择性必修")课程中也保留了 1996 年实验大纲中关于"空间向量"的课程内容.

除此之外,2017 年版课标还在继承的基础之上有了质的突破与飞跃.2017 年版课标除规定了"必修""选择性必修"课程之外,还增加了学生自主选择的"选修课程";且在"选修课程"中第一次明确提出了"空间向量代数"的观念,以"三阶矩阵与行列式"为工具,除"必修"和"选择性必修"课程中保留的"向量加法、减法、数乘运算、内积"等运算之外,还引入了"向量的外积、混合积",除在"必修"和"选择性必修"课程中讨论点、直线、平面的关系外,还进一步讨论了"空间平面与直线的方程".这是向量进入高中数学课程 20 年之后的又一次飞跃.为了尽可能地把"必修"和"选择性必修"中与向量有关的课程内容落到实处,我们不等不靠,在我们学校的高中数学教学中,借助我们自身的力量,将"矩阵与行列式"等工具性知识引入课程,除借助向量讨论几何问题之外,我们也借助向量讨论了直线方程,从而为学生认知向量与立体几何奠定了必要的认知准备;而且在立体几何课程中,根据"选择性必修"的要求,引入了"向量的外积、混合积",除讨论点、直线、平面的关系外,还进一步讨论了"空间平面与直线的方程",讨论了"异面直线的距离",不仅为高中立体几何课程的学习提供了新的认知工具,而且还为解决高中立体几何课程中的相关问题提供了新的视角和新的方法,减轻了认知困难,提高了认知水平,也自然提高了几何问题求解的效率.这本《向量观念下的直线方程与立体几何》就是在我们试用的基础上修订而成的.我们将进一步结合学生的情况,在试用的基础上,做了一些相对的调整和改善.后续我们还将在此基础上,适当添加教学过程中的例题、习题和练习题,以便组成一个完整的体系.对于中学课程来说,适度参照例题、做一定量的练习还是必需的.

二、关于向量课程内容的价值思考

为了能更好地把握向量的本质,我们不仅需要认真思考向量本身是什么,而且还需要认真思考向量与以前的平面几何课程有哪些联系,如何才能更有效地用向量的观念来把握平面几何、立体几何,并使之成为一个整体;而且还需要进一步思考向量到底能做什么,到底能解决哪些曾经遇到过的困难;当然,也还需要进一步思考向量的引入可能会给我们带来哪些新的认知或教学实践等方面的困难.

因此,我们需要从学生们认知平面几何、立体几何及其相关工具的角度来思考向量的价值,切实提升向量在高中数学课程中的价值,把向量当作一种观念,一种工具,用向量的观点、向量的方法来思考、处理与之相关的数学课程内容.或者说需要用向量的观念来统领、驾驭与之相关的数学课程,充分发挥向量在相关课程中的数学认知、思维发展、能力提升等多方面的综合素养.

1.向量代数化的方法是如何在(空间)几何中建立起来的?

目前大家已经形成的共识是:运用向量的方法能把对几何或几何问题的研究由定性思考推进到定量思考,能把代数的运算引入几何,从而使得空间结构代数化,借助代数的可算性来认知并解决几何问题.在初中几何教学的过程中,我们也发现,选择好合适的时机,尽早引入勾股定理及其逆定理、正弦定理与余弦定理等计算工具,也能在一定程度上减轻学生在认知平面几何、论证平面几何问题上的困难.

当我们在平面或空间取定定点O之后,平面或空间中的任意点P就与它的向径$\overrightarrow{OP}$构成一一对应,这样关于点的几何问题就能与向量联系起来,进而借助向量的运算及其性质,也就把代数的运算引进了几何.但是向量到底有哪些运算,为什么说向量的这些运算就能起到代数运算的作用,发挥代数运算的价值呢?

如果从向量代数(或向量空间)的观念来看,一方面,向量的加法运算满足:(1)交换律$\boldsymbol{a}+\boldsymbol{b}=\boldsymbol{b}+\boldsymbol{a}$;(2)结合律$(\boldsymbol{a}+\boldsymbol{b})+\boldsymbol{c}=\boldsymbol{a}+(\boldsymbol{b}+\boldsymbol{c})$;(3)存在零向量使$\boldsymbol{a}+\boldsymbol{0}=\boldsymbol{0}+\boldsymbol{a}=\boldsymbol{a}$;(4)存在负向量$\boldsymbol{a}+(-\boldsymbol{a})=(-\boldsymbol{a})+\boldsymbol{a}=\boldsymbol{0}$;另一方面,数乘向量满足:(5)$\boldsymbol{1a}=\boldsymbol{a}$;(6)$(\lambda\mu)\boldsymbol{a}=\lambda(\mu\boldsymbol{a})$;(7)$(\lambda+\mu)\boldsymbol{a}=\lambda\boldsymbol{a}+\mu\boldsymbol{a}$;(8)$\lambda(\boldsymbol{a}+\boldsymbol{b})=\lambda\boldsymbol{a}+\lambda\boldsymbol{b}$.这说明,所有的向量组成的集合$V$是实数域$R$上的一个向量空间(或线性空间).事实上,线性代数或高等代数课程中所说的向量空间在本质上就是(空间)解析几何中向量概念的一般化.

通常,我们把向量的加法、减法与数乘向量称作向量的线性运算,有时也说向量具有(或满足)线性结构.借助向量的线性结构就可以解决几何中与共线、共面及与定比分点等有关的(仿射)几何问题.但是,还不能解决与长度(及高)、夹角(或垂直)等有关的度量问题.

由于向量的内积满足:(9)交换律$\boldsymbol{a}\cdot\boldsymbol{b}=\boldsymbol{b}\cdot\boldsymbol{a}$;(10)线性结合律$(k\boldsymbol{a})\cdot\boldsymbol{b}=k(\boldsymbol{a}\cdot\boldsymbol{b})$;(11)分配律:$(\boldsymbol{a}+\boldsymbol{b})\cdot\boldsymbol{c}=\boldsymbol{a}\cdot\boldsymbol{c}+\boldsymbol{b}\cdot\boldsymbol{c}$;(12)正定性(或非负性):$\boldsymbol{a}\cdot\boldsymbol{a}\geqslant 0$,当且仅当$\boldsymbol{a}=\boldsymbol{0}$时,$\boldsymbol{a}\cdot\boldsymbol{a}=0$,这就保证了在满足性质(1)～(8)的向量空间$V$(或线性空间)的同时,在此基础上进一步构成了实数域R上的欧几里得向量空间.这样,借助向量的上述运算及与之相关的12条运算性质(或运算律),就已经把空间的几何结构代数化为欧几里得空间上的一个具体模型.

但是,为了进一步解决空间中相关图形的面积与体积的问题,还需要进一步引入向量的外积、向量的混合积. 而向量的外积运算满足:(13) 反交换律:$\boldsymbol{a}\times\boldsymbol{b}=-\boldsymbol{b}\times\boldsymbol{a}$;(14) 数因子结合律:$\lambda(\boldsymbol{a}\times\boldsymbol{b})=(\lambda\boldsymbol{a})\times\boldsymbol{b}=\boldsymbol{a}\times(\lambda\boldsymbol{b})$,特别地,有$(\lambda\boldsymbol{a})\times(\mu\boldsymbol{b})=(\lambda\mu)(\boldsymbol{a}\times\boldsymbol{b})$;(15) 左分配律:$\boldsymbol{a}\times(\boldsymbol{b}+\boldsymbol{c})=\boldsymbol{a}\times\boldsymbol{b}+\boldsymbol{a}\times\boldsymbol{c}$ 及右分配律:$(\boldsymbol{a}+\boldsymbol{b})\times\boldsymbol{c}=\boldsymbol{a}\times\boldsymbol{c}+\boldsymbol{b}\times\boldsymbol{c}$,这说明向量的外积也具有线性结构,或者说向量的外积与线性结构也是相融的,这样向量的外积就可以用于求解与面积有关的度量问题.

由于以向量 $\boldsymbol{a},\boldsymbol{b},\boldsymbol{c}$ 为棱的平行六面体的体积正好等于 $\boldsymbol{a},\boldsymbol{b},\boldsymbol{c}$ 的混合积$(\boldsymbol{a}\times\boldsymbol{b})\cdot\boldsymbol{c}$ 的绝对值 $|(\boldsymbol{a}\times\boldsymbol{b})\cdot\boldsymbol{c}|$. 也就是说,向量的混合积可以用于解决与体积有关的度量问题. 特别地,借助混合积可能方便、有效地解决比较棘手的“两条异面直线之间的距离”的求解. 这说明向量的内积、外积、混合积不仅具有度量结构,而且具有线性结构.

于是,在此基础上,借助空间上的线性结构和度量结构,就可以进一步建立空间平面与直线的方程,并且可以用空间平面与直线的方程来讨论平面、直线之间的位置关系与度量关系,如对应于各种图形的位置关系的解析表达、距离与夹角的计算公式及各种图形之间的垂直关系的充要条件等.

此外,在上述基础之上,进一步借助标架与坐标,引入坐标系,就能使得向量与有序数组(或坐标)、点与有序数组(或坐标) 建立起一一对应的关系,也就使得空间的几何结构进一步数量化,从而将向量的代数运算转化为我们熟悉的数的运算,于是向量的代数运算变得更加平易近人,进而成为好用、常用、易用的工具. 当然,针对不同的问题,要根据运算的方便来选择适当的坐标系,不能什么时候都选取直角坐标系,不要因此反为运算所累.

这样,几何里的一些推理就转化为欧几里得空间模型上的以向量运算及运算性质为基础的代数运算或相关的数的运算,这样所谓的代数化的方法就在空间几何中建立起来了.

2. 向量的运算及运算性质又是如何反映传统欧氏几何课程中的相关课程内容的呢?

在几何中,无论是平面还是空间都用点来表示一个物体所在(或所占据)的位置,而向量$\overrightarrow{AB}$ 这个记号本身就清楚地表明了位于 A,B 这两个位置上的物体在方向和数量上的差别. 因此,向量也就成为空间中最基本、最原始的几何量,在以向量为工具的课程中,各种基本几何量的讨论也就可以归纳到借助向量的加法、减法、数乘、内积、外积、混合积等运算及其相关性质(1) ~ (15) 的表达及其在此表达的基础上的计算.

具体说来,借助平行四边形法则来认知的向量加法的(1) 交换律 $\boldsymbol{a}+\boldsymbol{b}=\boldsymbol{b}+\boldsymbol{a}$ 其实就相当于在传统欧氏平面几何中使用了一次平行四边形的性质与判定.

数乘向量的分配律(8) $\lambda(\boldsymbol{a}+\boldsymbol{b})=\lambda\boldsymbol{a}+\lambda\boldsymbol{b}$ 其实就是传统欧氏几何中借助平行线所构成的三角形相似的性质或判定的代数表示. 使用一次数乘向量的分配律就相当于使用了一次三角形相似的性质或判定.

向量的内积运算及其向量的内积与加法的(11) 分配律 $(\boldsymbol{a}+\boldsymbol{b})\cdot\boldsymbol{c}=\boldsymbol{a}\cdot\boldsymbol{c}+\boldsymbol{b}\cdot\boldsymbol{c}$ 所反映出来的内容就更加丰富多彩了.

一方面,三角形无疑是传统欧氏平面几何中具有核心地位的基本图形. 如果想用向量来表达一个三角形,那么一个三角形的三边所代表的向量正好就是 $\boldsymbol{a},\boldsymbol{b},\boldsymbol{a}+\boldsymbol{b}$,或 $\boldsymbol{a},\boldsymbol{b},\boldsymbol{a}-\boldsymbol{b}$,这正好是向量的三角形法则的体现. 从传统欧氏平面几何来看,向量的三角形法则所传递的信息相当于已知三角形的三边 $|\boldsymbol{a}|$,$|\boldsymbol{b}|$,$|\boldsymbol{a}+\boldsymbol{b}|$(或 $|\boldsymbol{a}|$,$|\boldsymbol{b}|$,$|\boldsymbol{a}-\boldsymbol{b}|$),如果从三角形全等的判定来看,这就相当于已知三边对应相等的两个三角形全等的判定,进而在此基础上,就有"对应角相等"等相关性质. 也就是说,使用一次向量的三角形法则也就可能相当于使用了一次已知三边对应相等的两个三角形全等的判定或在此基础上的性质.

另一方面,从内积来看,由

$$\begin{aligned}|\boldsymbol{a}+\boldsymbol{b}|^2&=|\boldsymbol{a}|^2+|\boldsymbol{b}|^2+2\boldsymbol{a}\cdot\boldsymbol{b}\\&=|\boldsymbol{a}|^2+|\boldsymbol{b}|^2+2|\boldsymbol{a}||\boldsymbol{b}|\cos<\boldsymbol{a},\boldsymbol{b}>\\|\boldsymbol{a}-\boldsymbol{b}|^2&=|\boldsymbol{a}|^2+|\boldsymbol{b}|^2-2\boldsymbol{a}\cdot\boldsymbol{b}\\&=|\boldsymbol{a}|^2+|\boldsymbol{b}|^2-2|\boldsymbol{a}||\boldsymbol{b}|\cos<\boldsymbol{a},\boldsymbol{b}>\end{aligned}$$

可得

$$\cos<\boldsymbol{a},\boldsymbol{b}>=\frac{-|\boldsymbol{a}|^2-|\boldsymbol{b}|^2+|\boldsymbol{a}+\boldsymbol{b}|^2}{2|\boldsymbol{a}||\boldsymbol{b}|}$$

或

$$\cos<\boldsymbol{a},\boldsymbol{b}>=\frac{|\boldsymbol{a}|^2+|\boldsymbol{b}|^2-|\boldsymbol{a}-\boldsymbol{b}|^2}{2|\boldsymbol{a}||\boldsymbol{b}|}$$

这就是三角形中的余弦定理;且当 $<\boldsymbol{a},\boldsymbol{b}>=\frac{\pi}{2}$ 时,有

$$|\boldsymbol{a}+\boldsymbol{b}|^2=|\boldsymbol{a}|^2+|\boldsymbol{b}|^2$$

$$|\boldsymbol{a}-\boldsymbol{b}|^2=|\boldsymbol{a}|^2+|\boldsymbol{b}|^2$$

这就是传统欧氏平面几何中的勾股定理. 反过来,当

$$|\boldsymbol{a}+\boldsymbol{b}|^2=|\boldsymbol{a}|^2+|\boldsymbol{b}|^2$$

或

$$|\boldsymbol{a}-\boldsymbol{b}|^2=|\boldsymbol{a}|^2+|\boldsymbol{b}|^2$$

时,均有 $<\boldsymbol{a},\boldsymbol{b}>=\frac{\pi}{2}$,这就是勾股定理的逆定理.

除此之外,从三角形全等的判定来看,余弦定理正好是已知两边及夹角对应相等的两个三角形全等 SAS 判定定理.

可见，向量的内积及其性质背后不仅反映了勾股定理及其逆定理的本质，而且还反映了余弦定理的两个方面的内容.此外，还反映了两个三角形全等的判定定理 SSS，SAS 等判定方法.这都表明向量的内积运算及其运算性质不仅是勾股定理及其逆定理与余弦定理的代数化，而且还是传统欧氏几何中两个三角形全等的判定 SAS，SSS 等定性讨论两个三角形之间的边角关系的重要反映，足见内积及其运算性质的内涵的深刻性.

而向量的外积的使用就相当于平行四边形的面积公式及三角形中的正弦定理等的运用.从向量外积的几何意义来看，向量外积的绝对值就是以参与外积运算的两个向量为边的平行四边形的面积，这显然是面积计算中最基本的工具的反映.此外，借助面积相等及在此基础上的边与角的关系很容易得到三角形中的正弦定理.可见，借助向量的外积运算及其性质就是在使用三角形或平行四边形中的面积公式或者三角形中的正弦定理.当然，借助向量的内积也能由构造证明得到正弦定理，但不如使用外积证明正弦定理来得自然、方便.

从向量的几何意义来看，向量的混合积的绝对值就是以参与运算的三个向量为棱的平行六面体的体积.因此，使用一次向量的混合积也就相当于在空间几何中使用了求平行六面体的体积公式.

可见，向量的上述六种运算及其满足各种运算的性质，提供了计算各种基本几何量（共线、共面及与定比分点等有关的仿射几何问题，与长度、夹角和垂直、面积、体积、高等相关的几何量）的有效的代数公式，向量的相关运算性质也是一套简洁的性质定理或判定定理.向量的内积与加法、向量的外积与加法的分配律可以把与之相应的几何命题以线性结构的方式给予了简洁的表达，运算及性质的运用也是那么的平易近人.或者说，从与上述相关的平面几何知识的使用来看，向量及其运算与性质，不仅好用，而且还让人爱用.我们在使用的过程中更能很好地体会到使用向量方法带来的方便.不仅向量代数是空间结构中简洁美妙的代数，而且运算及运算律也是空间中相关几何内涵或几何本质的简洁表达.因此，用向量代数来讨论几何就是对向量运算及性质或运算律的系统运用.

因此，我们既应站在线性代数或高等代数的高度来认知向量在课程中的价值、地位或作用，又要站在初中或传统平面几何或立体几何的角度来审视向量的代数运算给我们带来的认知上的震撼.

三、关于向量观念下的几何课程建设的思考

1. 整体课程设置与考量

我们开发的课程，是以线性代数或高等代数中的向量空间的理论为指导，以大学解析几何课程的具体内容为指引，以向量的线性结构和度量结构为工具，从中学生实际可能的认知基础出发，用向量的观念构建高中几何课程，把高

中几何课程中“必修”内容中的《平面向量及其应用》《立体几何初步》中的《基本立体图形》与《基本图形的位置关系》,“选择性必修”中的《空间向量与立体几何》及《平面解析几何》中的《直线与方程》,“选修课程”“A类课程”中的主题“空间向量与代数”里的《空间向量与代数》及《空间中的平面与直线》等七个部分的内容融为一体,不仅帮助中学生建立空间观念、掌握相应的国家课程标准规定的相关几何课程的内容,而且帮助中学生在认知相关知识的基础上,进一步认知解决相关问题的思想、方法与观念,为中学生奠定必要的认识世界的基本观念与认知方法.当然,由于课程中需要引入向量的外积与混合积,因此,在课程中,还把“选修课程”“A类课程”中的主题“空间向量与代数”里的《三阶矩阵与行列式》及《三元一次方程组》中的部分内容也引入了本课程中,但我们决不在此“恋战”,仅仅以满足本课程中后续在向量的外积与混合积中的需要为原则,不做过高的要求.但这些内容的引入,无疑会给中学生后续学习高等代数、高等解析几何带来巨大的认知上的方便.

2.各章具体内容的设置与思考

(1)第1章讨论矩阵、行列式及线性方程组,用代数方法解决几何问题,为大学线性代数课程的学习奠定直观基础.

为了在后续的课程中能够方便地讨论直线、平面及其点、直线、平面之间的度量关系,我们引入了向量的外积、向量的混合积等高中数学课程标准中“选修课程”中“A(或B)类课程”的一些课程内容.但为了能够更加有效地使用向量的外积与混合积,就需要引入二阶行列式、三阶行列式,特别是三阶行列式;同时,为了相对方便地讨论二元及三元线性方程组,我们又引入了矩阵的概念.也就是说,矩阵、行列式这些数学符号的引入,将使得向量的外积、混合积的数学表示变得更加简洁、有效.

所谓二元线性方程组、三元线性方程组,其实就是二元一次方程组、三元一次方程组,并不是什么全新的内容,只是在后续的课程中更习惯地将其称为线性方程组.借助矩阵、行列式来讨论二元一次方程组和三元一次方程组,主要是在形式上更加规整,更便于记忆.这样,我们将要讨论的向量的外积、向量的混合积及其运用就更易于从形式上去把握.

在这一章,我们借助二元一次方程组的求解引入了矩阵的概念及矩阵的三种最基本的变换;引入了二阶行列式并借助二阶行列式讨论了二元一次方程组的解;引入了三阶行列式及其按对角线、按行或列的代数余子式的展开,以三阶行列式为例讨论了行列式最基本的5条性质,讨论了三阶行列式的系数行列式不为零时借助行列式方便求解方程组的方法,最后给出了三元齐次方程组有非零解的充要条件.

这些相关的课程内容仅限于本教材够用即可,没有展开讨论与矩阵、行列式和线性方程组等相关的其他与此课程无关的内容.当然,这些认知无疑有益于后续课程的学习.事实上,矩阵、行列式、线性方程组等都是现代数学最基本的内容,也是现代数学最基本的表示形式.作为新时代的中学生早一点接触,不论是对当下的学习,还是对后续的学习,都是有益的.希望同学们不要因为引入了这样的几个数学符号而影响学习.恰恰相反,应该主动接受这些数学符号在数学表示过程中的优越性,更好地利用这些符号来促进自身的数学学习.

(2) 第 2 章讨论向量观念的引入及与向量相关的认知基础.向量是既有大小又有方向的量,向量可以直观地用有向线段来表示;由于向量只有大小和方向,因此长度相等且方向相同的有向线段表示的向量是相等的向量.

借助向量的加法、减法、数乘向量等线性运算可以实现向量的合成与分解,于是向量又可以在此基础上借助坐标来表示.借助坐标可以简洁地进行向量的加法、减法、数乘向量运算,可以方便地计算线段的定比分点的坐标,也可以方便地表示向量的平移.引入内积后,借助向量的内积及内积的运算性质可以方便地讨论长度(包括高、距离(点到直线的距离、平行直线间的距离)、角度(或垂直、平行)等.

(3) 在第 3 章中用向量的观念讨论了直线及其方程.

我国高中数学在直线与方程这一部分课程内容的处理上,一直是以倾斜角、斜率为中心来展开讨论的.虽然斜率是直线与方程这部分内容中的一个重要概念,但对于 y 轴及平行于 y 轴的直线来说都不存在斜率.这样就使得直线与方程的讨论需要根据斜率存在或斜率不存在来分类进行讨论,无法统一进行.

在我们的这个课程中,我们从一点和一个方向(可以用一个非零向量来表示)确定一条直线的基本认知出发获得了直线的点向式方程,进而在此基础上借助点向式方程讨论了直线的两点式方程.随后引入倾斜角、斜率,并讨论直线的斜率与直线的方向向量的关系,进而在此基础上讨论了直线的点斜式方程、斜截式方程、截距式方程及直线的一般方程之后,借助向量、斜率分别讨论了两条直线之间的平行、重合及相交的度量关系(夹角的余弦、正切、垂直等);最后引入了直线的法向量,并借助法向量讨论了点到直线的距离及平行直线的距离公式等常规的经典内容,为向量在直线与方程这一课程内容的处理上提供了与向量有关的处理方法及其与之相关的数学思想,相信这些处理方法对同学们的数学观念的建立、数学思想的形成均会产生深刻的影响.

(4) 在第 4 章中讨论了点、直线、平面的结合关系及异面直线的基本概念、直线与平面、平面与平面的平行的判定与性质等基础认知.

(5) 在第 5 章借助类比的方法讨论了空间向量的和、差、数乘、空间向量基本(分解)定理、内积、空间坐标系,并在此基础上讨论了坐标系下相关运算的坐标运算及向量共线、共面及三点共线与四点共面的充要条件等内容，这些内容是后续课程借助向量的线性结构讨论空间问题所必备的最基本的认知基础.

(6) 在第 5 章的基础上，借助向量的线性结构讨论了直线与平面垂直的判定、直线与平面垂直的性质，而且进一步讨论了两个平面平行的判定及直线与平面平行的性质等一系列命题，并在此基础上引入点到平面的距离、直线与平面的距离、两个平面之间的距离等相关的距离概念. 此外，本章还讨论了直线与平面所成的角及三垂线定理，特别地，强调了三余弦定理；在引入二面角及其平面角的基础上讨论了两个平面之间的垂直关系的判定与性质. 彰显了向量的线性结构在论证过程中的威力.

(7) 在第 7 章中引入了空间向量的外积与混合积，为长度、夹角、距离、面积、体积的计算奠定了必要的认知基础. 讨论了空间向量的外积及其几何意义、外积的运算律与外积的坐标运算，并给出了借助外积计算点到直线的距离的方法，再一次用向量的外积证明了三角形中的正弦定理. 此外，还讨论了向量的混合积及其几何意义、三向量共面的充要条件、向量混合积的运算律、混合积的坐标运算等，最后给出了借助向量混合积求四面体的体积及点到平面的距离的方法.

(8) 在第 8 章中讨论了空间平面与空间直线的方程之后，借助向量的度量关系再一次讨论了两个平面之间的位置关系、两条直线之间的位置关系、直线与平面之间的位置关系.

在讨论上述相关内容的过程中，讨论了与之相关的两个平面之间的夹角公式、两条直线之间的夹角公式、异面直线的距离公式及异面直线的公垂线方程、点到直线的距离公式、点到平面的距离公式及直线与平面的夹角公式等度量问题，彰显了度量结构在空间平面与空间直线的度量中的重要价值.

(9) 第 9 章是本书的最后一章，重点讨论棱柱与圆柱、棱锥与圆锥、棱台与圆台等的侧面积、球的表面积及它们的体积公式. 所有公式都立足于学习者现有的认知基础，给出了必要的推导过程. 相信这些推导过程对于学习者理解相应面积或体积公式、养成必备的基本素养都是有益的.

尽管我们在课程的设置、编排处理过程中做了一些努力，但依然不能保证课程的设置对于所有的学生都完全有效，老师们在参考、使用的时候还需要结合自身的理解和所教学生的实际情况适当调整，要根据实际情况来选用，我们的处理仅仅是一种参考或借鉴. 但我们依然相信，我们所做的这些努力与尝试也会有益于向量观念下的高中数学课程的建设，学生的认知观念、思维品质、空间观念等基本的综合素养也必将在此基础上获得必要的发展与提高. 对此，我们一直充满信心！相信在老师和学生的共同努力下，有实践、有尝试也就一定有改善、有进步、有提高！

感谢我们学校的领导对数学组工作的大力支持. 我们的尝试与改进，从有想法到壮着胆尝试，都得到了学校领导及同事们的支持、关心和鼓励. 数学组汪和平老师、高浩老师、陈玉伟老师等特级教师及王孟新老师、谭雪老师等也都一并参与了课程的设计与讨论，而且审读了初稿. 北京市朝阳区教研中心教研员特级教师袁京生老师、王文英老师及蒋晓东老师等也在审读初稿的基础上，给予悉心的指导与帮助，而且还在全区教研活动中给我提供机会，向全体老师介绍了整个课程建设的构想，和老师们一起交流、讨论了老师们关心的一系列问题，使课程建设获得了一线教师的中肯建议. 首都师范大学张景斌教授、王尚志教授、周春荔教授等老师也在百忙中审读了初稿，并在长谈中给出了很多中肯的修改建议和教学指导；周春荔教授还挤出了宝贵时间为本书的出版写了序，寄予了厚望. 本书在编著、试教和改编过程中，还得到了北京师范大学王敬赓教授和人民教育出版社高级研究员高存明老师的悉心指导和帮助，他们对课程认识和课程建设的经验，也为本书的改进增色不少. 此外，为了课程建设和学生的数学学习，除个人花费了很多时间与精力外，也亏欠了家人，所有的工作都得到了太太、儿子的大力支持，得到了双方父母的关心和鼓励.

正是因为有了他们悉心、无私的帮助和指导，才使得课程的设置与编排显得相对合理了一些. 但限于时间和我自身的认知水平、写作能力有限，还需要在此基础上做进一步的努力和改进. 与此同时，我们也知道，一套好的教材，也需要相应的例题、习题和练习题的支撑，我们也将在此基础上做好例题、习题和练习题建设. 我们争取尽快把试教过程中给学生的例题、习题和练习题整理出来. 同时，结合近几年的高考、数学竞赛，把与之相关的、具有一定的典型性、代表性的习题添加到书中去，使之成为一个既有认知，又有实践的整体，以便更加有序地推进向量观念下的直线方程与立体几何课程的建设.

本书是北京市教育科学“十三五” 规划 2018 年度一般课程“向量观念下的直线与方程及立体几何课程建设的实践研究”(立项编号 CDDB18197) 的研究成果，在此特别感谢课题组老师们的辛勤劳动.

赵生初

2019 年 9 月 6 日

于北京市 北京中学东坝校区

◎目录

矩阵、行列式与二元、三元一次方程组的解法

第1章

为了后续课程中讨论点、直线、平面的相关问题的方便，我们在这一章作为铺垫引入了“矩阵”和“行列式”这两个现代数学符号.

在1.1节，我们借助二元一次方程组的求解过程，给出了相应的矩阵表示，随后给出了矩阵的概念及矩阵的三种最基本的变换.

在1.2节，我们先借助二元一次方程组的加减消元法引入了二阶行列式，随后借助系数行列式讨论了如何借助二阶行列式求解二元一次方程组.

在1.3节，我们讨论了三阶行列式按对角线、按行(或列)的代数余子式这两种不同形式的展开，随后以三阶行列式为例介绍了行列式最基本的5条性质；并在此基础上进一步讨论了如何借助三阶行列式求解三元一次方程组和三元齐次线性方程组有非零解的充要条件.

矩阵、行列式是现代数学中最基本的数学符号.借助矩阵、行列式能相对更方便、程序化地求解二元一次方程组及三元一次方程组.

本书中的这些课程内容在《普通高中数学课程标准(2017年版)》选修系列课程2中都有明确规定.作为新时代的中学生早一点接触这些内容，不论是对当下的数学学习，还是对后续的数学学习，都是有益的.作为中学生，我们不仅要积极、主动接受这些数学符号，而且要用心去体会这些数学符号在数学问题的讨论过程中所展现出来的在表示上的优越性，要更好地利用这些数学符号来提升我们自身的数学素养.

1.1 矩　　阵

1.矩阵的相关概念

现在我们借助一个具体的用“加减消元法”求解二元一次方程组的过程来帮助大家理解现代数学中“矩阵”这一数学符号.

用加减消元法解二元线性方程组 $\begin{cases}2x+3y=9\\3x+2y=11\end{cases}$.

如表1,我们已将左边相应操作过程中的系数、常数项,用“矩阵”表示在右边的表格中了.请大家认真观察、对比.

表1

$\begin{cases}2x+3y=9 & (1)\\3x+2y=11 & (2)\end{cases}$	$\begin{pmatrix}2&3&9\\3&2&11\end{pmatrix}$
由(1)×2−(2)×3,得 $(2\times2-3\times3)x+(3\times2-2\times3)y=9\times2-11\times3$,即: $-5x+0y=-15$　(3)	
现将(3)(2)联立,得 $\begin{cases}-5x+0y=-15 & (3)\\3x+2y=11 & (2)\end{cases}$	$\begin{pmatrix}-5&0&-15\\3&2&11\end{pmatrix}$
在(3)的两边同时乘以 $-\frac{1}{5}$ 得 $x+0y=3$　(4)	
现将(4)(2)联立,得 $\begin{cases}x+0y=3 & (4)\\3x+2y=11 & (2)\end{cases}$	$\begin{pmatrix}1&0&3\\3&2&11\end{pmatrix}$
由(4)×(−3)+(2),得 $(1\times(-3)+3)x+2y=3\times(-3)+11$,即 $0x+2y=2$　(5)	
现将(4)(5)联立,得 $\begin{cases}x+0y=3 & (4)\\0x+2y=2 & (5)\end{cases}$	$\begin{pmatrix}1&0&3\\0&2&2\end{pmatrix}$
在(5)的两边同时乘以 $\frac{1}{2}$ 得 $0x+y=1$　(6)	
现将(4)(6)联立,得 $\begin{cases}x+0y=3 & (4)\\0x+y=1 & (6)\end{cases}$	$\begin{pmatrix}1&0&3\\0&1&1\end{pmatrix}$

为了在右边能较好地表达矩阵中的数，我们将加减消元法中系数为零时不写出来的项也写出来了，相信大家借助方程组$\begin{cases}x+0y=3 & (4)\\0x+y=1 & (6)\end{cases}$也能清楚地知道这时方程组的解是$\begin{cases}x=3\\y=1\end{cases}$.

借助矩阵$\begin{pmatrix}1 & 0 & 3\\0 & 1 & 1\end{pmatrix}$就能观察到所求方程组$\begin{cases}2x+3y=9\\3x+2y=11\end{cases}$的解是$\begin{cases}x=3\\y=1\end{cases}$.

也就是说，上述表1左边表格中解二元一次方程组$\begin{cases}2x+3y=9 & (1.1.1)\\3x+2y=11 & (1.1.2)\end{cases}$的过程，借助与之对应的表1右边表格中的矩阵中的数据也能清楚地表达出来.

事实上，相应矩阵的数据变化正好是左边解方程组中的相应数据的操作过程，也就是说，借助相应于与矩阵所对应的运算，也能求得原来的方程组的解.

在数学中，把类似于$\begin{pmatrix}2 & 3 & 9\\3 & 2 & 11\end{pmatrix}$，$\begin{pmatrix}-5 & 0 & -15\\3 & 2 & 11\end{pmatrix}$，$\begin{pmatrix}1 & 0 & 3\\3 & 2 & 11\end{pmatrix}$，$\begin{pmatrix}1 & 0 & 3\\0 & 2 & 2\end{pmatrix}$，$\begin{pmatrix}1 & 0 & 3\\0 & 1 & 1\end{pmatrix}$的数表称之为“矩阵”.

矩阵中的每一个数叫作这个矩阵的一个元素；其中的一个分块$\begin{pmatrix}2 & 3\\3 & 2\end{pmatrix}$叫作二元一次方程组$\begin{cases}2x+3y=9\\3x+2y=11\end{cases}$的系数矩阵；而包含常数项的矩阵$\begin{pmatrix}2 & 3 & 9\\3 & 2 & 11\end{pmatrix}$则称为此方程组的增广矩阵；而矩阵$\begin{pmatrix}1 & 0\\0 & 1\end{pmatrix}$则叫作单位矩阵.

2.矩阵的三种变换

在数学上，通常把类似于二元一次方程组、三元一次方程组的方程组称为线性方程组.正因为如此，有时也把二元一次方程组叫作二元线性方程组，把三元一次方程组叫作三元线性方程组.

事实上，上述解二元一次方程组的过程就是借助对相应的矩阵变换将方程组的系数矩阵最终变成单位矩阵的过程.

通过对线性方程组的增广矩阵实施相应的矩阵变换就可以得到原来的线性方程组的解（此时，原来线性方程组的系数矩阵变成了单位矩阵）.

在解线性方程组的过程中所使用的矩阵变换，主要有如下三种：

(1) 互换矩阵的两行；

(2) 对某一行乘以（或除以）一个非零的数；

(3) 将某一行乘以（或除以）一个非零的数加到另一行.

尽管矩阵有很多其他的相关运算或变换，但限于目前的课程需要，了解本节所讨论的上述课程内容就足够使用了.如果您还想了解或学习更多的与矩阵有关的内容，请参考《高等代数》或《线性代数》等参考书.

1.2　二阶行列式与二元一次方程组的解法

1.二阶行列式及其展开

现在我们用加减消元法来求一般形式的二元一次方程组 $\begin{cases} a_1x+b_1y=c_1 & (1.2.1) \\ a_2x+b_2y=c_2 & (1.2.2) \end{cases}$ 的解.其中，x,y 是未知数，a_1,a_2,b_1,b_2 是未知数的系数，且不全为零；c_1,c_2 为常数项.

由 $(1.2.1)\times b_2-(1.2.2)\times b_1$，得：$(a_1b_2-a_2b_1)x=b_2c_1-b_1c_2=-(b_1c_2-b_2c_1)$；

由 $(1.2.1)\times a_1-(1.2.2)\times a_2$，得：$(a_1b_2-a_2b_1)y=a_1c_2-a_2c_1$；

当 $a_1b_2-a_2b_1\neq 0$ 时，得原方程组的唯一解：$\begin{cases} x=-\dfrac{b_1c_2-b_2c_1}{a_1b_2-a_2b_1} \\ y=\dfrac{a_1c_2-a_2c_1}{a_1b_2-a_2b_1} \end{cases}$.

在这个解中，我们发现 x,y 的数值中的分母都是 $a_1b_2-a_2b_1$.这个值其实就是原来方程组中的未知数的系数所组成的系数行列式 $\begin{vmatrix} a_1 & b_1 \\ a_2 & b_2 \end{vmatrix}$ 的值.

通常把形如 $\begin{vmatrix} a_1 & b_1 \\ a_2 & b_2 \end{vmatrix}$ 的数阵，称为二阶行列式；把形如 $\begin{vmatrix} a_1 & b_1 & c_1 \\ a_2 & b_2 & c_2 \\ a_3 & b_3 & c_3 \end{vmatrix}$ 的数阵，称为三阶行列式.

通常二阶行列式 $\begin{vmatrix} a_1 & b_1 \\ a_2 & b_2 \end{vmatrix}$ 把按对角线相乘相减的差 $a_1b_2-a_2b_1$ 的值叫作二阶行列式 $\begin{vmatrix} a_1 & b_1 \\ a_2 & b_2 \end{vmatrix}$ 的值.其中 a_1,b_2 所在的对角线称为主对角线，而 a_2,b_1 所在的对角线则称为副对角线.

与此类似，上述方程组的解中 x 值的分子 $b_2c_1-b_1c_2=-(b_1c_2-b_2c_1)$ 也可以用二阶行列式将其表示成 $\begin{vmatrix} c_1 & b_1 \\ c_2 & b_2 \end{vmatrix}$，或 $-\begin{vmatrix} b_1 & c_1 \\ b_2 & c_2 \end{vmatrix}$.也就是说，$-\begin{vmatrix} b_1 & c_1 \\ b_2 & c_2 \end{vmatrix}=-(b_1c_2-b_2c_1)=\begin{vmatrix} c_1 & b_1 \\ c_2 & b_2 \end{vmatrix}$；

同理，方程组的解中 y 的值的分子 $a_1c_2-a_2c_1$ 也可以用二阶行列式 $\begin{vmatrix} a_1 & c_1 \\ a_2 & c_2 \end{vmatrix}$ 来表示，即 $\begin{vmatrix} a_1 & c_1 \\ a_2 & c_2 \end{vmatrix}=a_1c_2-a_2c_1$.

2. 用二阶行列式解二元一次方程组

为了使用上的方便，在表示二元一次方程组 $\begin{cases} a_1x+b_1y=c_1 \\ a_2x+b_2y=c_2 \end{cases}$ 的解时，我们用 D 表示 $\begin{vmatrix} a_1 & b_1 \\ a_2 & b_2 \end{vmatrix}$；用 D_x 表示 $-\begin{vmatrix} b_1 & c_1 \\ b_2 & c_2 \end{vmatrix}$，用 D_y 表示 $\begin{vmatrix} a_1 & c_1 \\ a_2 & c_2 \end{vmatrix}$. 即 $D=\begin{vmatrix} a_1 & b_1 \\ a_2 & b_2 \end{vmatrix}=a_1b_2-a_2b_1$；$D_x=-\begin{vmatrix} b_1 & c_1 \\ b_2 & c_2 \end{vmatrix}=-(b_1c_2-b_2c_1)$，$D_y=\begin{vmatrix} a_1 & c_1 \\ a_2 & c_2 \end{vmatrix}=a_1c_2-a_2c_1$.

这样，由线性方程组 $\begin{cases} a_1x+b_1y=c_1 \\ a_2x+b_2y=c_2 \end{cases}$ 所得到的方程 $(a_1b_2-a_2b_1)x=c_1b_2-c_2b_1$ 即 $Dx=D_x$；方程 $(a_1b_2-a_2b_1)y=a_1c_2-a_2c_1$ 亦即 $Dy=D_y$. 于是，对应的解可以用行列式符号表示为：

当 $D=\begin{vmatrix} a_1 & b_1 \\ a_2 & b_2 \end{vmatrix}\neq 0$ 时，方程组 $\begin{cases} a_1x+b_1y=c_1 \\ a_2x+b_2y=c_2 \end{cases}$ 的解是 $\begin{cases} x=\dfrac{D_x}{D}=-\dfrac{b_1c_2-b_2c_1}{a_1b_2-a_2b_1} \\ y=\dfrac{D_y}{D}=\dfrac{a_1c_2-a_2c_1}{a_1b_2-a_2b_1} \end{cases}$. 且还可以在此基础上进一步讨论当 $D=\begin{vmatrix} a_1 & b_1 \\ a_2 & b_2 \end{vmatrix}=0$ 时方程组 $\begin{cases} a_1x+b_1y=c_1 \\ a_2x+b_2y=c_2 \end{cases}$ 的解的情况.

(1) 当 $D=\begin{vmatrix} a_1 & b_1 \\ a_2 & b_2 \end{vmatrix}=0$，且 $D_x=-\begin{vmatrix} b_1 & c_1 \\ b_2 & c_2 \end{vmatrix}$ 或 $D_y=\begin{vmatrix} a_1 & c_1 \\ a_2 & c_2 \end{vmatrix}$ 中至少有一个不为零时，方程组 $\begin{cases} a_1x+b_1y=c_1 \\ a_2x+b_2y=c_2 \end{cases}$ 无解.

事实上，假设 $D_x\neq 0$，不论 x 取何值，方程 $Dx=D_x$ 都不可能成立，因此方程组 $\begin{cases} a_1x+b_1y=c_1 \\ a_2x+b_2y=c_2 \end{cases}$ 无解.

(2) 当 $D=\begin{vmatrix} a_1 & b_1 \\ a_2 & b_2 \end{vmatrix}=0$，且 $D_x=-\begin{vmatrix} b_1 & c_1 \\ b_2 & c_2 \end{vmatrix}=0=\begin{vmatrix} a_1 & c_1 \\ a_2 & c_2 \end{vmatrix}=D_y$ 时，方程组 $\begin{cases} a_1x+b_1y=c_1 \\ a_2x+b_2y=c_2 \end{cases}$ 有无穷多组解.

事实上，当 $D=D_x=D_y=0$ 时，由于 a_1,a_2,b_1,b_2 不全为零，不妨设 $a_1\neq 0$，

于是由 $D=D_y=0$ 知 $b_2=\frac{a_2b_1}{a_1}$，$c_2=\frac{a_2c_1}{a_1}$，这样原方程组中的第二个方程可变形为 $a_2x+\frac{a_2b_1}{a_1}y=\frac{a_2c_1}{a_1}$，即 $a_2(a_1x+b_1y)=a_2c_1$，这表明原方程组中的第一个方程 $a_1x+b_1y=c_1$ 的解都满足它的第二个方程 $a_2x+b_2y=c_2$；而第一个方程 $a_1x+b_1y=c_1$ 是二元一次不定方程，它有无穷多组解；于是方程组 $\begin{cases}a_1x+b_1y=c_1\\a_2x+b_2y=c_2\end{cases}$ 有无穷多组解.

1.3 三阶行列式与三元一次方程组的解法

1. 按对角线展开三阶行列式

三阶行列式 $\begin{vmatrix}a_1 & b_1 & c_1\\a_2 & b_2 & c_2\\a_3 & b_3 & c_3\end{vmatrix}$ 也可以像二阶行列式一样按对角线展开来计算，在展开三阶行列式做计算时每次参与运算的元素都来自不同的行和不同的列.

通常把 $\begin{vmatrix}a_1 & b_1 & c_1\\a_2 & b_2 & c_2\\a_3 & b_3 & c_3\end{vmatrix}$ 中 a_1,b_2,c_3 所在的对角线称为主对角线，而把 a_3,b_2,c_1 所在的对角线称为副对角线.

三阶行列式 $\begin{vmatrix}a_1 & b_1 & c_1\\a_2 & b_2 & c_2\\a_3 & b_3 & c_3\end{vmatrix}$ 的展开式中有六项，这六项是 $a_1b_2c_3$，$a_2b_3c_1$，$a_3c_2b_1$ 及 $c_1b_2a_3$，$c_2b_3a_1$，$c_3a_2b_1$，其中前三项取正，后三项取负.

即 $\begin{vmatrix}a_1 & b_1 & c_1\\a_2 & b_2 & c_2\\a_3 & b_3 & c_3\end{vmatrix}=a_1b_2c_3+a_2b_3c_1+a_3c_2b_1-c_1b_2a_3-c_2b_3a_1-c_3a_2b_1$.

2. 按行或列用代数余子式展开三阶行列式

为了方便讨论三阶行列式的展开计算，现用 $\begin{vmatrix}a_{11} & a_{12} & a_{13}\\a_{21} & a_{22} & a_{23}\\a_{31} & a_{32} & a_{33}\end{vmatrix}$ 来表示三阶行列式.

把其中某一元素所在的行和列中的元素都去掉后，剩下的元素按原来的位置关系所组成的二阶行列式叫作这个元素的余子式. 比如，a_{11} 的余子式是

$\begin{vmatrix} a_{22} & a_{23} \\ a_{32} & a_{33} \end{vmatrix}$，$a_{12}$ 的余子式是 $\begin{vmatrix} a_{21} & a_{23} \\ a_{31} & a_{33} \end{vmatrix}$，$a_{13}$ 的余子式是 $\begin{vmatrix} a_{21} & a_{22} \\ a_{31} & a_{32} \end{vmatrix}$.

如果在对应的元素 a_{ij} 的余子式的前面再加上这个元素所在位置的符号 $(-1)^{i+j}$，所构成的二阶行列式则称为这个元素的代数余子式. 比如，a_{11} 的代数余子式是 $(-1)^{1+1}\begin{vmatrix} a_{22} & a_{23} \\ a_{32} & a_{33} \end{vmatrix}=\begin{vmatrix} a_{22} & a_{23} \\ a_{32} & a_{33} \end{vmatrix}$，$a_{12}$ 的代数余子式是 $(-1)^{1+2}\begin{vmatrix} a_{21} & a_{23} \\ a_{31} & a_{33} \end{vmatrix}=-\begin{vmatrix} a_{21} & a_{23} \\ a_{31} & a_{33} \end{vmatrix}$，$a_{13}$ 的代数余子式是 $(-1)^{1+3}\begin{vmatrix} a_{21} & a_{22} \\ a_{31} & a_{32} \end{vmatrix}=\begin{vmatrix} a_{21} & a_{22} \\ a_{31} & a_{32} \end{vmatrix}$.

若用前面按对角线展开的方式来计算三阶行列式，则 $\begin{vmatrix} a_{11} & a_{12} & a_{13} \\ a_{21} & a_{22} & a_{23} \\ a_{31} & a_{32} & a_{33} \end{vmatrix}=$ $a_{11}a_{22}a_{33}+a_{21}a_{32}a_{13}+a_{31}a_{23}a_{12}-a_{13}a_{22}a_{31}-a_{23}a_{32}a_{11}-a_{33}a_{21}a_{12}$.

现把展开式中含有 a_{11}，a_{12}，a_{13} 的项提取公因式，则有

$\begin{vmatrix} a_{11} & a_{12} & a_{13} \\ a_{21} & a_{22} & a_{23} \\ a_{31} & a_{32} & a_{33} \end{vmatrix}=a_{11}(a_{22}a_{33}-a_{23}a_{32})+a_{12}(a_{31}a_{23}-a_{33}a_{21})+a_{13}(a_{21}a_{32}-a_{22}a_{31})$. 于是有 $\begin{vmatrix} a_{11} & a_{12} & a_{13} \\ a_{21} & a_{22} & a_{23} \\ a_{31} & a_{32} & a_{33} \end{vmatrix}=a_{11}\begin{vmatrix} a_{22} & a_{23} \\ a_{32} & a_{33} \end{vmatrix}+a_{12}\left(-\begin{vmatrix} a_{21} & a_{23} \\ a_{31} & a_{33} \end{vmatrix}\right)+a_{13}\begin{vmatrix} a_{21} & a_{22} \\ a_{31} & a_{32} \end{vmatrix}$.

这表明，三阶行列式也可以按某一行（或某一列）的三个元素与它们所对应的代数余子式的积的和来展开.

3. 三阶行列式的基本性质

为了方便展开计算行列式的值，除了按上述两种方式进行展开之外，有时还需要借助行列式的性质将行列式做适当地简化.

在做行列式的计算时，常使用的一些性质主要有：

(1) 把一个行列式中的所有的行（或所有的列）都变为相应的列（或相应的行）后，所得到的新行列式与原行列式等值，即 $\begin{vmatrix} a_1 & b_1 & c_1 \\ a_2 & b_2 & c_2 \\ a_3 & b_3 & c_3 \end{vmatrix}=\begin{vmatrix} a_1 & a_2 & a_3 \\ b_1 & b_2 & b_3 \\ c_1 & c_2 & c_3 \end{vmatrix}$.

(2) 把一个行列式中的两行（或两列）的对应元素对调后，所得到的新行列

式与原行列式互为相反数，比如：$\begin{vmatrix} a_2 & b_2 & c_2 \\ a_1 & b_1 & c_1 \\ a_3 & b_3 & c_3 \end{vmatrix} = -\begin{vmatrix} a_1 & b_1 & c_1 \\ a_2 & b_2 & c_2 \\ a_3 & b_3 & c_3 \end{vmatrix}$，$\begin{vmatrix} b_1 & a_1 & c_1 \\ b_2 & a_2 & c_2 \\ b_3 & a_3 & c_3 \end{vmatrix} = -\begin{vmatrix} a_1 & b_1 & c_1 \\ a_2 & b_2 & c_2 \\ a_3 & b_3 & c_3 \end{vmatrix}$，$\begin{vmatrix} c_1 & b_1 \\ c_2 & b_2 \end{vmatrix} = -\begin{vmatrix} b_1 & c_1 \\ b_2 & c_2 \end{vmatrix}$.

(3) 给行列式中的某一行(或某一列) 的所有元素都乘以一个相同的数,相当于用这个数乘以原行列式,比如：$\begin{vmatrix} ka_1 & kb_1 & kc_1 \\ a_2 & b_2 & c_2 \\ a_3 & b_3 & c_3 \end{vmatrix} = k\begin{vmatrix} a_1 & b_1 & c_1 \\ a_2 & b_2 & c_2 \\ a_3 & b_3 & c_3 \end{vmatrix}$.

(4) 如果一个行列式中的某一行(或某一列) 中的所有元素都能写成两项的和的形式,那么从这两项中各取一项(其余各项保持不变) 构成两个新的行列式，那么这两个新的行列式的和与原行列式等值，比如：$\begin{vmatrix} a_1 & b_1 & c_1 \\ a_2+a_2' & b_2+b_2' & c_2+c_2' \\ a_3 & b_3 & c_3 \end{vmatrix} = \begin{vmatrix} a_1 & b_1 & c_1 \\ a_2 & b_2 & c_2 \\ a_3 & b_3 & c_3 \end{vmatrix} + \begin{vmatrix} a_1 & b_1 & c_1 \\ a_2' & b_2' & c_2' \\ a_3 & b_3 & c_3 \end{vmatrix}$.

(5) 把行列式中的某一行(或某一列) 中的所有元素都乘以一个相同的数后再加到另一行(或另一列)，所得到的新行列式与原行列式等值，比如，$\begin{vmatrix} a_1 & b_1 & c_1 \\ a_2+ka_1 & b_2+kb_1 & c_2+kc_1 \\ a_3 & b_3 & c_3 \end{vmatrix} = \begin{vmatrix} a_1 & b_1 & c_1 \\ a_2 & b_2 & c_2 \\ a_3 & b_3 & c_3 \end{vmatrix}$，或 $\begin{vmatrix} a_1 & b_1-a_1 & c_1 \\ a_2 & b_2-a_2 & c_2 \\ a_3 & b_3-a_3 & c_3 \end{vmatrix} = \begin{vmatrix} a_1 & b_1 & c_1 \\ a_2 & b_2 & c_2 \\ a_3 & b_3 & c_3 \end{vmatrix}$.

特别提醒

上述行列式的性质,尽管我们主要以三阶行列式为例来做的说明,但这些性质也都适用于二阶行列式、四阶行列式等行列式.

上述行列式的性质,一方面借助上述两种展开方式都容易获得验证,另一方面,前面的性质也可以用来证明后面的性质.但限于篇幅,这里仅给出了具体的例子帮助同学们直观认知,就不去验证了.请大家自觉验证.

根据行列式的特征,合理使用上述行列式的相应性质可以相对方便地计算行列式的值.

4.用三阶行列式解三元一次方程组

现有三元一次方程组$\begin{cases} a_1x+b_1y+c_1z=d_1 & (1.3.1) \\ a_2x+b_2y+c_2z=d_2 & (1.3.2) \\ a_3x+b_3y+c_3z=d_3 & (1.3.3) \end{cases}$，其中，$x,y,z$ 是未知数，$a_1,b_1,c_1,a_2,b_2,c_2,a_3,b_3,c_3$ 是未知数的系数，且不全为零；d_1,d_2,d_3 为常数项.

用 D 来表示该线性方程组的系数行列式，即 $D=\begin{vmatrix} a_1 & b_1 & c_1 \\ a_2 & b_2 & c_2 \\ a_3 & b_3 & c_3 \end{vmatrix}$；

在系数行列式 D 中，我们将 a_1 的代数余子式 $\begin{vmatrix} b_2 & c_2 \\ b_3 & c_3 \end{vmatrix}$ 用 A_1 来表示，将 a_2 的代数余子式 $-\begin{vmatrix} b_1 & c_1 \\ b_3 & c_3 \end{vmatrix}$ 用 A_2 来表示，将 a_3 的代数余子式 $\begin{vmatrix} b_1 & c_1 \\ b_2 & c_2 \end{vmatrix}$ 用 A_3 来表示. 即 $A_1=\begin{vmatrix} b_2 & c_2 \\ b_3 & c_3 \end{vmatrix}$，$A_2=-\begin{vmatrix} b_1 & c_1 \\ b_3 & c_3 \end{vmatrix}$，$A_3=\begin{vmatrix} b_1 & c_1 \\ b_2 & c_2 \end{vmatrix}$.

现用 A_1 乘方程(1.3.1)，用 A_2 乘方程(1.3.2)，用 A_3 乘方程(1.3.3)，可得：

$$\begin{cases} a_1A_1x+b_1A_1y+c_1A_1z=d_1A_1 & (1.3.4) \\ a_2A_2x+b_2A_2y+c_2A_2z=d_2A_2 & (1.3.5) \\ a_3A_3x+b_3A_3y+c_3A_3z=d_3A_3 & (1.3.6) \end{cases}$$

进而，由 (1.3.4) + (1.3.5) + (1.3.6) 得：$(a_1A_1+a_2A_2+a_3A_3)x+(b_1A_1+b_2A_2+b_3A_3)y+(c_1A_1+c_2A_2+c_3A_3)z=d_1A_1+d_2A_2+d_3A_3$，而 $(a_1A_1+a_2A_2+a_3A_3)=D$，$b_1A_1+b_2A_2+b_3A_3=c_1A_1+c_2A_2+c_3A_3=0$，于是 $Dx=d_1A_1+d_2A_2+d_3A_3$，记 $d_1A_1+d_2A_2+d_3A_3=D_x=\begin{vmatrix} d_1 & b_1 & c_1 \\ d_2 & b_2 & c_2 \\ d_3 & b_3 & c_3 \end{vmatrix}=\begin{vmatrix} b_1 & c_1 & d_1 \\ b_2 & c_2 & d_2 \\ b_3 & c_3 & d_3 \end{vmatrix}$，则 $Dx=D_x$；同理，记 $D_y=\begin{vmatrix} a_1 & d_1 & c_1 \\ a_2 & d_2 & c_2 \\ a_3 & d_3 & c_3 \end{vmatrix}=-\begin{vmatrix} a_1 & c_1 & d_1 \\ a_2 & c_2 & d_2 \\ a_3 & c_3 & d_3 \end{vmatrix}$，则有 $Dy=D_y$；记 $D_z=\begin{vmatrix} a_1 & b_1 & d_1 \\ a_2 & b_2 & d_2 \\ a_3 & b_3 & d_3 \end{vmatrix}$，则有 $Dz=D_z$.

即有方程组$\begin{cases} Dx=D_x \\ Dy=D_y \\ Dz=D_z \end{cases}$. 这样，下面的相关讨论自然成立：

(1) 当 $D \neq 0$ 时,方程组 $\begin{cases} a_1x+b_1y+c_1z=d_1 \\ a_2x+b_2y+c_2z=d_2 \\ a_3x+b_3y+c_3z=d_3 \end{cases}$ 有唯一解 $\begin{cases} x=\dfrac{D_x}{D} \\ y=\dfrac{D_y}{D} \\ z=\dfrac{D_z}{D} \end{cases}$;

(2) 而当 $D=0$ 时,原方程组可能无解,也可能有无穷多组解.但限于篇幅和中学课程内容的实际需要,本书就不予讨论了.感兴趣的同学可以自主研究.

5. 三元齐次线性方程组有非零解的充要条件

若三元一次方程组 $\begin{cases} a_1x+b_1y+c_1z=d_1 \\ a_2x+b_2y+c_2z=d_2 \\ a_3x+b_3y+c_3z=d_3 \end{cases}$ 中的常数项 d_1, d_2, d_3 全为零,则称方程组 $\begin{cases} a_1x+b_1y+c_1z=0 \\ a_2x+b_2y+c_2z=0 \\ a_3x+b_3y+c_3z=0 \end{cases}$ 为三元齐次线性方程组,其中,x, y, z 是未知数,$a_1, b_1, c_1, a_2, b_2, c_2, a_3, b_3, c_3$ 是未知数的系数,且不全为零.

显然,$\begin{cases} x=0 \\ y=0 \\ z=0 \end{cases}$ 一定是该齐次线性方程组的一组解,通常称此解为齐次线性方程组的零解;若依然记该方程组的系数行列式为 D,则当 $D \neq 0$ 时,齐次线性方程组 $\begin{cases} a_1x+b_1y+c_1z=0 \\ a_2x+b_2y+c_2z=0 \\ a_3x+b_3y+c_3z=0 \end{cases}$ 只有唯一的这组零解.

但当 $D=0$ 时,该齐次线性方程组除零解外,还有无穷多组非零解.

事实上,(1) 若 D 中至少有一个元素的代数余子式不等于零,不妨设 $C_3=\begin{vmatrix} a_1 & b_1 \\ a_2 & b_2 \end{vmatrix} \neq 0$. 现将

$$\begin{cases} a_1x+b_1y+c_1z=0 & (1.3.7) \\ a_2x+b_2y+c_2z=0 & (1.3.8) \\ a_3x+b_3y+c_3z=0 & (1.3.9) \end{cases}$$

中方程 (1.3.7) 和 (1.3.8) 中含 z 的项移到方程等号的右边,得关于 x, y 的二元一次方程组

$$\begin{cases} a_1x+b_1y=-c_1z \\ a_2x+b_2y=-c_2z \end{cases}$$

由于$C_3=\begin{vmatrix} a_1 & b_1 \\ a_2 & b_2 \end{vmatrix}\neq 0$，因此，有$\begin{cases} x=\dfrac{\begin{vmatrix} b_1 & c_1 \\ b_2 & c_2 \end{vmatrix}}{\begin{vmatrix} a_1 & b_1 \\ a_2 & b_2 \end{vmatrix}}z=\dfrac{A_3}{C_3}z \\ y=-\dfrac{\begin{vmatrix} a_1 & c_1 \\ a_2 & c_2 \end{vmatrix}}{\begin{vmatrix} a_1 & b_1 \\ a_2 & b_2 \end{vmatrix}}z=\dfrac{B_3}{C_3}z \end{cases}$.

若假定 $z=C_3t$，其中 t 为任意常数. 则有$\begin{cases} x=A_3t \\ y=B_3t. \\ z=C_3t \end{cases}$

这时，可以检验$\begin{cases} x=A_3t \\ y=B_3t \\ z=C_3t \end{cases}$也适合方程(1.3.9)，这说明$\begin{cases} x=A_3t \\ y=B_3t \\ z=C_3t \end{cases}$是原三元齐次线性方程组的解，而且包含它的所有解.

由 t 的任意性知原三元齐次线性方程组不仅有零解，而且有无穷多组非零解.

(2) 当 D 中任一个元素的代数余子式都等于零时：

(a) 原三元齐次线性方程组中的任何一个系数都等于零，那么任意一组 x，y，z 的值都是原方程组的解，显然，原方程组有无穷多组非零解.

(b) 若原方程组中系数不全为零，不妨设 $b_1\neq 0$，则由$\begin{vmatrix} a_1 & b_1 \\ a_2 & b_2 \end{vmatrix}=0$可得 $a_1b_2=a_2b_1$，由$\begin{vmatrix} b_1 & c_1 \\ b_2 & c_2 \end{vmatrix}=0$可得 $b_1c_2=b_2c_1$，于是 $a_2=\dfrac{a_1b_2}{b_1}$，$c_2=\dfrac{b_2c_1}{b_1}$，这表明方程(1.3.8)可由方程(1.3.7)两边同时乘以$\dfrac{b_2}{b_1}$得到；同理，方程(1.3.9)可由方程(1.3.7)两边同时乘以$\dfrac{b_3}{b_1}$得到.

因此，方程(1.3.7)的解就是原方程组的解，显然，原方程组有无穷多组非零解.

反过来，如果 $D\neq 0$，那么原方程组只有零解，这与原方程组有非零解矛盾，因此当原方程组有非零解时，必有 $D=0$.

综上所述，有下面的命题成立：

三元齐次线性方程组$\begin{cases} a_1x+b_1y+c_1z=0 \\ a_2x+b_2y+c_2z=0 \\ a_3x+b_3y+c_3z=0 \end{cases}$有非零解 $\Leftrightarrow$ 该三元齐次线性方

程组的系数行列式 $D=\begin{vmatrix} a_1 & b_1 & c_1 \\ a_2 & b_2 & c_2 \\ a_3 & b_3 & c_3 \end{vmatrix}=0.$

平面向量及其应用

第 2 章

本章介绍与平面向量有关的最基本的概念：向量的加法、减法、数乘向量、向量的内积等运算及向量的加法、数乘向量、向量内积等运算的运算律(或运算性质).

点、直线、平面是构成空间几何体的基本要素. 点与直线的结合性及其相关的位置关系、直线与平面的结合性及其相关的位置关系，也是认知这些最基本的图形关系的出发点. 这些认识肯定更有助于我们认知或讨论上述与向量相关的基本概念. 因此，本章在讨论平面向量的有关知识之前，将先行讨论有关点、直线、平面的一些基础认知.

当然，在认知上述这些最基础的知识的过程中所建立的认知观念、积累的认知经验也是我们更好地认知向量的线性结构、向量的度量结构最基本的出发点，还能为我们更好地步入向量殿堂奠定最基础的智慧与思想.

在 2.1 节，我们将讨论平面上的点、直线、平面的结合性. 只有点、直线、平面的确定性清楚了，后续相关的讨论才有实在的意义. 向量的加法、减法、数乘向量、平面向量基本(分解) 定理、内积等相关知识的认知都需要以此为基础才能展开.

在 2.2 节，我们将讨论什么是向量及相等向量、零向量、单位向量、负(相反) 向量等与向量相关的一些最基本的概念.

在 2.3 节，我们将讨论向量的加法、减法、数乘向量及向量共线的充要条件等向量入门阶段的基础知识，奠定向量的线性相关性的基本认知.

在 2.4 节，我们将在平面向量基本（分解）定理的认知基础上，借助定位向量，引入平面向量的坐标，并讨论向量的和、差及数乘向量的坐标运算，进而在此基础上，讨论线段的定比分点公式及其坐标、线段中点坐标公式以及按向量所进行的点的平移等. 向量的和、差、数乘运算及平面向量基本（分解）定理有效地揭示了向量的线性结构.

在 2.5 节，我们将讨论两个向量的夹角、内积以及建立在坐标、内积运算基础之上的向量的长度、两个向量的夹角及两个非零向量垂直的充要条件等最基本的度量关系.

在 2.6 节，作为向量方法的运用，我们将在这一节里详细讨论 10 个典型问题. 之所以在此讨论这些典型问题，一方面是为了借助这些典型问题的讨论让大家体会向量的思想、方法在具体问题中的运用，从而感受向量思想在数学课程中的重要地位；另一方面，也是因为这些典型问题本身也是重要的数学命题，借助这些命题还可以以此为基础进一步讨论更多的数学问题，更好地发挥这些命题在数学课程中的作用. 因此，用向量的方法来认知这些课程内容也一样具有重要的价值.

2.1 点、直线、平面的基本关系及确定平面的条件

几何空间可以看作是点组成的集合. 平面或空间直线、空间中的平面或曲面，甚至各种具体的平面图形或几何体都可以看作是点所组成的集合. 这样，空间中的直线、平面、曲面以及各种平面图形或几何体等就都可以看作是空间的子集.

如果两条直线或两个平面作为空间的子集是相等的，那么我们就认为这样的两条直线或两个平面是重合在一起的.

在同一个平面内，我们知道经过任意给定的两个点，有且只有一条直线. 事实上，“在空间中，经过任意给定的两个点”也一样“有且只有一条直线”.

一般来说，当我们说“有且只有一条直线”或“确定一条直线”时，都把“重合在一起的直线”看作是一条直线. 但为了讨论上的方便，当两条不同的直线经过运动变化后重合在一起，有时也说“这两条直线是重合的”.

平面是空间中的又一重要元素. 为了符合视觉直观，通常用一个平行四边形来表示平面. 当然，有时为了方便或实际的需要也用三角形或其他平面图形来表示平面. 习惯上，我们遵循用希腊字母 α,β,γ 等来给平面命名的习惯. 当然，有时为了方便，也常用表示平行四边形的两个相对顶点的字母来表示平面，比如可以用平面 AC 来表示平面 $ABCD$.

为了认知和讨论的需要，在立体(空间)几何中，约定如下的一些公理作为立体(空间)几何的认知或推理的基础. 当然，在认知这些公理的过程中，要认真去体会规定这些公理作为认知、推理的基础的合理性.

1. 直线与平面的基本关系

如图 2.1，如果直线 l 上的两点 A，B 都在同一个平面 α 内，那么它上面的其他各点是否也在这个平面内呢?

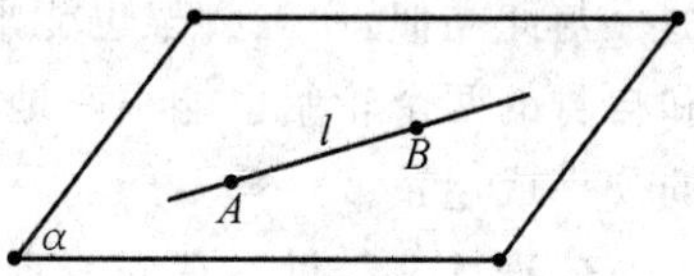

图 2.1

事实上，大量的事实和实践验证都表明这条直线上的其他各点也都在这个平面内. 大家也可以亲自动手来验证一下，看看是否真的是这样. 通常，把上述事实归纳概括成下面的公理：

公理 1　如果一条直线上的两个点在一个平面内，那么这条直线上的所有点都同在这个平面内.

此时，或者说“这条直线在这个平面内”，或者说“这个平面通过这条直线”.

在立体(空间)几何中，我们一般用集合论的相关符号来表示相应的点、直线、平面之间的位置关系.

如图 2.1，将“点 A 在直线 l 上”表示为“$A \in l$”；将“直线 l 在平面 α 内”表示为“$l \subset \alpha$”. 在立体(空间)几何的学习过程中，要逐渐习惯这种用集合论的符号来表示立体(空间)几何中的图形及图形关系的方法.

2. 两个平面相交及交线的唯一性

和两条直线重合一样，有时为了讨论方便，如果两个不同的平面经过运动变化后重合在一起了，有时也说这时的“两个平面是重合的”.

如图 2.2，两个不重合的平面 α，β 有一个公共点 C，借助实物操作，或观察教室四周的墙面及课本、桌面等实物，可以发现这时的两个平面事实上确实存在着经过这个公共点的一条公共直线. 我们将这一事实，归纳概括为下面的公理：

公理 2　如果两个平面有一个公共点，那么这两个平面就存在一条经过这个公共点的公共直线.

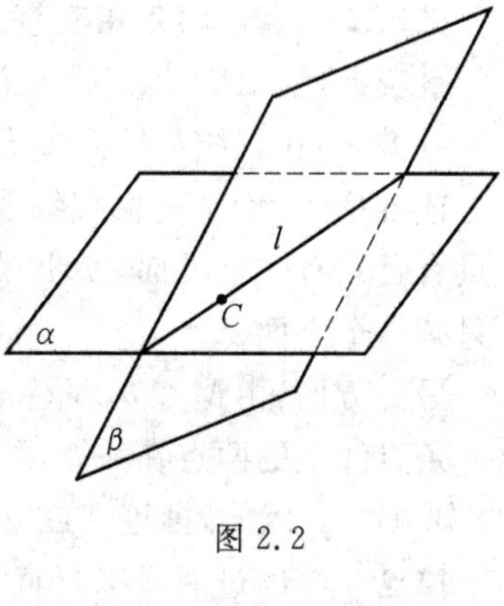

图 2.2

如图 2.2，平面 α 与 β 相交于一点 C，则这两个平面就有一条经过点 C 的公共直线 l. 通常把这条公共直线 l 叫作这两个平面 α 与 β 的交线，并用集合论的符号将其表示为 $\alpha \cap \beta = l$.

3. 确定平面的条件

借助实验操作，我们发现要平稳地支撑一张纸片，用一个手指头是很难的；用两个手指头也难以平稳地支撑起这一张纸片. 但当我们用三个手指头的时候，这张纸片就不再东倒西歪了，就能够平稳地将其固定在某一个确定的位置.

与此类似，用三脚架也能平稳地放置照相机、摄像机，自行车借助一个支架和自身的两个轮胎也能很好地固定在地面上. 大量类似的事实，告诉我们下面的公理成立：

公理 3　经过不在同一直线上的三个点，有且只有一个平面.

公理 3 有时也说成“不在同一直线上的三点确定一个平面”. 如图 2.3，平面 α 即为过 A，B，C 三点所确定的平面.

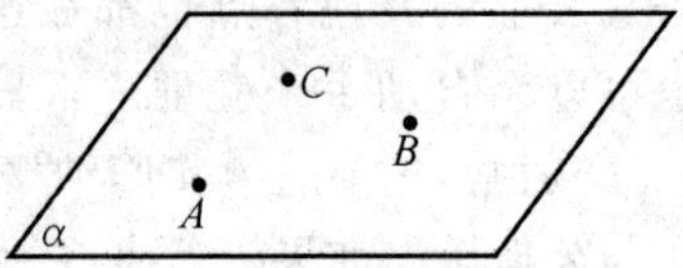

图 2.3

在公理 3 的基础上，我们可以借助简单的推理论证，得到下面关于公理 3 的 3 个推论. 这 3 个推论也是确定平面的重要命题.

推论 1　经过一条直线和这条直线外的一点有且只有一个平面.

事实上，一方面，如图 2.4，在直线 l 上任取两点 A，B，这样根据公理 3（经过不在同一直线上的三个点，有且只有一个平面）知过 A，B，C 三点有且只有一个平面 α.

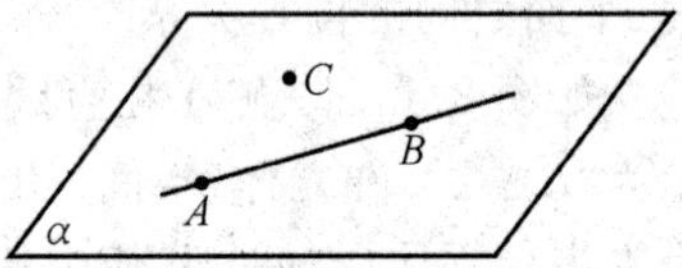

图 2.4

另一方面，由 $A\in\alpha$，$B\in\alpha$，根据公理 1（如果一条直线上的两点在一个平面内，那么这条直线上的所有点都在这个平面内）知 $l\subset\alpha$. 因此，推论 1 成立.

推论 2　经过两条相交直线有且只有一个平面.

事实上，如图 2.5，直线 a，b 相交于 M.

一方面，在直线 b 上任取异于 M 的点 N，则由上述推论 1（经过一条直线和这条直线外的一点有且只有一个平面）知过直线 a 和点 N 有且只有一个平面 α.

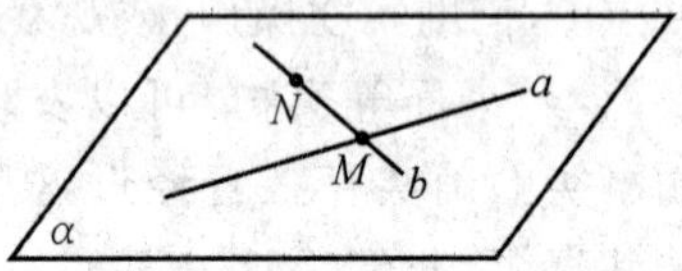

图 2.5

另一方面，由 $M\in\alpha$，$N\in\alpha$，根据公理 1（如果一条直线上的两点在一个平面内，那么这条直线上的所有点都在这一个平面内）知 $b\subset\alpha$. 因此，推论 2 成立.

推论 3　经过两条平行直线有且只有一个平面.

事实上，如图 2.6，直线 $a\parallel b$.

一方面，根据同一平面内，两条直线的位置关系可知，当 $a\parallel b$ 时，直线 a，b 在同一平面内，也就是说，过两条平行直线存在一个平面 α.

另一方面，设 M 是直线 a 上任意一点，于是根据推论 1(经过一条直线和这条直线外的一点有且只有一个平面) 知过直线 b 和点 M 有且只有一个平面 β.

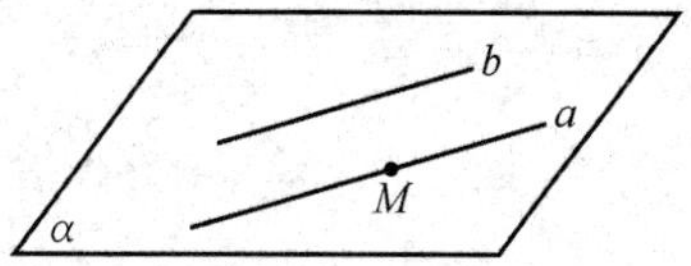

图 2.6

此外，由于 $b \subset \alpha, M \in \alpha$，因此过直线 b 和点 M 的平面 β 和平面 α 重合.

因此过两条平行直线有且只有一个平面，即推论 3 成立.

特别提醒

推论 3 与推论 1、推论 2 在认知及其推理论证上是不同的，要认真体会其中的差异.

2.2　向量及其基本概念

1. 向量及相等向量

在数学上，称既有大小，又有方向的量为向量. 为了直观观察上的方便，通常用有向线段来表示向量，如图 2.7，用有向线段 $\overrightarrow{AB}$ 来表示起点为 A、终点为 B 的向量. 为了排版方便，数学书等出版物也用黑体小写字母来表示向量，如向量 $\boldsymbol{a}, \boldsymbol{b}$ 等；手写时，一般除了用 $\overrightarrow{AB}, \overrightarrow{CD}$ 等来表示向量外，向量 $\boldsymbol{a}, \boldsymbol{b}$ 则分别用 $\vec{a}, \vec{b}$ 来表示.

图 2.7

一般来说，通常把大小相等、方向相同的向量视为相等向量，当然由于这样的向量能够借助平移让其重合，因此，有时也说这样的向量是同一向量.

向量 $\boldsymbol{a}$ 的长度一般记作 $|\boldsymbol{a}|$，也称之为向量 $\boldsymbol{a}$ 的模.

2. 零向量、单位向量、反向量

长度为 1 的向量称为单位向量，在本书中一般用 $\boldsymbol{e}$ 表示单位向量.

长度为零的向量称为零向量，用 $\boldsymbol{0}$ 表示，但零向量的方向不确定.

与非零向量 $\boldsymbol{a}$ 长度相等、但方向相反的向量称为向量 $\boldsymbol{a}$ 的负向量(有时，也称作反向量或相反向量)，记作 $-\boldsymbol{a}$. 向量 $\overrightarrow{AB}$ 的相反向量 $-\overrightarrow{AB}$ 有时也表示成 $\overrightarrow{BA}$，即 $-\overrightarrow{AB} = \overrightarrow{BA}$.

特别地，对于零向量 $\boldsymbol{0}$，约定 $-\boldsymbol{0} = \boldsymbol{0}$.

2.3　向量的基本运算

1. 向量的加法、减法及三角形法则、多边形法则与平行四边形法则

如图 2.8，借助生活经验，不难理解：由 A 到 B 的一个位移即得向量 $\overrightarrow{AB}$，进而由 B 到 C 的又一个位移即得向量 $\overrightarrow{BC}$，这样在连续做两次位移 $\overrightarrow{AB}$，$\overrightarrow{BC}$ 之后的结果显然相当于做了一次位移 $\overrightarrow{AC}$，即 $\overrightarrow{AB}+\overrightarrow{BC}=\overrightarrow{AC}$.

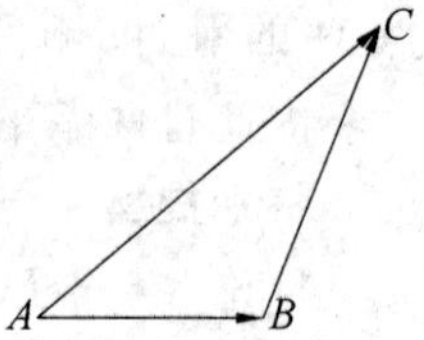

图 2.8

如果三点 A,B,C 不共线，那么在 $\triangle ABC$ 中，均有 $\overrightarrow{AB}+\overrightarrow{BC}=\overrightarrow{AC}$，通常也称向量 $\overrightarrow{AC}$ 是向量 $\overrightarrow{AB}$ 与向量 $\overrightarrow{BC}$ 的和，记作 $\overrightarrow{AB}+\overrightarrow{BC}=\overrightarrow{AC}$，或 $\overrightarrow{AC}=\overrightarrow{AB}+\overrightarrow{BC}$.

特别地，如果 A,B,C 三点在同一直线上，借助位移的观念来思考，不论是位于图 2.9 中的位置，还是图 2.10 中的位置，甚至是图 2.11 中的位置，都有 $\overrightarrow{AB}+\overrightarrow{BC}=\overrightarrow{AC}$，或 $\overrightarrow{AC}=\overrightarrow{AB}+\overrightarrow{BC}$.

图 2.9

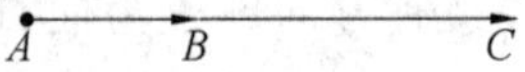

图 2.10

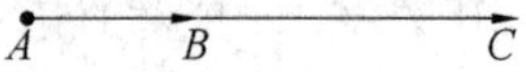

图 2.11

如图 2.8，借助生活经验，不难理解：为了最终实现由 A 到 C 的位移（即得向量 $\overrightarrow{AC}$），如果先做了一个由 A 到 B 的位移（即向量 $\overrightarrow{AB}$），这样势必还需要经历一个由 B 到 C 的位移（即向量 $\overrightarrow{BC}$）才能最终达成预先的目标（实现由 A 到 C 的位移），也就是说，在位移向量 $\overrightarrow{AC}$，$\overrightarrow{AB}$ 之间存在一个位移差向量 $\overrightarrow{BC}$，即 $\overrightarrow{AC}-\overrightarrow{AB}=\overrightarrow{BC}$.

当 A,B,C 三点不共线时，在 $\triangle ABC$ 中，有 $\overrightarrow{AC}-\overrightarrow{AB}=\overrightarrow{BC}$，通常也称向量 $\overrightarrow{BC}$ 是向量 $\overrightarrow{AC}$ 与向量 $\overrightarrow{AB}$ 的差，记作 $\overrightarrow{AC}-\overrightarrow{AB}=\overrightarrow{BC}$，或 $\overrightarrow{BC}=\overrightarrow{AC}-\overrightarrow{AB}$.

特别地，如果 A,B,C 三点在同一直线上，借助上述位移的观念，不论是图 2.9、图 2.10，还是图 2.11 中的向量 $\overrightarrow{AC}$，$\overrightarrow{AB}$，$\overrightarrow{BC}$，都有 $\overrightarrow{AC}-\overrightarrow{AB}=\overrightarrow{BC}$，或 $\overrightarrow{BC}=\overrightarrow{AC}-\overrightarrow{AB}$ 成立.

通常把借助上述观念所建立起来的求两个向量的和或差的法则称为向量的三角形法则.

如图 2.12，借助向量的三角形法则，容易理解 $\overrightarrow{AB}+\overrightarrow{BC}+\overrightarrow{CD}+\overrightarrow{DE}+\overrightarrow{EF}=\overrightarrow{AF}$.

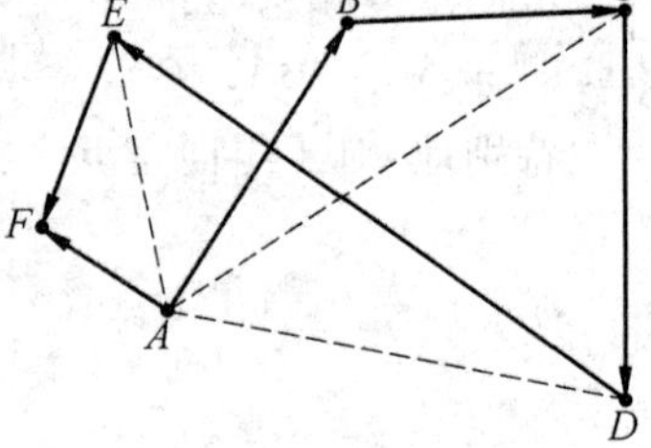

图 2.12

事实上

$$
\begin{aligned}
&\overrightarrow{AB}+\overrightarrow{BC}+\overrightarrow{CD}+\overrightarrow{DE}+\overrightarrow{EF}\\
=&\overrightarrow{AC}+\overrightarrow{CD}+\overrightarrow{DE}+\overrightarrow{EF}\\
=&\overrightarrow{AD}+\overrightarrow{DE}+\overrightarrow{EF}\\
=&\overrightarrow{AE}+\overrightarrow{EF}\\
=&\overrightarrow{AF}
\end{aligned}
$$

有时,也将与类似于上述向量$\overrightarrow{AB}$,$\overrightarrow{BC}$,$\overrightarrow{CD}$,$\overrightarrow{DE}$,$\overrightarrow{EF}$,$\overrightarrow{AF}$ 所确定的图形 $ABCDEF$ 称之为多边形,而把借助多边形 $ABCDEF$ 及不断使用三角形法则由 $\overrightarrow{AB}$,$\overrightarrow{BC}$,$\overrightarrow{CD}$,$\overrightarrow{DE}$,$\overrightarrow{EF}$ 求得$\overrightarrow{AB}+\overrightarrow{BC}+\overrightarrow{CD}+\overrightarrow{DE}+\overrightarrow{EF}=\overrightarrow{AF}$ 的操作称为向量的多边形法则.

如图 2.13,将向量$\overrightarrow{BC}$ 平移到$\overrightarrow{AD}$,并联结 CD,得平行四边形 $ABCD$,则由$\overrightarrow{AB}+\overrightarrow{BC}=\overrightarrow{AC}$ 可得 $\overrightarrow{AB}+\overrightarrow{AD}=\overrightarrow{AC}$. 通常把这种借助平行四边形 $ABCD$,及其他的一组邻边 AB,AD 所构成的向量 $\overrightarrow{AB}$,$\overrightarrow{AD}$ 的和为其对角线 AC 所形成的向量$\overrightarrow{AC}$,且将这一法则称之为向量的平行四边形法则.

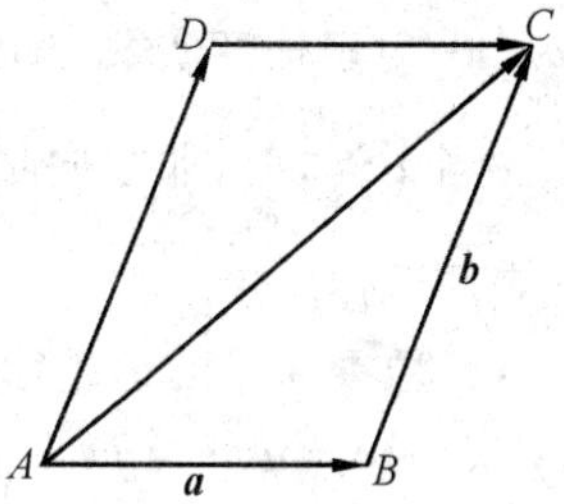

图 2.13

如图 2.14,在平行四边形 $ABCD$ 中,对角线 AC 所确定的向量$\overrightarrow{AC}$ 可以看成是向量$\overrightarrow{AD}$,$\overrightarrow{AB}$ 的和,即 $\overrightarrow{AD}+\overrightarrow{AB}=\overrightarrow{AC}$,而对角线 BD 所确定的向量$\overrightarrow{BD}$ 可以看成是向量$\overrightarrow{AD}$,$\overrightarrow{AB}$ 的差,即$\overrightarrow{AD}-\overrightarrow{AB}=\overrightarrow{BD}$.

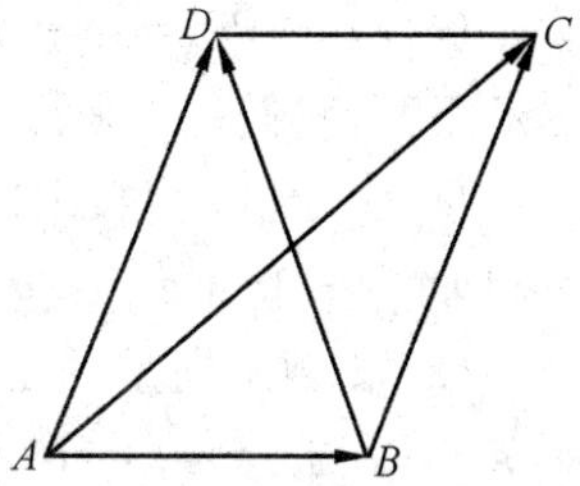

图 2.14

2. 向量加法的运算律

(1) 交换律:$\boldsymbol{a}+\boldsymbol{b}=\boldsymbol{b}+\boldsymbol{a}$;

(2) 结合律:$(\boldsymbol{a}+\boldsymbol{b})+\boldsymbol{c}=\boldsymbol{a}+(\boldsymbol{b}+\boldsymbol{c})$;

(3) 零向量:$\boldsymbol{a}+\boldsymbol{0}=\boldsymbol{0}+\boldsymbol{a}=\boldsymbol{a}$;

(4) 负向量:$\boldsymbol{a}+(-\boldsymbol{a})=(-\boldsymbol{a})+\boldsymbol{a}=\boldsymbol{0}$.

下面,我们来一一证明上述运算律的正确性.

事实上,

(1) 在图 2.13 中,在平行四边形 $ABCD$ 中,设$\overrightarrow{AB}=\boldsymbol{a}$,$\overrightarrow{BC}=\boldsymbol{b}$,则$\overrightarrow{DC}=\overrightarrow{AB}=\boldsymbol{a}$,$\overrightarrow{AD}=\overrightarrow{BC}=\boldsymbol{b}$. 于是,有 $\boldsymbol{a}+\boldsymbol{b}=\overrightarrow{AB}+\overrightarrow{BC}=\overrightarrow{AC}=\overrightarrow{AD}+\overrightarrow{DC}=\boldsymbol{b}+\boldsymbol{a}$.

(2) 如图 2.15,设$\overrightarrow{AB}=\boldsymbol{a}$,$\overrightarrow{BC}=\boldsymbol{b}$,$\overrightarrow{CD}=\boldsymbol{c}$.

一方面,有$(\boldsymbol{a}+\boldsymbol{b})+\boldsymbol{c}=(\overrightarrow{AB}+\overrightarrow{BC})+\overrightarrow{CD}=\overrightarrow{AC}+\overrightarrow{CD}=\overrightarrow{AD}$;另一方面,有 $\boldsymbol{a}+(\boldsymbol{b}+\boldsymbol{c})=\overrightarrow{AB}+(\overrightarrow{BC}+\overrightarrow{CD})=\overrightarrow{AB}+\overrightarrow{BD}=\overrightarrow{AD}$. 于是$(\boldsymbol{a}+\boldsymbol{b})+\boldsymbol{c}=\boldsymbol{a}+(\boldsymbol{b}+\boldsymbol{c})$.

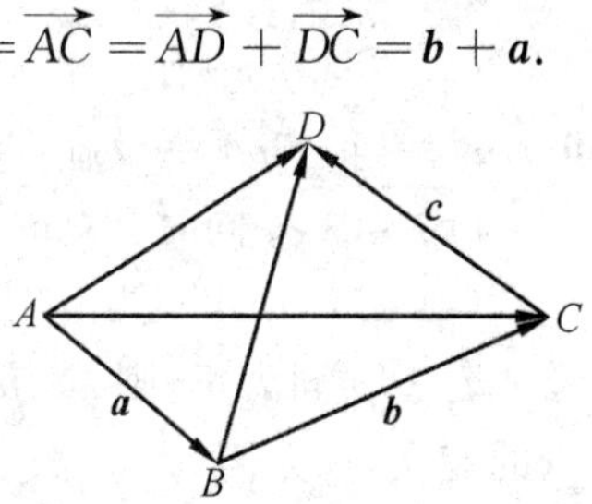

图 2.15

(3) 设$\overrightarrow{AB}=\boldsymbol{a}$,用$\overrightarrow{BB}$,$\overrightarrow{AA}$ 来表示 $\boldsymbol{0}$ 向量,则由三角形法则,一方面,有 $\boldsymbol{a}+\boldsymbol{0}=\overrightarrow{AB}+\overrightarrow{BB}=\overrightarrow{AB}$;另

一方面，有 $\mathbf{0}+\boldsymbol{a}=\overrightarrow{AA}+\overrightarrow{AB}=\overrightarrow{AB}=\boldsymbol{a}$. 于是 $\boldsymbol{a}+\mathbf{0}=\mathbf{0}+\boldsymbol{a}=\boldsymbol{a}$.

(4) 设 $\overrightarrow{AB}=\boldsymbol{a}$，一方面，有 $\boldsymbol{a}+(-\boldsymbol{a})=\overrightarrow{AB}+(-\overrightarrow{AB})=\overrightarrow{AB}+\overrightarrow{BA}=\overrightarrow{AA}=\mathbf{0}$；另一方面，有 $(-\boldsymbol{a})+\boldsymbol{a}=(-\overrightarrow{AB})+\overrightarrow{AB}=\overrightarrow{BA}+\overrightarrow{AB}=\overrightarrow{BB}=\mathbf{0}$. 于是 $\boldsymbol{a}+(-\boldsymbol{a})=(-\boldsymbol{a})+\boldsymbol{a}=\mathbf{0}$.

3. 数乘向量

实数 λ 与向量 $\boldsymbol{a}$ 的乘积 $\lambda\boldsymbol{a}$ 是一个向量，它的长度 $|\lambda\boldsymbol{a}|=|\lambda||\boldsymbol{a}|$.

如果 $|\lambda\boldsymbol{a}|\neq 0$，当 $\lambda>0$ 时，向量 $\lambda\boldsymbol{a}$ 与 $\boldsymbol{a}$ 的方向相同；当 $\lambda<0$ 时，向量 $\lambda\boldsymbol{a}$ 与 $\boldsymbol{a}$ 的方向相反.

特别地，$0\boldsymbol{a}=\mathbf{0}$，$\lambda\mathbf{0}=\mathbf{0}$. 事实上，对于任意向量 $\boldsymbol{a}$，由 $|0\boldsymbol{a}|=|0||\boldsymbol{a}|=0$ 知 $0\boldsymbol{a}=\mathbf{0}$；对于任意实数 λ，由 $|\lambda\mathbf{0}|=|\lambda||\mathbf{0}|=0$，于是 $\lambda\mathbf{0}=\mathbf{0}$.

当 $\boldsymbol{a}\neq\mathbf{0}$ 时，非零向量 $\boldsymbol{a}$ 也可以将其单位化，$\dfrac{\boldsymbol{a}}{|\boldsymbol{a}|}$ 或 $\dfrac{1}{|\boldsymbol{a}|}\boldsymbol{a}$，$-\dfrac{\boldsymbol{a}}{|\boldsymbol{a}|}$ 或 $-\dfrac{1}{|\boldsymbol{a}|}\boldsymbol{a}$ 均表示单位向量.

4. 数乘向量的运算律

(1) $1\boldsymbol{a}=\boldsymbol{a}$，$-1\boldsymbol{a}=-\boldsymbol{a}$；

(2) $(\lambda\mu)\boldsymbol{a}=\lambda(\mu\boldsymbol{a})$；

(3) $(\lambda+\mu)\boldsymbol{a}=\lambda\boldsymbol{a}+\mu\boldsymbol{a}$；

(4) $\lambda(\boldsymbol{a}+\boldsymbol{b})=\lambda\boldsymbol{a}+\lambda\boldsymbol{b}$.

下面，我们一一来证明上述运算律的正确性.

事实上，(1) 由数乘向量的定义，知 $|1\boldsymbol{a}|=|1||\boldsymbol{a}|=|\boldsymbol{a}|$，即 $1\boldsymbol{a}=\boldsymbol{a}$；同理，$|-1\boldsymbol{a}|=|-1||\boldsymbol{a}|=|\boldsymbol{a}|$，即 $-1\boldsymbol{a}=-\boldsymbol{a}$.

(2) 由数乘向量的定义，知 $|(\lambda\mu)\boldsymbol{a}|=|\lambda\mu||\boldsymbol{a}|=|\lambda||\mu||\boldsymbol{a}|=|\lambda|\cdot|\mu\boldsymbol{a}|$，即 $(\lambda\mu)\boldsymbol{a}=\lambda(\mu\boldsymbol{a})$.

(3) 这条运算律的证明相对烦琐，要认真体会如何对 λ,μ 进行合理分类：

若 $\boldsymbol{a}=\mathbf{0}$，一方面，$|(\lambda+\mu)\boldsymbol{a}|=|\lambda+\mu||\boldsymbol{a}|=|(\lambda+\mu)||\mathbf{0}|=0$；另一方面，$|\lambda\boldsymbol{a}+\mu\boldsymbol{a}|=|\lambda\mathbf{0}+\mu\mathbf{0}|=|\mathbf{0}|=0$；因此 $(\lambda+\mu)\boldsymbol{a}=\lambda\boldsymbol{a}+\mu\boldsymbol{a}$.

若 $\boldsymbol{a}\neq\mathbf{0}$：

(a) 当 λ,μ 中有一个为 0 时，不妨设 $\lambda=0$，则 $(\lambda+\mu)\boldsymbol{a}=(0+\mu)\boldsymbol{a}=\mu\boldsymbol{a}=\mathbf{0}+\mu\boldsymbol{a}=0\boldsymbol{a}+\mu\boldsymbol{a}=\lambda\boldsymbol{a}+\mu\boldsymbol{a}$ 成立.

(b) 当 λ,μ 同时为 0 时，则 $(\lambda+\mu)\boldsymbol{a}=(0+0)\boldsymbol{a}=\mathbf{0}=\mathbf{0}+\mathbf{0}=\lambda\boldsymbol{a}+\mu\boldsymbol{a}$ 成立.

(c) 当 λ,μ 均不为 0 时，可以再分如下各种情况讨论：

若 λ,μ 同为正，则 $\lambda\boldsymbol{a},\mu\boldsymbol{a},\lambda\boldsymbol{a}+\mu\boldsymbol{a},(\lambda+\mu)\boldsymbol{a}$ 均与 $\boldsymbol{a}$ 同向. 于是，根据数乘向量的定义，一方面，$|\lambda\boldsymbol{a}+\mu\boldsymbol{a}|=|\lambda\boldsymbol{a}|+|\mu\boldsymbol{a}|=\lambda|\boldsymbol{a}|+\mu|\boldsymbol{a}|=(\lambda+\mu)\boldsymbol{a}$；另一方面，$|(\lambda+\mu)\boldsymbol{a}|=|\lambda+\mu||\boldsymbol{a}|=(\lambda+\mu)\boldsymbol{a}$. 于是 $(\lambda+\mu)\boldsymbol{a}=\lambda\boldsymbol{a}+\mu\boldsymbol{a}$ 成立.

若 λ,μ 同为负，则 $\lambda\boldsymbol{a},\mu\boldsymbol{a},\lambda\boldsymbol{a}+\mu\boldsymbol{a},(\lambda+\mu)\boldsymbol{a}$ 均与 $\boldsymbol{a}$ 反向. 于是，根据数乘向

量的定义，一方面，$|\lambda\boldsymbol{a}+\mu\boldsymbol{a}|=|\lambda\boldsymbol{a}|+|\mu\boldsymbol{a}|=-\lambda|\boldsymbol{a}|+(-\mu|\boldsymbol{a}|)=-(\lambda+\mu)\boldsymbol{a}$；另一方面，$|(\lambda+\mu)\boldsymbol{a}|=|\lambda+\mu||\boldsymbol{a}|=-(\lambda+\mu)\boldsymbol{a}$. 于是 $(\lambda+\mu)\boldsymbol{a}=\lambda\boldsymbol{a}+\mu\boldsymbol{a}$ 成立.

若 λ,μ 异号，则不妨设 λ 为正，μ 为负.

① 当 $\lambda+\mu=0$ 时，$\mu=-\lambda$；一方面，$(\lambda+\mu)\boldsymbol{a}=\boldsymbol{0}$；而另一方面，$\lambda\boldsymbol{a}+\mu\boldsymbol{a}=\lambda\boldsymbol{a}+(-\lambda)\boldsymbol{a}=\lambda\boldsymbol{a}+(-1)(\lambda\boldsymbol{a})=\lambda\boldsymbol{a}+(-\lambda\boldsymbol{a})=\boldsymbol{0}$，因此，$(\lambda+\mu)\boldsymbol{a}=\lambda\boldsymbol{a}+\mu\boldsymbol{a}$ 成立.

② 若 $\lambda+\mu>0$，则由 λ 为正，μ 为负知 $-\mu>0$，即 $\lambda+\mu>0$，且 $-\mu>0$，于是，$\lambda\boldsymbol{a}=[(\lambda+\mu)+(-\mu)]\boldsymbol{a}=(\lambda+\mu)\boldsymbol{a}+(-\mu)\boldsymbol{a}=(\lambda+\mu)\boldsymbol{a}+(-\mu\boldsymbol{a})$，进而 $\lambda\boldsymbol{a}+\mu\boldsymbol{a}=(\lambda+\mu)\boldsymbol{a}+(-\mu\boldsymbol{a})+\mu\boldsymbol{a}=(\lambda+\mu)\boldsymbol{a}$，即 $(\lambda+\mu)\boldsymbol{a}=\lambda\boldsymbol{a}+\mu\boldsymbol{a}$ 成立.

③ 若 $\lambda+\mu<0$，则由 λ 为正，μ 为负知 $-\lambda<0$，即 $\lambda+\mu<0$，且 $-\lambda<0$，于是，$\mu\boldsymbol{a}=[(\lambda+\mu)+(-\lambda)]\boldsymbol{a}=(\lambda+\mu)\boldsymbol{a}+(-\lambda)\boldsymbol{a}=(\lambda+\mu)\boldsymbol{a}+(-\lambda\boldsymbol{a})$，进而 $\lambda\boldsymbol{a}+\mu\boldsymbol{a}=(\lambda+\mu)\boldsymbol{a}+(-\lambda\boldsymbol{a})+\lambda\boldsymbol{a}=(\lambda+\mu)\boldsymbol{a}$，即 $(\lambda+\mu)\boldsymbol{a}=\lambda\boldsymbol{a}+\mu\boldsymbol{a}$ 成立.

综上所述，对于一切实数 λ,μ 均有 $(\lambda+\mu)\boldsymbol{a}=\lambda\boldsymbol{a}+\mu\boldsymbol{a}$ 成立.

(a) 若 $\lambda=0$ 或 $\boldsymbol{a},\boldsymbol{b}$ 中有一个向量为 $\boldsymbol{0}$，则易验证 $\lambda(\boldsymbol{a}+\boldsymbol{b})=\lambda\boldsymbol{a}+\lambda\boldsymbol{b}$ 成立.

(b) 若 $\lambda\neq0$，且 $\boldsymbol{a},\boldsymbol{b}$ 中均不为 $\boldsymbol{0}$，但借助平移恰好能使得向量 $\boldsymbol{a},\boldsymbol{b}$ 在同一直线上，则存在实数 μ 使得 $\boldsymbol{b}=\mu\boldsymbol{a}$，则 $\lambda(\boldsymbol{a}+\boldsymbol{b})=\lambda(1\boldsymbol{a}+\mu\boldsymbol{a})=\lambda[(1+\mu)\boldsymbol{a}]=\lambda\cdot[(1+\mu)]\boldsymbol{a}=(\lambda+\lambda\mu)\boldsymbol{a}=\lambda\boldsymbol{a}+\lambda\mu\boldsymbol{a}=\lambda\boldsymbol{a}+\lambda(\mu\boldsymbol{a})=\lambda\boldsymbol{a}+\lambda\boldsymbol{b}$.

(c) 若 $\lambda>0$，且向量 $\boldsymbol{a},\boldsymbol{b}$ 无论怎样平移，都不会使得 $\boldsymbol{a},\boldsymbol{b}$ 在同一直线上：

① 当 $\lambda>1$ 时，如图 2.16，设 $\overrightarrow{OM}=\boldsymbol{a}$，$\overrightarrow{MN}=\boldsymbol{b}$，则 $\overrightarrow{ON}=\boldsymbol{a}+\boldsymbol{b}$；若延长 OM，并在其延长线上取点 M'，使得 $\overrightarrow{OM'}=\lambda\boldsymbol{a}$；过 M' 作 $M'N' \parallel MN$，延长 ON，交 $M'N'$ 于 N'.

由于 $M'N' \parallel MN$，因此有 $\dfrac{MN}{M'N'}=\dfrac{OM}{OM'}=\dfrac{ON}{ON'}$，于是 $\overrightarrow{ON'}=\lambda\overrightarrow{ON}$，即 $\overrightarrow{ON'}=\lambda(\boldsymbol{a}+\boldsymbol{b})$；且 $M'N'=\lambda MN$，于是 $\overrightarrow{M'N'}=\lambda\overrightarrow{MN}=\lambda\boldsymbol{b}$，这样 $\overrightarrow{ON'}=\overrightarrow{OM'}+\overrightarrow{M'N'}=\lambda\boldsymbol{a}+\lambda\boldsymbol{b}$. 于是，$\lambda(\boldsymbol{a}+\boldsymbol{b})=\lambda\boldsymbol{a}+\lambda\boldsymbol{b}$.

② 当 $0<\lambda<1$ 时，如图 2.17，有 $\lambda(\boldsymbol{a}+\boldsymbol{b})=\lambda\boldsymbol{a}+\lambda\boldsymbol{b}$.

③ 当 $\lambda<0$ 时，如图 2.18，有 $\lambda(\boldsymbol{a}+\boldsymbol{b})=\lambda\boldsymbol{a}+\lambda\boldsymbol{b}$.

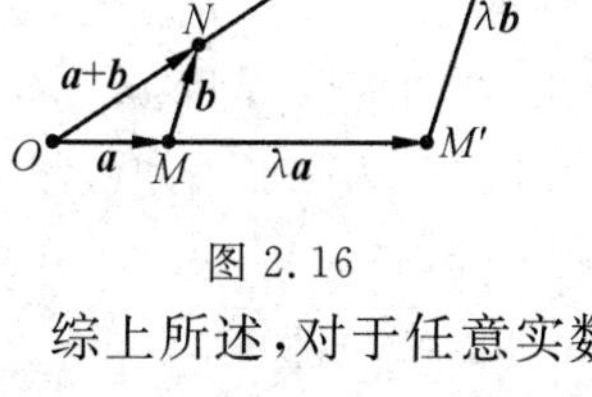

图 2.16

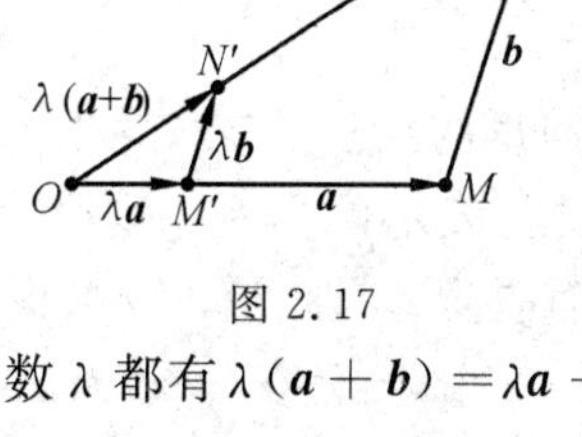

图 2.17

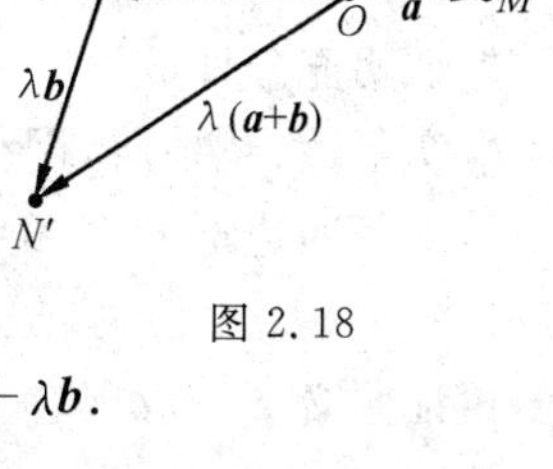

图 2.18

综上所述，对于任意实数 λ 都有 $\lambda(\boldsymbol{a}+\boldsymbol{b})=\lambda\boldsymbol{a}+\lambda\boldsymbol{b}$.

5. 两个向量共线的充要条件

如果两个向量用同一起点的有向线段来表示时，它们的终点在同一直线上，那么称这样的两个向量是共线的. 事实上，上面关于数乘向量的分配律 $\lambda \cdot (\boldsymbol{a}+\boldsymbol{b})=\lambda\boldsymbol{a}+\lambda\boldsymbol{b}$ 的证明过程中(d)② 中的两个向量 $\boldsymbol{a}$,$\boldsymbol{b}$ 就是共线的，而(d)③ 中的两个向量 $\boldsymbol{a}$,$\boldsymbol{b}$ 则不是共线的.

特别地，约定 $\boldsymbol{0}$ 向量与任意向量共线.

向量 $\boldsymbol{b}$ 与非零向量 $\boldsymbol{a}$ 共线 $\Leftrightarrow$ 存在唯一实数 λ，使得 $\boldsymbol{b}=\lambda\boldsymbol{a}$.

先证充分性成立.

(1)(a) 若 $\lambda=0$，则 $\lambda\boldsymbol{a}=\boldsymbol{0}$，这样不论向量 $\boldsymbol{b}$ 是否为 $\boldsymbol{0}$ 向量，向量 $\boldsymbol{b}$ 都与 $\boldsymbol{a}$ 共线；

(b) 若 $\lambda\neq 0$，则当 $\lambda>0$ 时，由数乘向量的定义知 $\lambda\boldsymbol{a}$ 与 $\boldsymbol{a}$ 同向且共线；而当 $\lambda<0$ 时，由数乘向量的定义知 $\lambda\boldsymbol{a}$ 与 $\boldsymbol{a}$ 反向且共线.

因此，当 $\boldsymbol{b}=\lambda\boldsymbol{a}$ 时，总有 $\boldsymbol{b}$ 与 $\boldsymbol{a}$ 共线.

再证必要性成立.

(2)(a) 若向量 $\boldsymbol{b}=\boldsymbol{0}$，当取 $\lambda=0$ 时，有 $\boldsymbol{b}=\lambda\boldsymbol{a}$ 成立；

(b) 若向量 $\boldsymbol{b}\neq\boldsymbol{0}$，则当 $\boldsymbol{b}$ 与 $\boldsymbol{a}$ 同向时，取 $\lambda=\dfrac{|\boldsymbol{b}|}{|\boldsymbol{a}|}$，则有 $\boldsymbol{b}=\lambda\boldsymbol{a}$ 成立；当 $\boldsymbol{b}$ 与 $\boldsymbol{a}$ 反向时，取 $\lambda=-\dfrac{|\boldsymbol{b}|}{|\boldsymbol{a}|}$，则有 $\boldsymbol{b}=\lambda\boldsymbol{a}$ 成立.

因此，当向量 $\boldsymbol{b}$ 与非零向量 $\boldsymbol{a}$ 共线时，总存在唯一实数 λ，使得 $\boldsymbol{b}=\lambda\boldsymbol{a}$.

特别提醒

两个向量是否共线与直线上的三点是否共线，是不一样的数学概念. 由于长度相等、方向相同的向量均可以表示同一向量，因此借助平行移动也可以把不在同一直线上的两个向量移动到同一直线上. 正是因为如此，我们一般不说两个向量平行，而说两个向量共线.

2.4 向量的坐标

1. 若向量 $\boldsymbol{a}$,$\boldsymbol{b}$ 不共线，则向量 $\boldsymbol{c}$ 与向量 $\boldsymbol{a}$,$\boldsymbol{b}$ 共面 $\Leftrightarrow$ 存在唯一实数 λ,μ，使得 $\boldsymbol{c}=\lambda\boldsymbol{a}+\mu\boldsymbol{b}$.

先证明充分性成立.

事实上，由数乘向量及向量的加法的定义，如图 2.19，可知 $\boldsymbol{c}$ 是以 $\lambda\boldsymbol{a}$,$\mu\boldsymbol{b}$ 为邻边的平行四边形的对角线所表示的向量，而平行四边形为平面图形，故 $\boldsymbol{c}$,$\lambda\boldsymbol{a}$,$\mu\boldsymbol{b}$ 在同一个平面内，进而向量 $\boldsymbol{c}$ 与向量 $\boldsymbol{a}$,$\boldsymbol{b}$ 共面.

再证明必要性成立.

如图2.20，以 A 为始点，在同一平面内，分别作 $\overrightarrow{AB}=\boldsymbol{a}$，$\overrightarrow{AD}=\boldsymbol{b}$，$\overrightarrow{AC}=\boldsymbol{c}$，这样 $\overrightarrow{AC}$ 在 $\overrightarrow{AB}$，$\overrightarrow{AD}$ 所确定的平面上.

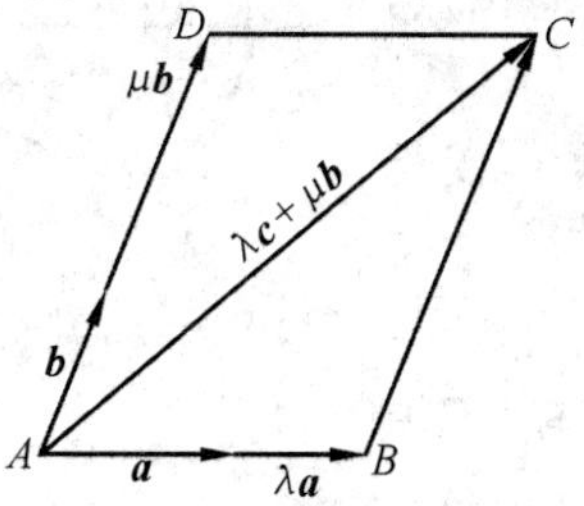

图2.19

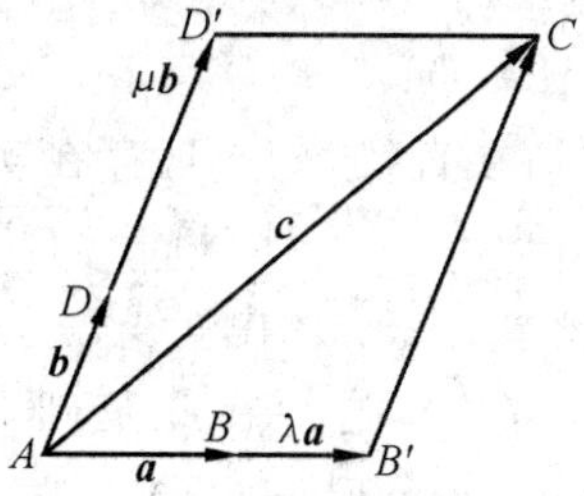

图2.20

过 C 作 AB 的平行线 CD'，交 AD 或 AD 的(反向)延长线于 D'；过 C 作 AD 的平行线 CB'，交 AB 或 AB 的(反向)延长线于 B'；这样，即得 $\boldsymbol{c}=\overrightarrow{AC}=\overrightarrow{AB'}+\overrightarrow{AD'}$.

而由上述所作平行线及平行线的唯一性知 $\overrightarrow{AB'}$ 与 $\overrightarrow{AB}$ 为共线向量，于是存在唯一的实数 λ 使得 $\overrightarrow{AB'}=\lambda\overrightarrow{AB}=\lambda\boldsymbol{a}$；同理，存在唯一实数 μ 使得 $\overrightarrow{AD'}=\mu\overrightarrow{AD}=\mu\boldsymbol{b}$；进而，有 $\boldsymbol{c}=\overrightarrow{AC}=\overrightarrow{AB'}+\overrightarrow{AD'}=\lambda\boldsymbol{a}+\mu\boldsymbol{b}$.

2.平面向量基本(分解)定理

对于平面上任意取定的两个不共线向量 $\boldsymbol{a}$，$\boldsymbol{b}$，平面上任意向量 $\boldsymbol{c}$ 都可以唯一地表示成向量 $\boldsymbol{a}$，$\boldsymbol{b}$ 的线性组合：$\boldsymbol{c}=x\boldsymbol{a}+y\boldsymbol{b}$，这时称向量 $\boldsymbol{a}$，$\boldsymbol{b}$ 为该平面的一组基，(x,y) 称为向量 $\boldsymbol{c}$ 在基 $\boldsymbol{a}$，$\boldsymbol{b}$ 下的坐标.

平面向量基本(分解)定理表明平面向量具有线性结构，平面向量的线性结构是平面向量的一个重要性质.

3.平面向量的直角坐标及其运算

在平面直角坐标系中，把起点在原点的向量叫作定位向量，每个定位向量被它的终点决定.定位向量的坐标等于这个向量所对应的终点的坐标.

假定在平面直角坐标系中，向量 $\overrightarrow{AB}$ 的终点的坐标是 $B(x_2,y_2)$，即 $\overrightarrow{OB}=(x_2,y_2)$、始点的坐标是 $A(x_1,y_1)$，即 $\overrightarrow{OA}=(x_1,y_1)$，则由 $\overrightarrow{AB}=\overrightarrow{OB}-\overrightarrow{OA}$ 知向量 $\overrightarrow{AB}$ 的坐标 $\overrightarrow{AB}=(x_2,y_2)-(x_1,y_1)=(x_2-x_1,y_2-y_1)$.

特别地，向量 $\boldsymbol{a}=(m,n)$，$\boldsymbol{b}=(s,t)$ 的和、差及向量 $\boldsymbol{a}=(m,n)$ 的数乘的坐标运算分别为

$$\boldsymbol{a}+\boldsymbol{b}=(m,n)+(s,t)=(m+s,n+t)$$

$$\boldsymbol{a}-\boldsymbol{b}=(m,n)-(s,t)=(m-s,n-t)$$

$$\lambda\boldsymbol{a}=\lambda(m+n)=(\lambda m,\lambda n)$$

4.线段的定比分点及其坐标公式讨论一

若在 A，B 所确定的直线 l 上存在一点 P 使得 $\overrightarrow{AP}=t\overrightarrow{AB}$，则称点 P 为线段

AB 的分点,分比 $t=\dfrac{|\overrightarrow{AP}|}{|\overrightarrow{AB}|}$ 或 $t=-\dfrac{|\overrightarrow{AP}|}{|\overrightarrow{AB}|}$.

已知如图 2.21,A,B 是直线 l 上的任意两点,O 是直线 l 外任一点.

求证:点 P 在直线 l 上,且存在实数 t,使得 $\overrightarrow{AP}=t\overrightarrow{AB} \Leftrightarrow \overrightarrow{OP}=(1-t)\overrightarrow{OA}+t\overrightarrow{OB}$.

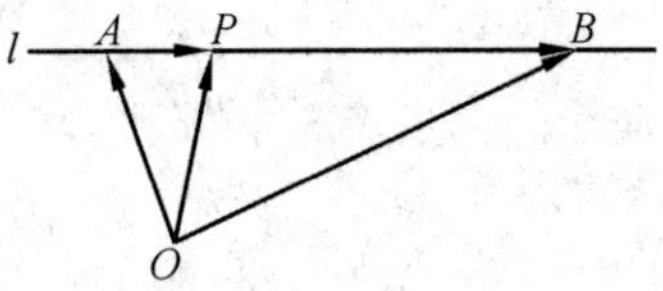

图 2.21

证明 必要性:若 P 在直线 l 上,则有 $\overrightarrow{AP}=t\overrightarrow{AB}=t(\overrightarrow{OB}-\overrightarrow{OA})$,进而在此基础上,有 $\overrightarrow{OP}=\overrightarrow{OA}+\overrightarrow{AP}=\overrightarrow{OA}+t(\overrightarrow{OB}-\overrightarrow{OA})=(1-t)\overrightarrow{OA}+t\overrightarrow{OB}$.

充分性:由于 $\overrightarrow{OP}=(1-t)\overrightarrow{OA}+t\overrightarrow{OB}=\overrightarrow{OA}+t(\overrightarrow{OB}-\overrightarrow{OA})=\overrightarrow{OA}+t\overrightarrow{AB}$,因此有 $\overrightarrow{OP}-\overrightarrow{OA}=\overrightarrow{AP}=t\overrightarrow{AB}$,故 P 在过 A,B 两点的直线 l 上.

特别提醒

(1) 该命题中 P 及 t 的相对关系如下:(a)$t=0 \Leftrightarrow P$ 与 A 重合;(b)$t=1 \Leftrightarrow P$ 与 B 重合;(c)$0<t<1 \Leftrightarrow P$ 在线段 AB 上;(d)$t>1 \Leftrightarrow P$ 在线段 AB 的延长线上;(e)$t<0 \Leftrightarrow P$ 在线段 AB 的反向延长线上.

(2) $\overrightarrow{OP}=(1-t)\overrightarrow{OA}+t\overrightarrow{OB}$ 称为直线 l 的向量式参数方程,其中 t 为参数.

在 $\overrightarrow{OP}=(1-t)\overrightarrow{OA}+t\overrightarrow{OB}$ 中,对于每一个实数 t,在直线 l 上都有唯一的一个点 P 与之对应;反过来,对于直线上的任意一点 P,也都存在唯一的一个实数 t 满足 $\overrightarrow{OP}=(1-t)\overrightarrow{OA}+t\overrightarrow{OB}$.

(3) 有时也将上述线段的定比分点公式等价地叙述成下面的形式:

点 P 在直线 AB 上 $\Leftrightarrow$ 存在非负实数 λ,μ,使得 $\overrightarrow{OP}=\lambda\overrightarrow{OA}+\mu\overrightarrow{OB}$,其中 $\lambda+\mu=1$,O 为 A,B,P 所确定的平面内的任意一点.

(4) 在坐标系 xOy 中,若 $\overrightarrow{OA}=(x_1,y_1)$,$\overrightarrow{OB}=(x_2,y_2)$,则有 $\overrightarrow{OP}=(1-t)\cdot\overrightarrow{OA}+t\overrightarrow{OB}=(1-t)(x_1,y_1)+t(x_2,y_2)=((1-t)x_1+tx_2,(1-t)y_1+ty_2)$.

5.线段的中点坐标

当 $t=\dfrac{1}{2}$ 时,P 为线段 AB 的中点,借助 $\overrightarrow{AP}=t\overrightarrow{AB}$ 及 $\overrightarrow{OP}=(1-t)\overrightarrow{OA}+t\overrightarrow{OB}$ 可得 $\overrightarrow{OP}=\dfrac{1}{2}\overrightarrow{OA}+\dfrac{1}{2}\overrightarrow{OB}$.进而在坐标系 xOy 中,若 $\overrightarrow{OA}=(x_1,y_1)$,$\overrightarrow{OB}=(x_2,y_2)$,则当 P 为线段 AB 的中点时,由 $\overrightarrow{OP}=\dfrac{1}{2}\overrightarrow{OA}+\dfrac{1}{2}\overrightarrow{OB}$ 得 $\overrightarrow{OP}=\left(\left(1-\dfrac{1}{2}\right)x_1+\dfrac{1}{2}x_2,\left(1-\dfrac{1}{2}\right)y_1+\dfrac{1}{2}y_2\right)=\left(\dfrac{1}{2}(x_1+x_2),\dfrac{1}{2}(y_1+y_2)\right)$.

6.点按向量平移的坐标公式

把平面上的每一个点都按同一个方向移动相同的距离,叫作平面的一个平移.由于平移由移动的方向和距离决定,因此向量可以方便地用来表示平移.

在平移的时候,可以按预先约定的向量 $\boldsymbol{a}$ 的方向来平移;当移动的距离正好等于向量 $\boldsymbol{a}$ 的大小时,通常把这种移动称为按向量平移.

在平面直角坐标系 xOy 中,设 $\boldsymbol{a}=(m,n)$,$P(x_0,y_0)$,若 $\overrightarrow{PP'}=\boldsymbol{a}$,则由 $\overrightarrow{OP'}=\overrightarrow{OP}+\overrightarrow{PP'}$ 知 $(x',y')=(x_0,y_0)+(m,n)=(x_0+m,y_0+n)$,即 $\begin{cases}x'=x_0+m\\y'=y_0+n\end{cases}$.也就是说,按向量 $\boldsymbol{a}=(m,n)$ 平移后,$P(x_0,y_0)$ 的对应点 P' 的坐标是 $P'=(x_0+m,y_0+n)$.

通常把 $\begin{cases}x'=x_0+m\\y'=y_0+n\end{cases}$ 称作点 $P(x_0,y_0)$ 按向量 $\boldsymbol{a}=(m,n)$ 平移后的坐标公式,借助这个公式就能确定平移后对应的点 $P'=(x_0+m,y_0+n)$.

2.5　向量的内积

1.两个向量的夹角

表示非零向量 $\boldsymbol{a},\boldsymbol{b}$ 的有向线段 $\overrightarrow{OA}$,$\overrightarrow{OB}$ 的射线所组成的不超过 πrad(或 $180°$)的那个角叫作这两个向量的夹角,一般用 $<\boldsymbol{a},\boldsymbol{b}>$ 来表示非零向量 $\boldsymbol{a},\boldsymbol{b}$ 的夹角.

显然,当非零向量 $\boldsymbol{a},\boldsymbol{b}$ 的方向相同时,$<\boldsymbol{a},\boldsymbol{b}>=0$;而当非零向量 $\boldsymbol{a},\boldsymbol{b}$ 的方向相反时,$<\boldsymbol{a},\boldsymbol{b}>=\pi$.可见,非零向量 $\boldsymbol{a},\boldsymbol{b}$ 的夹角 $<\boldsymbol{a},\boldsymbol{b}>\in[0,\pi]$.

2.两个向量的内积

如图 2.22,物理学的知识告诉我们,当一个物体在力 f 的作用下移动位移 s 时,此时 f 所做的功 $W=|f||\overrightarrow{OB}|=|f|(|s|\cos\theta)$,或 $W=|\overrightarrow{OA}||s|=(|f|\cos\theta)|s|$.

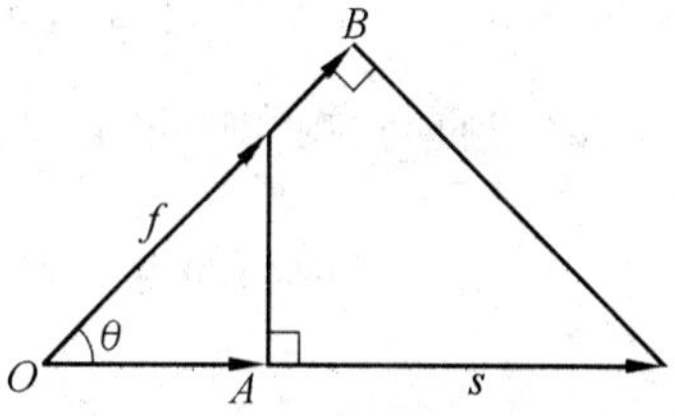

图 2.22

一般地,对于任意两向量 $\boldsymbol{a},\boldsymbol{b}$,称实数 $|\boldsymbol{a}||\boldsymbol{b}|\cos<\boldsymbol{a},\boldsymbol{b}>$ 为向量 $\boldsymbol{a},\boldsymbol{b}$ 的内积(有时,也称之为向量 $\boldsymbol{a},\boldsymbol{b}$ 的数量积).

习惯上,将向量 $\boldsymbol{a},\boldsymbol{b}$ 的内积记作 $\boldsymbol{a}\cdot\boldsymbol{b}$,即 $\boldsymbol{a}\cdot\boldsymbol{b}=|\boldsymbol{a}||\boldsymbol{b}|\cos<\boldsymbol{a},\boldsymbol{b}>$.

依据上述定义,显然对于任意向量 $\boldsymbol{a}$,均有 $\boldsymbol{0}\cdot\boldsymbol{a}=0$,$\boldsymbol{a}\cdot\boldsymbol{0}=0$.

3.向量在轴上的射影

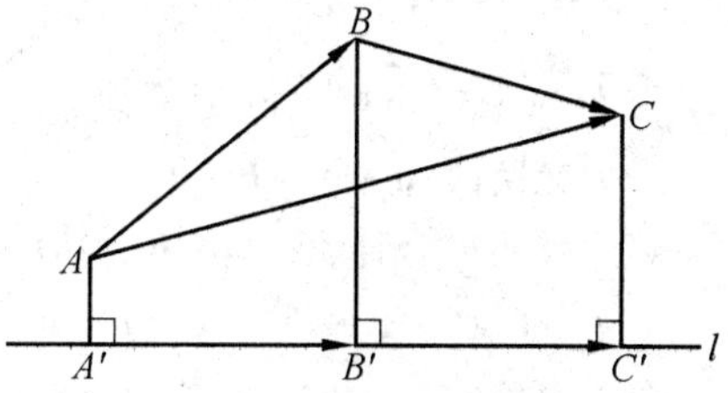

图 2.23

如图 2.23,过 A 作 $AA'\perp l$ 于 A',过

B 作 $BB' \perp l$ 于 B'，过 C 作 $CC' \perp l$ 于 C'.

通常称直线 l 为投影轴，称 A' 为 A 在轴 l 上的射影；类似地，称 B' 为 B 在轴 l 上的射影，称 C' 为 C 在轴 l 上的射影.

称向量$\overrightarrow{A'B'}$ 为向量$\overrightarrow{AB}$ 在轴 l 上的射影向量，记作射影向量$_l\overrightarrow{AB}$；类似地，称向量$\overrightarrow{B'C'}$ 为向量$\overrightarrow{BC}$ 在轴 l 上的射影向量，记作射影向量$_l\overrightarrow{BC}$；称向量$\overrightarrow{A'C'}$ 为向量$\overrightarrow{AC}$ 在轴 l 上的射影向量，记作射影向量$_l\overrightarrow{AC}$.

若在轴 l 上取与轴同向的单位向量 $\boldsymbol{e}$，则存在实数 x，使得射影向量$_l\overrightarrow{AB}=\overrightarrow{A'B'}=x\boldsymbol{e}$，这时 x 叫作向量$\overrightarrow{AB}$ 在轴 l 上的射影.

如图 2.24，向量$\overrightarrow{AB}$ 在轴 l 上的射影$_l\overrightarrow{AB}=\overrightarrow{AB'}=|\overrightarrow{AB}|\cos\theta$，其中 θ 为轴 l 的正向与向量$\overrightarrow{AB}$ 的夹角.

如图 2.23，当 $\overrightarrow{AB}+\overrightarrow{BC}=\overrightarrow{AC}$ 时，在轴 l 上，由 $\overrightarrow{A'B'}+\overrightarrow{B'C'}=\overrightarrow{A'C'}$ 即得射影$_l\overrightarrow{AB}+$射影$_l\overrightarrow{BC}=$射影$_l\overrightarrow{AC}$ 成立.

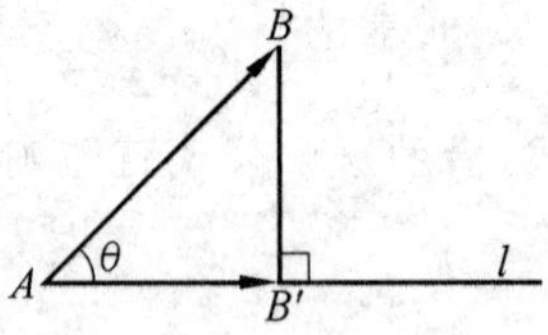

图 2.24

4. 与内积有关的度量关系

(1) 向量 $\boldsymbol{a}$ 的长度：$|\boldsymbol{a}|=\sqrt{\boldsymbol{a}\cdot\boldsymbol{a}}$；

(2) 非零向量 $\boldsymbol{a},\boldsymbol{b}$ 之间的夹角：$\cos<\boldsymbol{a},\boldsymbol{b}>=\dfrac{\boldsymbol{a}\cdot\boldsymbol{b}}{|\boldsymbol{a}||\boldsymbol{b}|}$，其中 $\boldsymbol{a}\neq\boldsymbol{0},\boldsymbol{b}\neq\boldsymbol{0}$；

(3) 非零向量 $\boldsymbol{a},\boldsymbol{b}$ 垂直的充要条件：$\boldsymbol{a}\perp\boldsymbol{b}\Leftrightarrow\boldsymbol{a}\cdot\boldsymbol{b}=0$.

事实上，

(1) 由向量内积的定义 $\boldsymbol{a}\cdot\boldsymbol{b}=|\boldsymbol{a}||\boldsymbol{b}|\cos<\boldsymbol{a},\boldsymbol{b}>$ 知 $\boldsymbol{a}\cdot\boldsymbol{a}=|\boldsymbol{a}||\boldsymbol{a}|\cdot\cos<\boldsymbol{a},\boldsymbol{a}>=|\boldsymbol{a}|^2$，于是 $|\boldsymbol{a}|=\sqrt{\boldsymbol{a}\cdot\boldsymbol{a}}$；

(2) 由向量内积的定义知，当 $\boldsymbol{a}\neq\boldsymbol{0},\boldsymbol{b}\neq\boldsymbol{0}$ 时，$\cos<\boldsymbol{a},\boldsymbol{b}>=\dfrac{\boldsymbol{a}\cdot\boldsymbol{b}}{|\boldsymbol{a}||\boldsymbol{b}|}$；

(3) 由向量内积的定义知，当 $\boldsymbol{a}\perp\boldsymbol{b}$ 时，$\cos<\boldsymbol{a},\boldsymbol{b}>=\cos\dfrac{\pi}{2}=0$，于是 $\boldsymbol{a}\cdot\boldsymbol{b}=0$；

反过来，当 $\boldsymbol{a}\neq\boldsymbol{0}$，且 $\boldsymbol{b}\neq\boldsymbol{0}$ 时，由 $0=\boldsymbol{a}\cdot\boldsymbol{b}=|\boldsymbol{a}||\boldsymbol{b}|\cos<\boldsymbol{a},\boldsymbol{b}>$ 知 $\cos<\boldsymbol{a},\boldsymbol{b}>=0$，于是 $<\boldsymbol{a},\boldsymbol{b}>=\dfrac{\pi}{2}$，即 $\boldsymbol{a}\perp\boldsymbol{b}$.

5. 与向量内积相关的运算律

(1) 交换律：$\boldsymbol{a}\cdot\boldsymbol{b}=\boldsymbol{b}\cdot\boldsymbol{a}$；

(2) 线性结合律：$(\lambda\boldsymbol{a})\cdot\boldsymbol{b}=\lambda(\boldsymbol{a}\cdot\boldsymbol{b}),\boldsymbol{a}\cdot(\lambda\boldsymbol{b})=\lambda(\boldsymbol{a}\cdot\boldsymbol{b})$；

(3) 分配律：$(\boldsymbol{a}+\boldsymbol{b})\cdot\boldsymbol{c}=\boldsymbol{a}\cdot\boldsymbol{c}+\boldsymbol{b}\cdot\boldsymbol{c},\boldsymbol{a}\cdot(\boldsymbol{b}+\boldsymbol{c})=\boldsymbol{a}\cdot\boldsymbol{b}+\boldsymbol{a}\cdot\boldsymbol{c}$；

(4) 非负性：$\boldsymbol{a}\cdot\boldsymbol{a}\geqslant 0$，当且仅当 $\boldsymbol{a}=\boldsymbol{0}$ 时，$\boldsymbol{a}\cdot\boldsymbol{a}=0$.

下面我们来证明这些运算律的正确性.

事实上,(1) 由向量内积的定义,显然 $\boldsymbol{a}\cdot\boldsymbol{b}=|\boldsymbol{a}||\boldsymbol{b}|\cos<\boldsymbol{a},\boldsymbol{b}>=|\boldsymbol{b}||\boldsymbol{a}|\cos<\boldsymbol{a},\boldsymbol{b}>=\boldsymbol{b}\cdot\boldsymbol{a}$.

(2)(a) 当 $\lambda>0$ 时,根据向量内积及数乘向量的定义,$(\lambda\boldsymbol{a})\cdot\boldsymbol{b}=|\lambda\boldsymbol{a}||\boldsymbol{b}|\cdot\cos<\lambda\boldsymbol{a},\boldsymbol{b}>=\lambda|\boldsymbol{a}||\boldsymbol{b}|\cos<\boldsymbol{a},\boldsymbol{b}>=\lambda(\boldsymbol{a}\cdot\boldsymbol{b})$.

(b) 当 $\lambda<0$ 时,根据向量内积及数乘向量的定义,$(\lambda\boldsymbol{a})\cdot\boldsymbol{b}=|\lambda\boldsymbol{a}||\boldsymbol{b}|\cos<\lambda\boldsymbol{a},\boldsymbol{b}>=-\lambda|\boldsymbol{a}||\boldsymbol{b}|\cos(\pi-<\boldsymbol{a},\boldsymbol{b}>)=-\lambda|\boldsymbol{a}||\boldsymbol{b}|[-\cos<\boldsymbol{a},\boldsymbol{b}>]=\lambda|\boldsymbol{a}||\boldsymbol{b}|\cos<\boldsymbol{a},\boldsymbol{b}>=\lambda(\boldsymbol{a}\cdot\boldsymbol{b})$.

(c) 当 $\lambda=0$ 时,根据向量内积及数乘向量的定义,知 $(\lambda\boldsymbol{a})\cdot\boldsymbol{b}=0=\lambda(\boldsymbol{a}\cdot\boldsymbol{b})$.

综上所述,$(\lambda\boldsymbol{a})\cdot\boldsymbol{b}=\lambda(\boldsymbol{a}\cdot\boldsymbol{b})$.

同理,可证 $\boldsymbol{a}\cdot(\lambda\boldsymbol{b})=\lambda(\boldsymbol{a}\cdot\boldsymbol{b})$ 也成立.

(4) 根据向量在轴上的射影,知 $(\boldsymbol{a}+\boldsymbol{b})\cdot\boldsymbol{c}=|\boldsymbol{c}|$ 射影$_c(\boldsymbol{a}+\boldsymbol{b})=|\boldsymbol{c}|$(射影$_c\boldsymbol{a}$ + 射影$_c\boldsymbol{b}$) $=|\boldsymbol{c}|$ 射影$_c\boldsymbol{a}+|\boldsymbol{c}|$ 射影$_c\boldsymbol{b}=\boldsymbol{a}\cdot\boldsymbol{c}+\boldsymbol{b}\cdot\boldsymbol{c}$. 同理,$\boldsymbol{a}\cdot(\boldsymbol{b}+\boldsymbol{c})=\boldsymbol{a}\cdot\boldsymbol{b}+\boldsymbol{a}\cdot\boldsymbol{c}$ 也成立.

6. 在斜坐标系或直角坐标系下计算向量的内积

在平面上任取一点 O 为坐标原点,任取一组单位向量 $\boldsymbol{e}_1$ 和 $\boldsymbol{e}_2$,若向量 $\boldsymbol{a}$ 的坐标为 $\boldsymbol{a}=(a_1,a_2)$,向量 $\boldsymbol{b}$ 的坐标为 $\boldsymbol{b}=(b_1,b_2)$,则

$$\begin{aligned}\boldsymbol{a}\cdot\boldsymbol{b}&=(a_1,a_2)\cdot(b_1,b_2)=(a_1\boldsymbol{e}_1+a_2\boldsymbol{e}_2)\cdot(b_1\boldsymbol{e}_1+b_2\boldsymbol{e}_2)\\&=a_1b_1\boldsymbol{e}_1\cdot\boldsymbol{e}_1+a_1b_2\boldsymbol{e}_1\cdot\boldsymbol{e}_2+a_2b_1\boldsymbol{e}_2\cdot\boldsymbol{e}_1+a_2b_2\boldsymbol{e}_2\cdot\boldsymbol{e}_2\\&=a_1b_1|\boldsymbol{e}_1|^2+(a_1b_2+a_2b_1)|\boldsymbol{e}_1||\boldsymbol{e}_2|\cos<\boldsymbol{e}_1,\boldsymbol{e}_2>+a_2b_2|\boldsymbol{e}_2|^2\\&=a_1b_1+(a_1b_2+a_2b_1)\cos<\boldsymbol{e}_1,\boldsymbol{e}_2>+a_2b_2\end{aligned}$$

(1) 在斜坐标系中两个向量的内积

在斜坐标系中,$\boldsymbol{a}\cdot\boldsymbol{b}=a_1b_1+(a_1b_2+a_2b_1)\cos<\boldsymbol{e}_1,\boldsymbol{e}_2>+a_2b_2$.

(2) 在直角坐标系中两个向量的内积

在直角坐标系中,由于 $\boldsymbol{e}_1\perp\boldsymbol{e}_2$,因此 $\cos<\boldsymbol{e}_1,\boldsymbol{e}_2>=0$,于是,有 $\boldsymbol{a}\cdot\boldsymbol{b}=a_1b_1+a_2b_2$.

可见,借助直角坐标系来讨论两个向量的内积是有优势的.当然,所讨论的问题如果借助斜坐标系(或仿射坐标系)更易于寻找相关向量的坐标,也可以借助斜坐标系来讨论.在本书中,有时往往会先讨论仿射坐标系下的相关结论,然后,在此基础上,特殊化讨论直角坐标系下的情况;当然,有时也可能只讨论直角坐标系下的相关结论.因此,就需要大家注意相关结论的适用前提.

7. 用坐标表示内积的度量关系

(1) 向量 $\boldsymbol{a}=(a_1,a_2)$ 的长度:$|\boldsymbol{a}|=\sqrt{\boldsymbol{a}\cdot\boldsymbol{a}}=\sqrt{a_1^2+a_2^2}$;

(2) 在直角坐标系下,非零向量 $\boldsymbol{a}=(a_1,a_2)$,$\boldsymbol{b}=(b_1,b_2)$ 之间的夹角

$$\cos<\boldsymbol{a},\boldsymbol{b}>=\frac{\boldsymbol{a}\cdot\boldsymbol{b}}{|\boldsymbol{a}||\boldsymbol{b}|}=\frac{a_1b_1+a_2b_2}{\sqrt{a_1^2+a_2^2}\sqrt{b_1^2+b_2^2}}$$

而在仿射坐标系下，非零向量 $\boldsymbol{a}=(a_1,a_2)$，$\boldsymbol{b}=(b_1,b_2)$ 之间的内积 $\boldsymbol{a}\cdot\boldsymbol{b}$ 的夹角：

$$\cos<\boldsymbol{a},\boldsymbol{b}>=\frac{\boldsymbol{a}\cdot\boldsymbol{b}}{|\boldsymbol{a}||\boldsymbol{b}|}=\frac{a_1b_1+a_2b_2+(a_1b_2+a_2b_1)\cos<\boldsymbol{a},\boldsymbol{b}>}{\sqrt{a_1^2+a_2^2}\sqrt{b_1^2+b_2^2}}$$

(3) 在直角坐标系下，两个非零向量 $\boldsymbol{a}=(a_1,a_2)$，$\boldsymbol{b}=(b_1,b_2)$ 垂直的充要条件：$\boldsymbol{a}\perp\boldsymbol{b}\Leftrightarrow\boldsymbol{a}\cdot\boldsymbol{b}=0\Leftrightarrow a_1b_1+a_2b_2=0$.

事实上，

(1) 当向量 $\boldsymbol{a}=(a_1,a_2)$ 时，$\boldsymbol{a}\cdot\boldsymbol{a}=(a_1,a_2)\cdot(a_1,a_2)=a_1\cdot a_1+a_2\cdot a_2=a_1{}^2+a_2{}^2$，于是 $|\boldsymbol{a}|=\sqrt{\boldsymbol{a}\cdot\boldsymbol{a}}=\sqrt{a_1^2+a_2^2}$；

(2) 在直角坐标系下，对于非零向量 $\boldsymbol{a}=(a_1,a_2)$，$\boldsymbol{b}=(b_1,b_2)$，一方面，$\boldsymbol{a}\cdot\boldsymbol{b}=a_1b_1+a_2b_2$，另一方面，$|\boldsymbol{a}|=\sqrt{\boldsymbol{a}\cdot\boldsymbol{a}}=\sqrt{a_1^2+a_2^2}$，$|\boldsymbol{b}|=\sqrt{\boldsymbol{b}\cdot\boldsymbol{b}}=\sqrt{b_1^2+b_2^2}$，于是

$$\cos<\boldsymbol{a},\boldsymbol{b}>=\frac{\boldsymbol{a}\cdot\boldsymbol{b}}{|\boldsymbol{a}||\boldsymbol{b}|}=\frac{a_1b_1+a_2b_2}{\sqrt{a_1^2+a_2^2}\sqrt{b_1^2+b_2^2}}$$

而仿射坐标系下，非零向量 $\boldsymbol{a}=(a_1,a_2)$，$\boldsymbol{b}=(b_1,b_2)$ 的内积 $\boldsymbol{a}\cdot\boldsymbol{b}=a_1b_1+(a_1b_2+a_2b_1)\cos<\boldsymbol{e}_1,\boldsymbol{e}_2>+a_2b_2$，因此 $\cos<\boldsymbol{a},\boldsymbol{b}>=\frac{\boldsymbol{a}\cdot\boldsymbol{b}}{|\boldsymbol{a}||\boldsymbol{b}|}=\frac{a_1b_1+a_2b_2+(a_1b_2+a_2b_1)\cos<\boldsymbol{a},\boldsymbol{b}>}{\sqrt{a_1^2+a_2^2}\sqrt{b_1^2+b_2^2}}$；

(4) 在直角坐标系下，对于非零向量 $\boldsymbol{a}=(a_1,a_2)$，$\boldsymbol{b}=(b_1,b_2)$，由于 $\boldsymbol{a}\cdot\boldsymbol{b}=a_1b_1+a_2b_2$，因此 $\boldsymbol{a}\perp\boldsymbol{b}\Leftrightarrow\boldsymbol{a}\cdot\boldsymbol{b}=0\Leftrightarrow a_1b_1+a_2b_2=0$.

向量的内积运算及其运算性质表明向量不仅具有线性结构，而且还具有良好的度量结构.借助向量内积所揭示的度量结构，能够有效地解决几何问题中有关长度、角度、距离等与数量有关的计算与论证.

2.6 典型案例分析

1.关于三角形一条边上的中线所表示的向量的讨论

如图 2.25，在 $\triangle OAB$ 中，M 是 AB 边的中点，现选定 $\overrightarrow{OA}$，$\overrightarrow{OB}$ 为基向量.

在 $\triangle OAM$ 中，利用三角形法则，有

$$\overrightarrow{OM}=\overrightarrow{OA}+\overrightarrow{AM}$$

在 $\triangle OBM$ 中，利用三角形法则，有

$$\overrightarrow{OM}=\overrightarrow{OB}+\overrightarrow{BM}$$

于是，有

$$2\overrightarrow{OM}=\overrightarrow{OM}+\overrightarrow{OM}=\overrightarrow{OA}+\overrightarrow{AM}+\overrightarrow{OB}+\overrightarrow{BM}$$
$$=\overrightarrow{OA}+\overrightarrow{OB}+(\overrightarrow{AM}+\overrightarrow{BM})$$

而由 M 是 AB 边的中点知 $\overrightarrow{BM}+\overrightarrow{AM}=\mathbf{0}$，于是 $2\overrightarrow{OM}=\overrightarrow{OA}+\overrightarrow{OB}$，故有

$$\overrightarrow{OM}=\frac{1}{2}(\overrightarrow{OA}+\overrightarrow{OB})=\frac{1}{2}\overrightarrow{OA}+\frac{1}{2}\overrightarrow{OB}$$

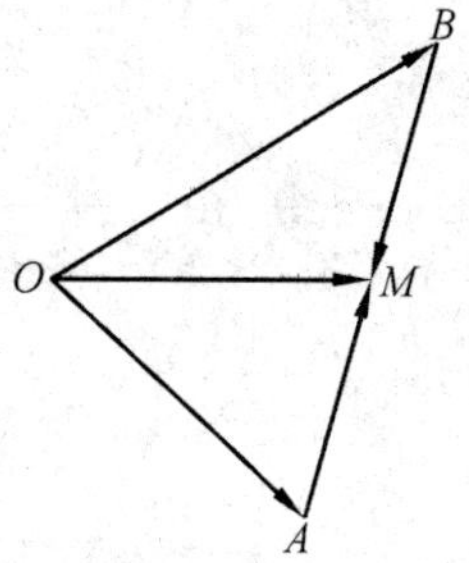

图 2.25

特别提醒

这个问题在前面借助线段的定比分点公式已经讨论过，这里的讨论与前面的讨论时所使用的方法不同. 这里的讨论事实上借助了等式的性质，只不过，这里的等式是向量等式. 借助向量等式来讨论问题也是向量运用过程中的一个重要的数学思想.

2. 关于三角形的重心的讨论一

证明：(1) $\triangle ABC$ 的三条中线相交于一点；

(2) 若 G 是 $\triangle ABC$ 的重心，则对于任意的一点 O 均有

$$\overrightarrow{OG}=\frac{1}{3}(\overrightarrow{OA}+\overrightarrow{OB}+\overrightarrow{OC})$$

证明　(1) 如图 2.26，现选定 $\overrightarrow{AB}$，$\overrightarrow{AC}$ 为基向量. 设 D 是 AB 边的中点，E 是 BC 边的中点，F 是 AC 边的中点；中线 AE 与 BF 相交于 G，且 $\overrightarrow{AG}=t\overrightarrow{GE}$，$\overrightarrow{BG}=s\overrightarrow{GF}$.

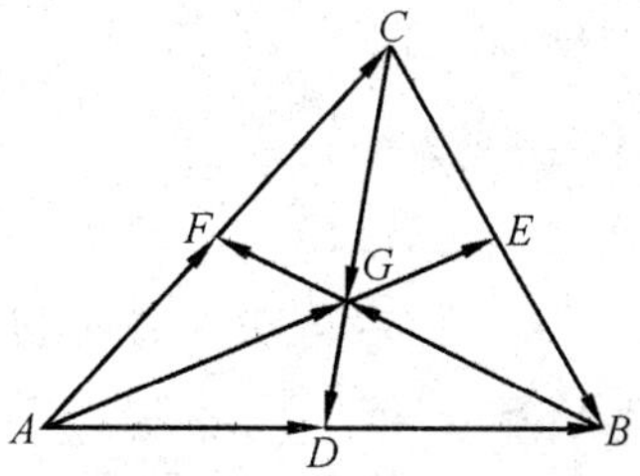

图 2.26

一方面，由 $\overrightarrow{AG}=t\overrightarrow{GE}$ 得 $\overrightarrow{AE}=\overrightarrow{AG}+\overrightarrow{GE}=(1+t)\overrightarrow{GE}$，于是 $\overrightarrow{AG}=\frac{t}{1+t}\overrightarrow{AE}$，进而

$$\overrightarrow{CG}=\overrightarrow{AG}-\overrightarrow{AC}=\frac{t}{1+t}\overrightarrow{AE}-\overrightarrow{AC}$$
$$=\frac{t}{1+t}\cdot\frac{1}{2}(\overrightarrow{AB}+\overrightarrow{AC})-\overrightarrow{AC}$$
$$=\frac{t}{2(1+t)}\overrightarrow{AB}-\frac{t+2}{2(1+t)}\overrightarrow{AC}$$

另一方面，由 $\overrightarrow{BG}=s\overrightarrow{GF}$ 得 $\overrightarrow{BF}=\overrightarrow{BG}+\overrightarrow{GF}=(1+s)\overrightarrow{GF}$，于是 $\overrightarrow{BG}=\frac{s}{1+s}\overrightarrow{BF}$，进而

$$\overrightarrow{CG}=\overrightarrow{CB}+\overrightarrow{BG}=(\overrightarrow{AB}-\overrightarrow{AC})+\frac{s}{1+s}\overrightarrow{BF}$$
$$=(\overrightarrow{AB}-\overrightarrow{AC})+\frac{s}{1+s}(\overrightarrow{AF}-\overrightarrow{AB})$$
$$=(\overrightarrow{AB}-\overrightarrow{AC})+\frac{s}{1+s}(\frac{1}{2}\overrightarrow{AC}-\overrightarrow{AB})$$

$$=\frac{1}{1+s}\overrightarrow{AB}-\frac{s+2}{2(1+s)}\overrightarrow{AC}$$

于是，由$\frac{t}{2(1+t)}\overrightarrow{AB}-\frac{t+2}{2(1+t)}\overrightarrow{AC}=\frac{1}{1+s}\overrightarrow{AB}-\frac{s+2}{2(1+s)}\overrightarrow{AC}$得

$$\begin{cases}\frac{t}{2(1+t)}=\frac{1}{1+s}\\-\frac{t+2}{2(1+t)}=-\frac{s+2}{2(1+s)}\end{cases}$$

进而可得 $s=t=2$；故$\overrightarrow{CG}=\frac{1}{3}\overrightarrow{AB}-\frac{2}{3}\overrightarrow{AC}$.

而$\overrightarrow{CD}=\overrightarrow{AD}-\overrightarrow{AC}=\frac{1}{2}\overrightarrow{AB}-\overrightarrow{AC}$，于是有$\overrightarrow{CG}=\frac{2}{3}\overrightarrow{CD}$，进而可知 C,G,D 三点共线；也就是说，中线 CD 经过中线 AE 和 BF 的交点 G，即 $\triangle ABC$ 的三条中线相交于点 G；与此同时，有

$$\frac{|\overrightarrow{DG}|}{|\overrightarrow{GC}|}=\frac{|\overrightarrow{FG}|}{|\overrightarrow{GB}|}=\frac{|\overrightarrow{EG}|}{|\overrightarrow{GA}|}=\frac{1}{2}$$

(2) 如图 2.27，设 O 是 $\triangle ABC$ 所在平面内的任一点，由(1) 知$\overrightarrow{DG}=\frac{1}{2}\overrightarrow{GC}$，于是$\overrightarrow{DG}=\frac{1}{3}\overrightarrow{DC}$，故 $t=\frac{1}{3}$. 于是

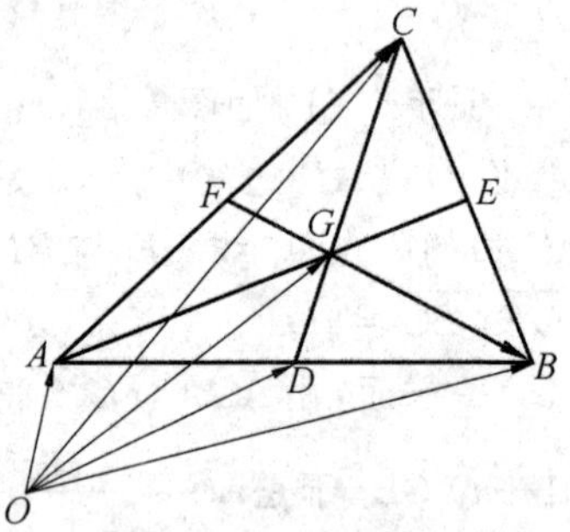

图 2.27

$$\begin{aligned}\overrightarrow{OG}&=(1-\frac{1}{3})\overrightarrow{OD}+\frac{1}{3}\overrightarrow{OC}\\&=\frac{2}{3}\overrightarrow{OD}+\frac{1}{3}\overrightarrow{OC}\\&=\frac{2}{3}[\frac{1}{2}(\overrightarrow{OA}+\overrightarrow{OB})]+\frac{1}{3}\overrightarrow{OC}\\&=\frac{1}{3}(\overrightarrow{OA}+\overrightarrow{OB}+\overrightarrow{OC})\end{aligned}$$

3. 关于三角形的重心的讨论二

证明：G 是 $\triangle ABC$ 的重心 $\Leftrightarrow \overrightarrow{GA}+\overrightarrow{GB}+\overrightarrow{GC}=\mathbf{0}$.

证明　设 O 是 $\triangle ABC$ 所在平面内的任意一点，则当 G 是 $\triangle ABC$ 的重心时，有$\overrightarrow{OG}=\frac{1}{3}(\overrightarrow{OA}+\overrightarrow{OB}+\overrightarrow{OC})$；于是，当 O 与 G 重合时，自然有$\overrightarrow{GA}+\overrightarrow{GB}+\overrightarrow{GC}=3\overrightarrow{GG}=\mathbf{0}$.

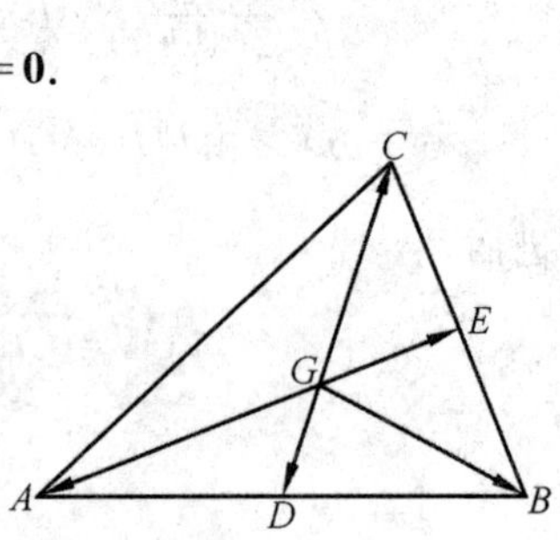

图 2.28

反之，若 $\overrightarrow{GA}+\overrightarrow{GB}+\overrightarrow{GC}=\mathbf{0}$，则 $\overrightarrow{GB}+\overrightarrow{GC}=-\overrightarrow{GA}$；如图 2.28，取 BC 的中点 E，则$\overrightarrow{GE}=$

$\frac{1}{2}(\overrightarrow{GB}+\overrightarrow{GC})$，于是有$\overrightarrow{GE}=-2\overrightarrow{GA}$，可见 G 在 BC 边上的中线 AE 上；同理，由 $\overrightarrow{GA}+\overrightarrow{GB}=-\overrightarrow{GC}$ 可知 G 在 AB 边上的中线 AD 上；于是，G 是 $\triangle ABC$ 的重心.

4. 判定坐标系下两向量共线的充要条件

我们在本章 2.3 节曾讨论过两个向量共线的一个充要条件：向量 $\boldsymbol{b}$ 与非零向量 $\boldsymbol{a}$ 共线 $\Leftrightarrow$ 存在唯一实数 λ，使得 $\boldsymbol{b}=\lambda\boldsymbol{a}$. 现在，在此基础上，讨论这两个向量在坐标系下相应向量的坐标之间的关系：

平面向量 $\boldsymbol{a}=(x_1,y_1)$，$\boldsymbol{b}=(x_2,y_2)$ 共线 $\Leftrightarrow \begin{vmatrix} x_1 & x_2 \\ y_1 & y_2 \end{vmatrix}=0$.

证明　若 $\boldsymbol{a}=(x_1,y_1)$，$\boldsymbol{b}=(x_2,y_2)$ 共线，(1) 当 $\boldsymbol{a}\neq\boldsymbol{0}$ 时，则存在实数 λ 使得 $\boldsymbol{b}=\lambda\boldsymbol{a}$，进而，有 $x_2=\lambda x_1$，$y_2=\lambda y_1$，于是 $\begin{vmatrix} x_1 & x_2 \\ y_1 & y_2 \end{vmatrix}=\begin{vmatrix} x_1 & \lambda x_1 \\ y_1 & \lambda y_1 \end{vmatrix}=0$；(2) 若 $\boldsymbol{a}=\boldsymbol{0}$，即 $\boldsymbol{a}=(x_1,y_1)=(0,0)$，于是 $\begin{vmatrix} x_1 & x_2 \\ y_1 & y_2 \end{vmatrix}=\begin{vmatrix} 0 & x_2 \\ 0 & y_2 \end{vmatrix}=0$.

反过来，当 $\begin{vmatrix} x_1 & x_2 \\ y_1 & y_2 \end{vmatrix}=x_1y_2-x_2y_1=0$ 时，(1) 若 $\boldsymbol{a}\neq\boldsymbol{0}$，不妨设 $x_1\neq 0$，则 $y_2=\frac{x_2}{x_1}y_1$；而 $x_2=\frac{x_2}{x_1}x_1$，即 $\boldsymbol{b}=\frac{x_2}{x_1}a$，故 $\boldsymbol{a}=(x_1,y_1)$ 与 $\boldsymbol{b}=(x_2,y_2)$ 共线. (2) 若 $\boldsymbol{a}=\boldsymbol{0}$，则 $\boldsymbol{a}=(x_1,y_1)$，$\boldsymbol{b}=(x_2,y_2)$ 也共线.

特别提醒

该命题在直角坐标系和仿射坐标系下都适用.

5. 判定坐标系下平面三点共线的充要条件

下面借助上述命题证明：平面中三点 $A(x_1,y_1)$，$B(x_2,y_2)$，$C(x_3,y_3)$ 共线 $\Leftrightarrow \begin{vmatrix} 1 & 1 & 1 \\ x_1 & x_2 & x_3 \\ y_1 & y_2 & y_3 \end{vmatrix}=0$.

证明　平面三点中 $A(x_1,y_1)$，$B(x_2,y_2)$，$C(x_3,y_3)$ 共线 $\Leftrightarrow 0=\begin{vmatrix} x_2-x_1 & x_3-x_1 \\ y_2-y_1 & y_3-y_1 \end{vmatrix}=\begin{vmatrix} 1 & 0 & 0 \\ x_1 & x_2-x_1 & x_3-x_1 \\ y_1 & y_2-y_1 & y_3-y_1 \end{vmatrix}=\begin{vmatrix} 1 & 1 & 1 \\ x_1 & x_2 & x_3 \\ y_1 & y_2 & y_3 \end{vmatrix}$.

特别提醒

该命题和上一命题一样，在直角坐标系下和仿射坐标系下都适用.

6. 线段的定比分点及其坐标公式讨论二

下面先介绍线段的定比分点的另一种形式，并在此基础上借助这种形式的定比分点的坐标讨论三点共线的梅涅劳斯(Menelaus) 定理和三线共点的塞瓦

(Ceva) 定理.

线段的定比分点，有时也用下面的形式来表示：如图 2.21，已知线段 AB，若在直线 AB 上存在一点 P 使得 $\overrightarrow{AP}=\lambda\overrightarrow{PB}$，则称点 P 分线段 AB 成定比 λ.

若在直线 AB 外任取一点 O，则由 $\overrightarrow{OP}-\overrightarrow{OA}=\overrightarrow{AP}=\lambda\overrightarrow{PB}=\lambda(\overrightarrow{OB}-\overrightarrow{OP})$ 可知 $(1+\lambda)\overrightarrow{OP}=\overrightarrow{OA}+\lambda\overrightarrow{OB}$，于是，当 $\lambda\neq-1$ 时，有 $\overrightarrow{OP}=\dfrac{\overrightarrow{OA}+\lambda\overrightarrow{OB}}{1+\lambda}=\dfrac{1}{1+\lambda}\overrightarrow{OA}+\dfrac{\lambda}{1+\lambda}\overrightarrow{OB}$.

反过来，当 O 为平面上任一点，且三点 A,B,P 满足 $\overrightarrow{OP}=\dfrac{1}{1+\lambda}\overrightarrow{OA}+\dfrac{\lambda}{1+\lambda}\overrightarrow{OB}$ 时，一方面，有 $\overrightarrow{AP}=\overrightarrow{OP}-\overrightarrow{OA}=(\dfrac{1}{1+\lambda}\overrightarrow{OA}+\dfrac{\lambda}{1+\lambda}\overrightarrow{OB})-\overrightarrow{OA}=-\dfrac{\lambda}{1+\lambda}\overrightarrow{OA}+\dfrac{\lambda}{1+\lambda}\overrightarrow{OB}$，另一方面，有 $\overrightarrow{PB}=\overrightarrow{OB}-\overrightarrow{OP}=\overrightarrow{OB}-(\dfrac{1}{1+\lambda}\overrightarrow{OA}+\dfrac{\lambda}{1+\lambda}\overrightarrow{OB})=-\dfrac{1}{1+\lambda}\overrightarrow{OA}+\dfrac{1}{1+\lambda}\overrightarrow{OB}$，于是 $\overrightarrow{AP}=\lambda\overrightarrow{PB}$，因此 A,B,P 三点共线，或者说 P 在直线 AB 上.

于是，下面的命题成立：

若 A,B 是直线 l 上的任意两点，且 O 是直线 l 外任一点，则点 P 在直线 l 上，且存在实数 λ，使得 $\overrightarrow{AP}=\lambda\overrightarrow{PB}\Leftrightarrow\overrightarrow{OP}=\dfrac{1}{1+\lambda}\overrightarrow{OA}+\dfrac{\lambda}{1+\lambda}\overrightarrow{OB}$.

特别提醒

(1) P 与 λ 的相对关系如下：(a) 当 $\lambda>0$ 时，$\overrightarrow{AP},\overrightarrow{PB}$ 同向，点 P 是线段 AB 内部的点，称其为线段 AB 的内分点；(b) 当 $\lambda<0$ 时，$\overrightarrow{AP},\overrightarrow{PB}$ 反向，且当 $\lambda<-1$ 时，点 P 是线段 AB 的延长线上的点；而当 $-1<\lambda<0$ 时，点 P 是线段 AB 的反向延长线上的点，这时称点 P 为线段 AB 的外分点；(c) 当 $\lambda=0$ 时，点 P 与 A 重合；(d) 而当 $\lambda=-1$ 时，$\overrightarrow{AP}=-\overrightarrow{PB}$，这时只可能是 $\overrightarrow{AB}=\mathbf{0}$，但这与存在线段 AB（即 A 与 B 不重合）的已知条件矛盾；也就是说，当 A 与 B 不重合时，就不可能出现 $\lambda=-1$ 这样的情况. 因此在讨论线段的定比分点时，$\lambda\neq-1$.

(2) 在坐标系 xOy 中，若 $\overrightarrow{OA}=(x_1,y_1)$，$\overrightarrow{OB}=(x_2,y_2)$，则由

$$\begin{aligned}\overrightarrow{OP}&=\frac{1}{1+\lambda}\overrightarrow{OA}+\frac{\lambda}{1+\lambda}\overrightarrow{OB}\\&=\frac{1}{1+\lambda}(x_1,y_1)+\frac{\lambda}{1+\lambda}(x_2,y_2)\\&=(\frac{1}{1+\lambda}x_1+\frac{\lambda}{1+\lambda}x_2,\frac{1}{1+\lambda}y_1+\frac{\lambda}{1+\lambda}y_2)\end{aligned}$$

7. 关于三点共线的梅涅劳斯定理的讨论

如图 2.29，P,Q,R 分 $\triangle ABC$ 的三边 AB,BC,CA 的比分别为 $\overrightarrow{AP}=\lambda\overrightarrow{PB}$，

$\overrightarrow{BQ}=\mu\overrightarrow{QC}$，$\overrightarrow{CR}=\nu\overrightarrow{RA}$，则 P,Q,R 三点共线 $\Leftrightarrow$ $\lambda\mu\nu=-1$，其中 $\lambda\neq0$ 且 $\lambda=-1$，$\mu\neq0$ 且 $\mu=-1$，$\nu\neq0$ 且 $\nu=-1$.

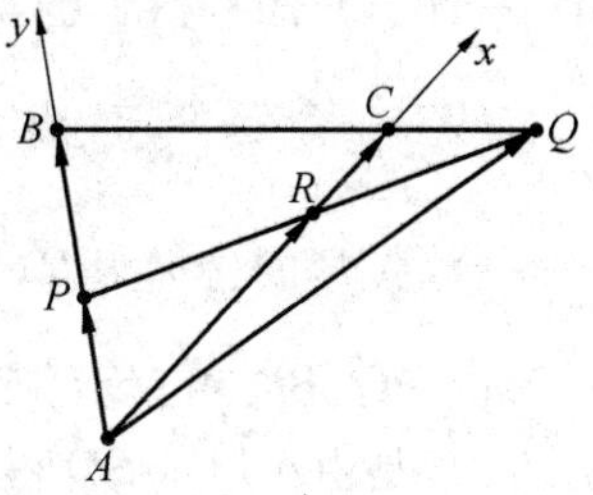

图 2.29

现以 A 为坐标原点，以 $\overrightarrow{AB}$，$\overrightarrow{AC}$ 为单位向量建立仿射坐标系 xAy，则 A,B,C 三点的坐标分别为 $A(0,0)$，$B(0,1)$，$C(1,0)$，且 $\overrightarrow{AB}=(0,1)$，$\overrightarrow{AC}=(1,0)$.

于是，由 $\overrightarrow{AB}=\overrightarrow{AP}+\overrightarrow{PB}=\overrightarrow{AP}+\frac{1}{\lambda}\overrightarrow{AP}=\frac{1+\lambda}{\lambda}\overrightarrow{AP}$ 知 $\overrightarrow{AP}=\frac{\lambda}{1+\lambda}\overrightarrow{AB}=\frac{\lambda}{1+\lambda}(0,1)$，故点 P 坐标为 $P\left(0,\frac{\lambda}{1+\lambda}\right)$.

由 $\overrightarrow{BQ}=\mu\overrightarrow{QC}$ 及 $\overrightarrow{BQ}=\overrightarrow{BC}+\overrightarrow{CQ}$ 知 $\overrightarrow{QC}=\overrightarrow{BC}-\overrightarrow{BQ}$，于是由 $\overrightarrow{BQ}=\mu(\overrightarrow{BC}-\overrightarrow{BQ})$ 知 $(1+\mu)\overrightarrow{BQ}=\mu\overrightarrow{BC}$，于是 $\overrightarrow{BQ}=\frac{\mu}{1+\mu}\overrightarrow{BC}=\frac{\mu}{1+\mu}(-\overrightarrow{AB}+\overrightarrow{AC})$；因此 $\overrightarrow{AQ}=\overrightarrow{AB}+\overrightarrow{BQ}=\overrightarrow{AB}+\frac{\mu}{1+\mu}(-\overrightarrow{AB}+\overrightarrow{AC})=\frac{1}{1+\mu}\overrightarrow{AB}+\frac{\mu}{1+\mu}\overrightarrow{AC}=\frac{1}{1+\mu}(0,1)+\frac{\mu}{1+\mu}(1,0)=\left(\frac{\mu}{1+\mu},\frac{1}{1+\mu}\right)$，故点 Q 的坐标为 $Q\left(\frac{\mu}{1+\mu},\frac{1}{1+\mu}\right)$；

由 $\overrightarrow{CR}=\nu\overrightarrow{RA}$ 知 $\overrightarrow{AC}=\overrightarrow{AR}+\overrightarrow{RC}=\overrightarrow{AR}+\nu\overrightarrow{AR}$，故 $\overrightarrow{AR}=\frac{1}{1+\nu}\overrightarrow{AC}=\frac{1}{1+\nu}(1,0)$，故点 R 的坐标为 $R\left(\frac{1}{1+\nu},0\right)$. 于是 P,Q,R 三点共线 $\Leftrightarrow$

$$0=\begin{vmatrix}1&1&1\\0&\frac{\mu}{1+\mu}&\frac{1}{1+\nu}\\\frac{\lambda}{1+\lambda}&\frac{1}{1+\mu}&0\end{vmatrix}=\frac{1}{(1+\lambda)(1+\mu)(1+\nu)}\begin{vmatrix}1+\lambda&1+\mu&1+\nu\\0&\mu&1\\\lambda&1&0\end{vmatrix}=\frac{-(\lambda\mu\nu+1)}{(1+\lambda)(1+\mu)(1+\nu)}\Leftrightarrow\lambda\mu\nu=-1.$$

8. 关于三线共点的塞瓦定理的讨论

如图 2.30，P,Q,R 分 $\triangle ABC$ 的三边 AB,BC,CA 的比分别为 $\overrightarrow{AP}=\lambda\overrightarrow{PB}$，$\overrightarrow{BQ}=\mu\overrightarrow{QC}$，$\overrightarrow{CR}=\nu\overrightarrow{RA}$，则 AQ,BR,CP 三线共点 $\Leftrightarrow\lambda\mu\nu=1$，其中 $\lambda\neq0$ 且 $\lambda=-1$，$\mu\neq0$ 且 $\mu=-1$，$\nu\neq0$ 且 $\nu=-1$.

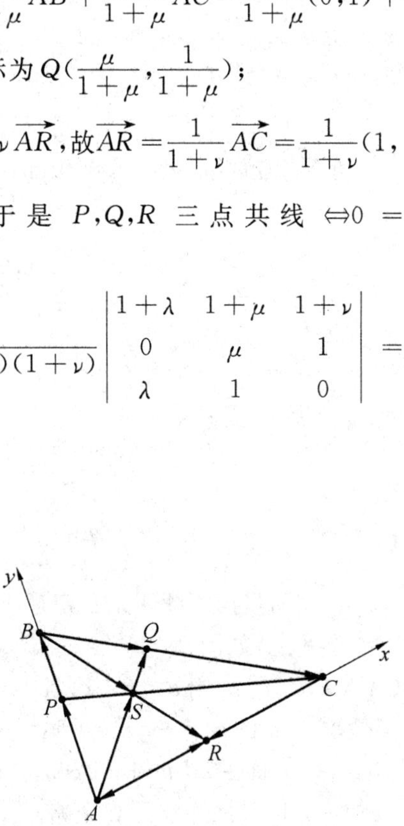

图 2.30

现以 A 为坐标原点，以 $\overrightarrow{AB}$，$\overrightarrow{AC}$ 为单位向量建立仿射坐标系 xAy，则 A,B,C 三点的坐标分别为 $A(0,0)$，$B(0,1)$，$C(1,0)$，且

$\overrightarrow{AB}=(0,1)$，$\overrightarrow{AC}=(1,0)$.

从上一命题可知：点 P 的坐标为 $P(0,\frac{\lambda}{1+\lambda})$，点 Q 的坐标为 $Q(\frac{\mu}{1+\mu},\frac{1}{1+\mu})$，点 R 的坐标为 $R(\frac{1}{1+\nu},0)$.

设 AQ，BR 相交于 $S(s,t)$，且 S 分 AQ 与 BR 的比分别为 $\overrightarrow{AS}=m\overrightarrow{SQ}$，$\overrightarrow{BS}=n\overrightarrow{SR}$. 于是由 $\overrightarrow{AS}=m\overrightarrow{SQ}$ 得 $\overrightarrow{AS}=m\overrightarrow{SQ}$ 及 $\overrightarrow{AQ}=\overrightarrow{AS}+\overrightarrow{SQ}=(1+m)\overrightarrow{SQ}$，进而 $\overrightarrow{AS}=\frac{m}{1+m}\overrightarrow{AQ}=\frac{m}{1+m}(\frac{\mu}{1+\mu},\frac{1}{1+\mu})=(\frac{m\mu}{(1+m)(1+\mu)},\frac{m}{(1+m)(1+\mu)})$；由 $\overrightarrow{BS}=n\overrightarrow{SR}$ 知 $\overrightarrow{AS}=\frac{1}{1+n}\overrightarrow{AB}+\frac{n}{1+n}\overrightarrow{AR}=\frac{1}{1+n}(0,1)+\frac{n}{1+n}(\frac{1}{1+\nu},0)=(\frac{n}{(1+n)(1+\nu)},\frac{1}{1+n})$. 在此基础上，自然有 $\frac{m\mu}{(1+m)(1+\mu)}=\frac{n}{(1+n)(1+\nu)}$，$\frac{m}{(1+m)(1+\mu)}=\frac{1}{1+n}$. 现将这两个等式的左右两边分别相除即可消去 m 后得 $\mu=\frac{n}{1+\nu}$，于是 $n=\mu(1+\nu)$，故 $\overrightarrow{AS}=(\frac{n}{(1+n)(1+\nu)},\frac{1}{1+n})=(\frac{\mu}{1+\mu(1+\nu)},\frac{1}{1+\mu(1+\nu)})$.

于是，AQ，BR，CP 三线共点 $\Leftrightarrow P,S,C$ 三点共线 $\Leftrightarrow$

$$0=\begin{vmatrix} 1 & 1 & 1 \\ 0 & \frac{\mu}{1+\mu(1+\nu)} & 1 \\ \frac{\lambda}{1+\lambda} & \frac{1}{1+\mu(1+\nu)} & 0 \end{vmatrix}$$

$$=\frac{1}{(1+\lambda)[1+\mu(1+\nu)]}\begin{vmatrix} 1+\lambda & 1+\mu(1+\nu) & 1 \\ 0 & \mu & 1 \\ \lambda & 1 & 0 \end{vmatrix}$$

$$=\frac{\lambda\mu\nu-1}{(1+\lambda)[1+\mu(1+\nu)]}\Leftrightarrow\lambda\mu\nu=1.$$

9. 用向量内积证明余弦定理

事实上，如图 2.31，在 $\triangle ABC$ 中，设 $\overrightarrow{AB}=\boldsymbol{c}$，$\overrightarrow{CA}=\boldsymbol{b}$，$\overrightarrow{CB}=\boldsymbol{a}$，则 $\boldsymbol{a}=\boldsymbol{b}+\boldsymbol{c}$，且 $<\boldsymbol{b},\boldsymbol{c}>=\pi-A$. 于是，有 $|\boldsymbol{a}|^2=|\boldsymbol{b}+\boldsymbol{c}|^2=|\boldsymbol{b}|^2+|\boldsymbol{c}|^2+2\boldsymbol{b}\cdot\boldsymbol{c}=|\boldsymbol{b}|^2+|\boldsymbol{c}|^2+2|\boldsymbol{b}||\boldsymbol{c}|\cos<\boldsymbol{b},\boldsymbol{c}>=|\boldsymbol{b}|^2+|\boldsymbol{c}|^2-2|\boldsymbol{b}||\boldsymbol{c}|\cos A$. 余略.

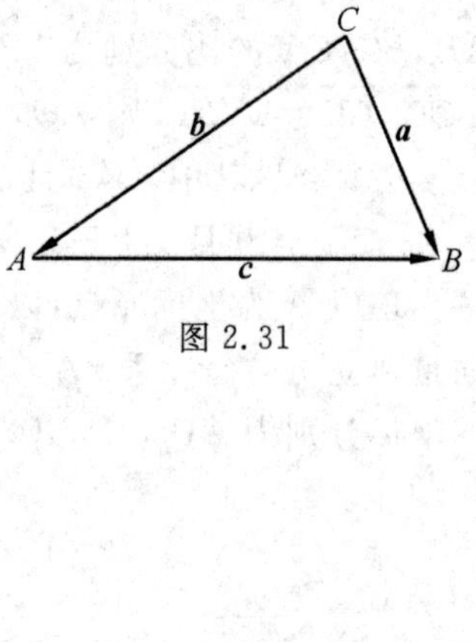

图 2.31

10. 用向量内积证明正弦定理

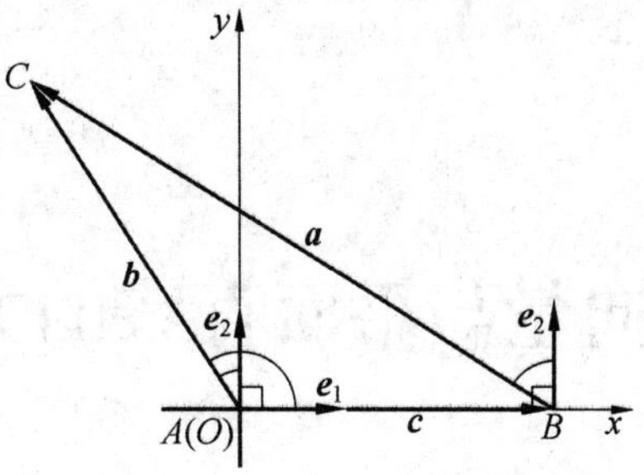

图 2.32

事实上，如图 2.32，在 $\triangle ABC$ 中，设 $\overrightarrow{AB}=\boldsymbol{c}$，$\overrightarrow{BC}=\boldsymbol{a}$，$\overrightarrow{AC}=\boldsymbol{b}$，则 $\boldsymbol{b}=\boldsymbol{c}+\boldsymbol{a}$. 建立如图所示的直角坐标系 $\{O,\boldsymbol{e}_1,\boldsymbol{e}_2\}$，则 $<\boldsymbol{b},\boldsymbol{c}>=\angle BAC$，$<\boldsymbol{b},\boldsymbol{e}_2>=\angle BAC-\frac{\pi}{2}$，$<\boldsymbol{a},\boldsymbol{e}_2>=\frac{\pi}{2}-\angle ABC$，其中 $\boldsymbol{e}_1,\boldsymbol{e}_2$ 分别为 x,y 轴上的单位向量.

现在 $\boldsymbol{b}=\boldsymbol{c}+\boldsymbol{a}$ 的两边同时用 $\boldsymbol{e}_2$ 作内积，有 $\boldsymbol{b}\cdot\boldsymbol{e}_2=\boldsymbol{c}\cdot\boldsymbol{e}_2+\boldsymbol{a}\cdot\boldsymbol{e}_2$，于是，进一步有：

$$|\boldsymbol{b}||\boldsymbol{e}_2|\cos\left(\angle BAC-\frac{\pi}{2}\right)=|\boldsymbol{c}||\boldsymbol{e}_2|\cos\frac{\pi}{2}+|\boldsymbol{a}||\boldsymbol{e}_2|\cos\left(\frac{\pi}{2}-\angle ABC\right)$$

即

$$|\boldsymbol{b}|\sin\angle BAC=|\boldsymbol{a}|\sin\angle ABC$$

即

$$\frac{|\boldsymbol{b}|}{\sin\angle ABC}=\frac{|\boldsymbol{a}|}{\sin\angle BAC}$$

余略.

特别提醒

用向量的内积证明正弦定理，相对于用向量的外积来证明要困难一些. 在 7.3 节我们将再一次用向量的外积来证明正弦定理. 但对一个向量等式两边同时对某个向量作内积，这是向量学习过程中的一个重要方法. 我们在讨论点到直线的距离及点到平面的距离公式时还会使用这个方法.

向量与平面直线的方程

第3章

在本章中,我们将从点向式直线方程的认知出发,讨论平面直线方程的六种形式,进而将在此基础上进一步讨论两条直线的三种(相交、平行、重合)位置关系及两条直线之间的夹角的计算;最后用向量的方法推导了点到直线的距离公式.

在3.1和3.2这两节,我们将从平面直线的点向式方程出发讨论平面两点式直线方程、点斜式直线方程、斜截式直线方程、截距式直线方程等各具特点的平面直线方程.

在3.3节,我们将详细讨论平面直线与一次方程 $Ax+By+C=0$ 的关系,并将在此基础上,讨论平面直线的方程与方程的直线二者之间的一致性.

在3.4节,我们先借助向量或斜率在讨论了两条平面直线之间的所具有的平行、重合及相交等三种位置关系之后,进一步讨论两条平面直线之间的夹角及夹角的余弦与平面直线的方向向量、夹角的正切与两条平面直线的斜率之间的关系.

在3.5节,我们借助两种略有不同的向量方法详细讨论了点到直线的距离公式,为距离的讨论提供了一种有益的认知方式或处理策略.在本节的最后,作为补充,讨论了直线的点法式方程.

3.1 点向式平面直线方程

1. 平面直线的点向式方程

生活经验告诉我们,借助一个已知点和一个确定的方向就可以确定一条直线.而任何一个方向都可以用一个非零向量来表示,于是借助一个已知点和一个非零向量就可以确定一条直线. 如图 3.1,当 P_0 和方向向量 $\boldsymbol{v}$ 确定后,经过 P_0 且和方向向量 $\boldsymbol{v}$ 同向的直线 l(或直线 P_0P) 就被唯一确定.

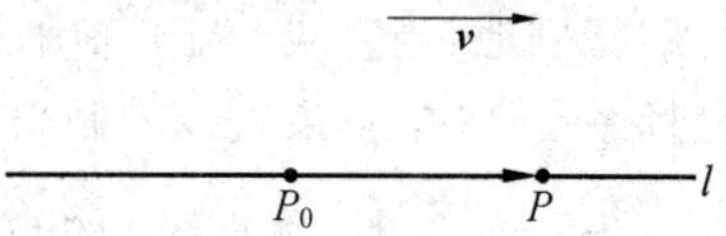

图 3.1

如果一个非零向量 $\boldsymbol{v}$ 的方向与一条直线 l 的一个方向相同,那么向量 $\boldsymbol{v}$ 就是直线 l 的一个方向向量.

如图 3.2,$P_0(x_0,y_0)$ 为直线 l 上一定点,$\boldsymbol{v}=(a,b)\neq\boldsymbol{0}$ 为直线 l 的一个方向向量,则 $P(x,y)$ 在直线 l 上 $\Leftrightarrow$ $\overrightarrow{P_0P}$ 与 $\boldsymbol{v}$ 共线 $\Leftrightarrow$ $\overrightarrow{P_0P}=t\boldsymbol{v}\Leftrightarrow\begin{cases}x-x_0=ta\\y-y_0=tb\end{cases}$,其中 $t\in\mathbf{R}$.

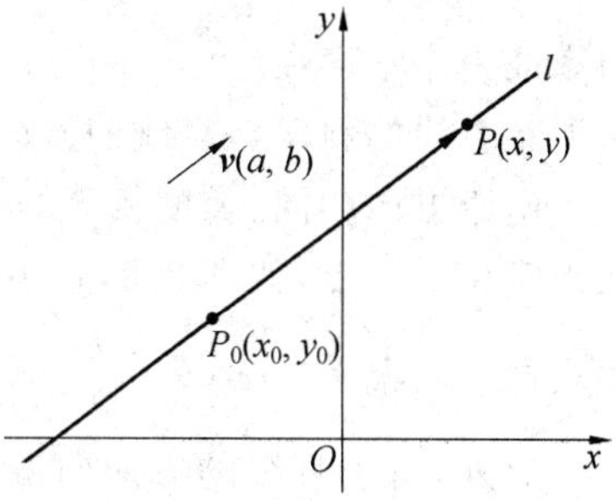

图 3.2

若 $\boldsymbol{v}=(a,b)\neq\boldsymbol{0}$,且 $a\neq0,b\neq0$,将参数方程 $\begin{cases}x-x_0=ta\\y-y_0=tb\end{cases}$ 中(其中 $t\in\mathbf{R}$) 的参数 t 消去,则有

$$\frac{y-y_0}{b}=\frac{x-x_0}{a}\qquad(3.1.1)\text{点向式直线方程}$$

若 $\boldsymbol{v}=(a,b)\neq\boldsymbol{0}$,且 $a\neq0,b=0$,直线 l 的点向式方程 $\frac{y-y_0}{0}=\frac{x-x_0}{a}$ 所表示的直线实际上就是直线 $y-y_0=0$;

若 $\boldsymbol{v}=(a,b)\neq\boldsymbol{0}$,且 $a=0,b\neq0$,直线 l 的点向式方程 $\frac{y-y_0}{b}=\frac{x-x_0}{0}$ 所表示的直线实际上就是直线 $x-x_0=0$.

2. 平面两点式直线方程

若直线 l 过两不同点 $P_1(x_1,y_1)$,$P_2(x_2,y_2)$,则该直线 l 的一个方向向量 $\overrightarrow{P_1P_2}=(x_2-x_1,y_2-y_1)$.

当 $x_2-x_1\neq0$,且 $y_2-y_1\neq0$ 时,代入点向式直线方程(3.1.1) 得

$$\frac{y-y_2}{y_2-y_1}=\frac{x-x_2}{x_2-x_1}\qquad(3.1.2)\text{两点式直线方程}$$

3.2　直线的斜率及点斜式、斜截式、截距式直线方程

1. 直线的倾斜角与斜率

在平面直角坐标系 xOy 中,直线 l 向上的方向与 x 轴的正方向所成的角称为这条直线的倾斜角.

特别地，当直线 l 与 x 轴平行或重合时，约定倾斜角为 0，因此，在平面直角坐标系 xOy 中一条直线的倾斜角 θ 的范围是 $[0,\pi)$.

当 $\theta\neq\frac{\pi}{2}$ 时，称直线 l 的倾斜角的正切值 $\tan\theta$ 为这条直线的斜率，通常用 k 表示一条直线的斜率，即 $k=\tan\theta$.

特别地，当倾斜角为 $\frac{\pi}{2}$ 时，由于 $\tan\frac{\pi}{2}$ 没有意义，因此也说这时的直线没有斜率或斜率不存在.

2. 直线的斜率与直线的方向向量的关系

由于方向相同、长度相等的向量总相等，因此，直线的方向向量总可以将其始点定位到原点，如图 3.3，且不论取直线 l 向上的方向，还是取其向下的方向，始终都有斜率 $k=\tan\theta=\frac{b}{a}$，其中 $\theta\neq\frac{\pi}{2}$.

此外，由于直线的方向向量也可以借助直线上的任意两点来表示，因此直线的斜率也就可以借助直线上的两点的坐标来表示. 如图 3.4，在 $\mathrm{Rt}\triangle P_0HP$ 中，若 $\angle PP_0H=\theta$，则 $\tan\theta=k=\frac{y_2-y_1}{x_2-x_1}$.

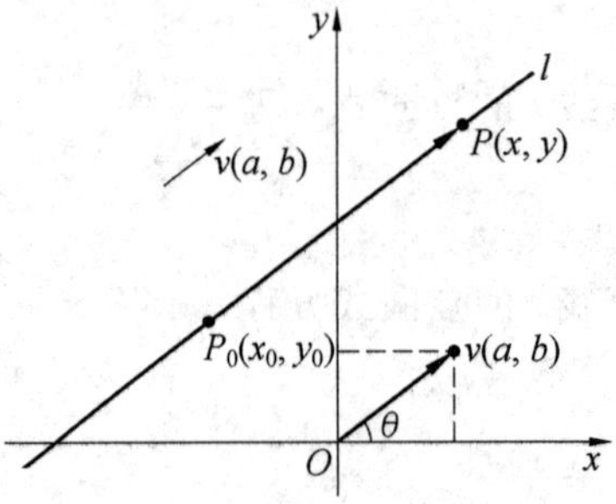

图 3.3

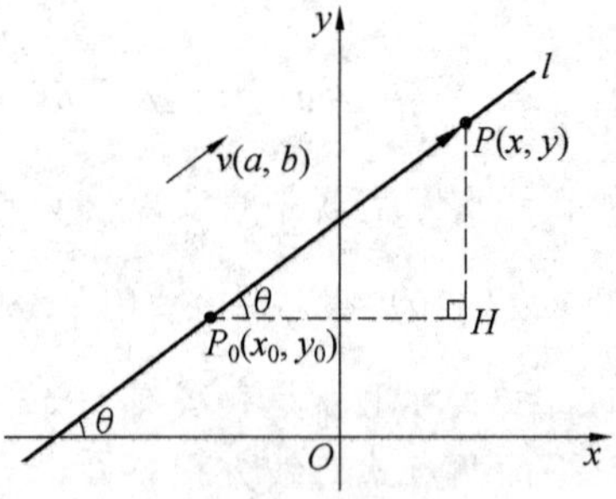

图 3.4

3. 点斜式直线方程

如图 3.5，如果直线 l 过已知点 $P_0(x_0, y_0)$、且斜率为 k，则当直线的倾斜角 $\theta\neq\frac{\pi}{2}$ 时，该直线的点向式方程 $\frac{y-y_0}{b}=\frac{x-x_0}{a}$ 可以变形为 $y-y_0=\frac{b}{a}(x-x_0)$，而 $\frac{b}{a}=k$，于是可得该直线的方程

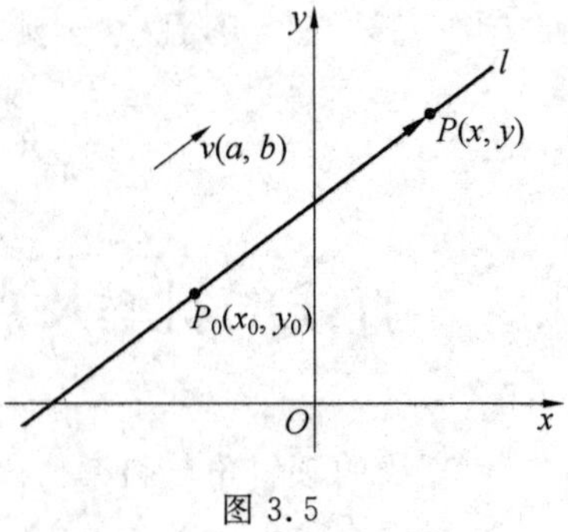

图 3.5

$$y-y_0=k(x-x_0)\qquad(3.2.1)\text{ 点斜式直线方程}$$

4. 斜截式直线方程

若直线 l 交 x 轴于 $A(a,0)$，交 y 轴于 $B(0,b)$，则称 a 为直线 l 在 x 轴上的截距，称 b 为直线 l 在 y 轴上的截距.

如图 3.6，直线 l 的斜率为 k，在 y 轴上的截距为 b，于是根据点斜式直线方程知该直线的方程为 $y-b=k(x-0)$，整理得

$$y=kx+b$$

(3.2.2) 斜截式直线方程

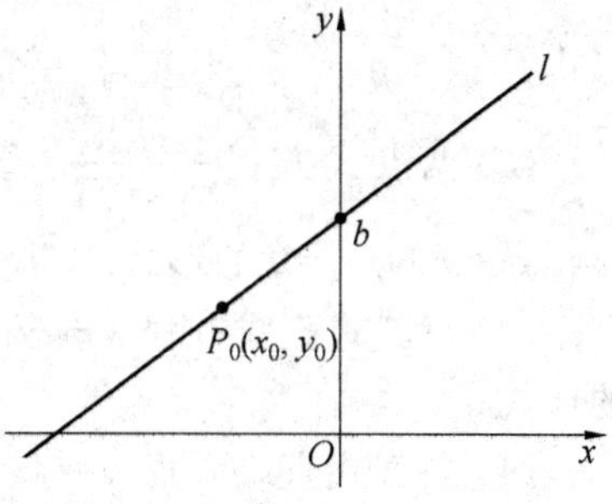

图 3.6

特别提醒

从"截距"的定义来看，直线不仅在 x 轴、y 轴上都可能有截距，而且"截距"在数值上既可能为正，也可能为负，而且还可能为零.

5. 截距式直线方程

如图 3.7，直线 l 交 x 轴于 $A(a,0)$，交 y 轴于 $B(0,b)$，则由斜截式直线方程可知直线 l 的方程为 $y=\frac{b-0}{0-a}x+b$，即 $y=-\frac{b}{a}x+b$，进而由 $ay+bx=ab$ 可得

$$\frac{x}{a}+\frac{y}{b}=1$$

(3.2.3) 截距式直线方程

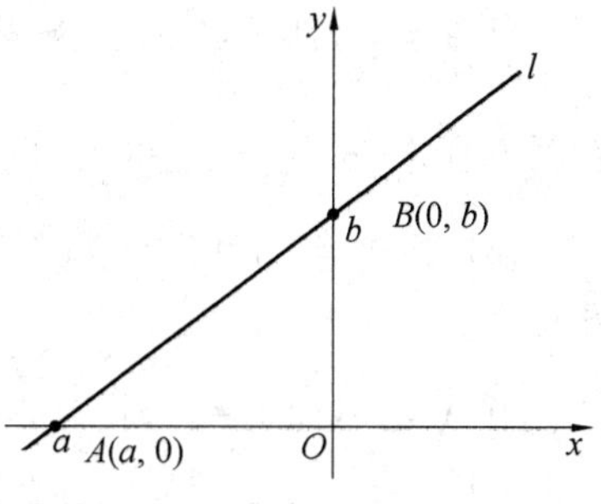

图 3.7

特别提醒

(1) 当直线方程过原点时，不能用截距式方程来写这时的直线方程，可以考虑用斜截式方程；

(2) 当直线平行或本身就是 x 轴或 y 轴时，也不用截距式方程来写直线方程；这时借助图形直观就可以写出其方程.

3.3　直线的一般式方程

1. 不同特点的平面直线方程都可以化为关于 x,y 的一次方程

在前述讨论中，我们依据平面直线形成的不同条件得到了与之对应的独具特点的五种直线方程. 尽管这些直线方程的形式或特点各有不同，但经过适当的变形，最终都能化成关于 x,y 的一次方程

$$Ax+By+C=0\qquad(3.3.1)\text{ 一般式直线方程}$$

(1) 点向式直线方程$\frac{y-y_0}{b}=\frac{x-x_0}{a}$可化为$bx-ay-(bx_0-ay_0)=0$的形式；

(2) 两点式方程$\frac{y-y_2}{y_2-y_1}=\frac{x-x_2}{x_2-x_1}$可化为$(y_1-y_2)x-(x_1-x_2)y+(x_1y_2-x_2y_1)=0$的形式.

(3) 点斜式直线方程$y-y_0=k(x-x_0)$可化为$kx-y-(kx_0-y_0)=0$的形式；

(4) 斜截式直线方程$y=kx+b$可化为$kx-y+b=0$的形式；

(5) 截距式直线方程$\frac{x}{a}+\frac{y}{b}=1$可化为$bx+ay-ab=0$的形式.

2. 关于x,y的一次方程$Ax+By+C=0$都表示一条平面直线

(1) 当$A\neq 0$，且$B\neq 0$时，一次方程$Ax+By+C=0$所表示的直线及其方向

当$A\neq 0$，且$B\neq 0$时，方程$Ax+By+C=0$可变形为$\frac{x+\frac{C}{A}}{-B}=\frac{y-0}{A}$，这表明方程$Ax+By+C=0$表示过$(-\frac{C}{A},0)$，且方向向量为$\boldsymbol{v}=(-B,A)$的直线.

(2) 当$A\neq 0$，且$B=0$时，一次方程$Ax+By+C=0$所表示的直线及其方向

当$A\neq 0$，而$B=0$时，方程$Ax+By+C=0$可变形为$x+\frac{C}{A}=0$，这表明方程$Ax+By+C=0$表示与y轴平行或重合，且方向向量为$\boldsymbol{v}=(0,A)$的直线$x=-\frac{C}{A}$.

(3) 当$A=0$，且$B\neq 0$时，一次方程$Ax+By+C=0$所表示的直线及其方向

当$A=0$，而$B\neq 0$时，方程$Ax+By+C=0$可变形为$y+\frac{C}{B}=0$，这表明方程$Ax+By+C=0$表示与x轴平行或重合，且方向向量为$\boldsymbol{v}=(-B,0)$的直线$y=-\frac{C}{B}$.

综上所述，关于x,y的一次方程$Ax+By+C=0$都表示一条直线，$(-B,A)$是它的一个方向向量.

3. 关于直线的方程与方程的直线

在平面直角坐标系xOy中，关于x,y的一个方程如果满足如下两个条件：

(1) 直线l上的任意一点的坐标都满足这个方程；

(2) 坐标满足这个方程的点都在直线 l 上.

那么就把这个方程叫作这条直线 l 的方程,把这条直线叫作与之对应的方程的直线.

这样方程与直线就统一起来了,于是上述六种不同形式的直线方程既可以称为直线,也可以称为方程.

至此,直线方程的六种不同形式都给予了充分的讨论.在求直线的方程时,可以根据相应的条件合理选择这六种形式中的任何一种.但所求的直线方程一般来说最终都需要化成 $Ax+By+C=0$ 的一般式.

特别提醒

除了 3.1 节、3.2 节和 3.3 节所讨论的这六种不同形式的直线方程外,作为补充,我们将在 3.5 节讨论直线的点法式方程.

3.4　平面直线的位置关系与度量关系

在本书中,由于平面直线可能需要借助平移、旋转等运动变化方式获得,因此为了讨论上的方便,我们不仅说两条直线具有相交或平行这两种位置关系,有时也根据需要说两条直线互相重合.

1. 依据方向向量来判定两条平面直线的位置关系

在平面直角坐标系 xOy 中,设直线 l_1、直线 l_2 的方程与方向向量分别是:

$A_1x+B_1y+C_1=0$,其中 A_1,B_1 不全为零,则直线 l_1 的方向向量为 $\boldsymbol{v}_1=(-B_1,A_1)$;

$A_2x+B_2y+C_2=0$,其中 A_2,B_2 不全为零,则直线 l_2 的方向向量为 $\boldsymbol{v}_2=(-B_2,A_2)$.

借助直线 l_1,l_2 的方向向量,可以方便地讨论这两条直线的位置关系:

(1) 直线 l_1 与 l_2 平行或重合 $\Leftrightarrow \boldsymbol{v}_1$ 与 $\boldsymbol{v}_2$ 共线 $\Leftrightarrow \boldsymbol{v}_1=\lambda\boldsymbol{v}_2 \Leftrightarrow \dfrac{A_1}{A_2}=\dfrac{B_1}{B_2}=\lambda$,其中 $\lambda\neq 0$.

特别地:

(2) 直线 l_1 与直线 l_2 平行 $\Leftrightarrow \lambda=\dfrac{A_1}{A_2}=\dfrac{B_1}{B_2}\neq\dfrac{C_1}{C_2}$,其中 $\lambda\neq 0$;

(3) 直线 l_1 与直线 l_2 重合 $\Leftrightarrow \dfrac{A_1}{A_2}=\dfrac{B_1}{B_2}=\dfrac{C_1}{C_2}=\lambda$,其中 $\lambda\neq 0$.

此外,

(4) 直线 l_1 与直线 l_2 相交 $\Leftrightarrow \boldsymbol{v}_1\neq\lambda\boldsymbol{v}_2 \Leftrightarrow \dfrac{A_1}{A_2}\neq\dfrac{B_1}{B_2}$.

当 $\boldsymbol{v}_1=(-B_1,A_1)$，$\boldsymbol{v}_2=(-B_2,A_2)$ 中有一个分量为零时，所对应的直线为直线 $x=-\dfrac{C}{A}$ 或直线 $y=-\dfrac{C}{B}$，可以借助具体问题的实际背景来确定.

2.依据斜率来判定两条平面直线的位置关系

若在平面直角坐标系 xOy 中，直线 $l_1:A_1x+B_1y+C_1=0$ 与直线 $l_2:A_2x+B_2y+C_2=0$ 的斜率均存在，则对应的一般式直线方程可以改写成斜截式直线方程，不难借助斜率得到下面关于直线的位置关系的判定方法：

(1)$l_1 /\!/ l_2 \Leftrightarrow k_1 /\!/ k_2$，且 $b_1\neq b_2$；

(2)l_1 与 l_2 重合 $\Leftrightarrow k_1 /\!/ k_2$，且 $b_1=b_2$；

(3)l_1 与 l_2 相交 $\Leftrightarrow k_1\neq k_2$.

其中 $k_1=-\dfrac{A_1}{B_1}$，$k_2=-\dfrac{A_2}{B_2}$，$b_1=-\dfrac{C_1}{B_1}$，$b_2=-\dfrac{C_2}{B_2}$.

3.两条平面直线相交的进一步讨论

(1) 两条平面直线之间的夹角

同一平面上的两条直线 l_1 与 l_2，当它们相交时，它们的方向向量 $\boldsymbol{v}_1$，$\boldsymbol{v}_2$ 形成四个角 $<\boldsymbol{v}_1,\boldsymbol{v}_2>$，$<\boldsymbol{v}_1,-\boldsymbol{v}_2>$，$<-\boldsymbol{v}_1,\boldsymbol{v}_2>$，$<-\boldsymbol{v}_1,-\boldsymbol{v}_2>$ 中有两对角互为对顶角：$<\boldsymbol{v}_1,\boldsymbol{v}_2>=<-\boldsymbol{v}_1,-\boldsymbol{v}_2>$，$<\boldsymbol{v}_1,-\boldsymbol{v}_2>=<-\boldsymbol{v}_1,\boldsymbol{v}_2>=\pi-<\boldsymbol{v}_1,\boldsymbol{v}_2>$.

一般来说，通常把两条直线的方向向量所形成的角中，不大于 $\dfrac{\pi}{2}$ 的角称为这两条直线的夹角.

特别地，约定当两条直线平行或重合时，这两条直线之间的夹角为 0.

(2) 两条直线之间的夹角的余弦

在平面直角坐标系 xOy 中，当已知直线 l_1 的方程 $A_1x+B_1y+C_1=0$ 及方向向量 $\boldsymbol{v}_1=(-B_1,A_1)$ 与直线 l_2 的方程 $A_2x+B_2y+C_2=0$ 及方向向量 $\boldsymbol{v}_2=(-B_2,A_2)$（其中 A_1，B_1 不全为零，A_2，B_2 也不全为零）时，这两条直线之间的夹角 θ 或者就是 $<\boldsymbol{v}_1,\boldsymbol{v}_2>$，或者是 $<\boldsymbol{v}_1,\boldsymbol{v}_2>$ 的补角 $\pi-<\boldsymbol{v}_1,\boldsymbol{v}_2>$，但始终有 $\cos\theta=\dfrac{|\boldsymbol{v}_1\cdot\boldsymbol{v}_2|}{|\boldsymbol{v}_1||\boldsymbol{v}_2|}=\dfrac{|A_1A_2+B_1B_2|}{\sqrt{A_1^2+B_1^2}\sqrt{A_2^2+B_2^2}}$.

(3) 两条直线之间的夹角的正切

若这时两条直线的斜率存在，则由 $k_1=-\dfrac{A_1}{B_1}$ 得 $A_1=-k_1B_1$，由 $k_2=-\dfrac{A_2}{B_2}$ 得 $A_2=-k_2B_2$，于是

$$\cos\theta=\frac{|-k_1B_1\cdot(-k_2B_2)+B_1B_2|}{\sqrt{(-k_1B_1)^2+B_1^2}\sqrt{(-k_2B_2)^2+B_2^2}}=\frac{|1+k_1k_2|}{\sqrt{1+k_1{}^2}\sqrt{1+k_2{}^2}}$$

进而，借助同角三角函数的平方关系，有

$\tan^2\theta = \frac{1}{\cos^2\theta} - 1 = \frac{(1+k_1^2)(1+k_2^2) - |1+k_1k_2|^2}{|1+k_1k_2|^2} = \frac{(k_1-k_2)^2}{|1+k_1k_2|^2}$,进而可得

$$\tan\theta = \left|\frac{k_1-k_2}{1+k_1k_2}\right|, \text{其中 } 1+k_1k_2 \neq 0$$

上述结论,也可以借助直线的倾斜角与斜率之间的关系来推导.

事实上,如图 3.8,设直线 $l_1: A_1x + B_1y + C_1 = 0$ 所对应的斜截式方程为 $y = k_1x + b_1$,直线 $l_2: A_2x + B_2y + C_2 = 0$ 所对应的斜截式方程为 $y = k_2x + b_2$;设直线 $l_1: y = k_1x + b_1$ 的倾斜角为 θ_1,直线 $l_2: y = k_2x + b_2$ 的倾斜角为 θ_2,直线 $l_1: y = k_1x + b_1$ 与直线 $l_2: y = k_2x + b_2$ 之间的夹角为 θ.

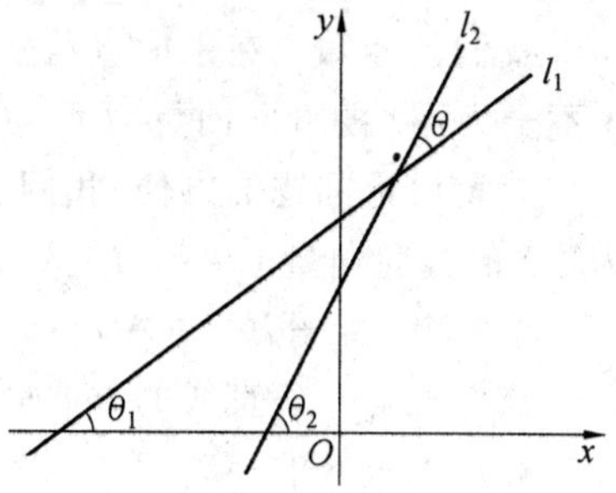

图 3.8

由 $\theta = \theta_2 - \theta_1$ 知 $\tan\theta = \tan(\theta_2 - \theta_1)$,于是

$$\tan\theta = \left|\frac{\tan\theta_2 - \tan\theta_1}{1 + \tan\theta_1\tan\theta_2}\right| = \left|\frac{k_1-k_2}{1+k_1k_2}\right|$$

4. 两条直线的垂直关系

特别地,当上述两条直线的方向向量之间的夹角 $\langle \boldsymbol{v}_1, \boldsymbol{v}_2 \rangle = \frac{\pi}{2}$ 时,有直线 l_1 与直线 l_2 垂直 $\Leftrightarrow \boldsymbol{v}_1 \perp \boldsymbol{v}_2 \Leftrightarrow \boldsymbol{v}_1 \cdot \boldsymbol{v}_2 = 0 \Leftrightarrow A_1A_2 + B_1B_2 = 0$.

特别地,当这时的两条直线的斜率均存在时,由 $k_1 = -\frac{A_1}{B_1}$ 得 $A_1 = -k_1B_1$,由 $k_2 = -\frac{A_2}{B_2}$ 得 $A_2 = -k_2B_2$,进而由 $A_1A_2 + B_1B_2 = 0$ 得 $(-k_1B_1)(-k_2B_2) + B_1B_2 = 0$ 及 $(1+k_1k_2)B_1B_2 = 0$,而 $B_1B_2 \neq 0$,于是有:直线 l_1 与直线 l_2 垂直 $\Leftrightarrow 1 + k_1k_2 = 0$.

这一结论,也可以借助斜率直接来推导:

如图 3.8,当 $\theta = \frac{\pi}{2}$ 时,有 $\theta_2 = \theta_1 + \frac{\pi}{2}$,于是有 $k_2 = \tan\theta_2 = \tan(\theta_1 + \frac{\pi}{2}) = -\frac{1}{\tan\theta_1} = -\frac{1}{k_1}$,即 $1 + k_1k_2 = 0$.

3.5 点到直线的距离及两条平行直线间的距离

1. 直线的法向量

我们已经知道在平面直角坐标系 xOy 中，直线 $l: Ax+By+C=0$（其中 A，B 不全为零）的方向向量为 $\boldsymbol{v}=(-B,A)$.

为了讨论问题的方便，我们引入与直线 $l: Ax+By+C=0$（其中 A，B 不全为零）的方向向量 $\boldsymbol{v}=(-B,A)$ 垂直的法向量 $\boldsymbol{n}=(A,B)$.

事实上，由 $-BA+AB=0$ 易知 $\boldsymbol{n}=(A,B)\perp\boldsymbol{v}=(-B,A)$.

我们把与一条直线的方向向量垂直的向量称为这条直线的法向量.

2. 点到直线的距离

在平面直角坐标系 xOy 中，已知直线 $l: Ax+By+C=0$（其中 A，B 不全为零）及直线 l 外一点 $P(x_0,y_0)$，现过 P 作 $PQ\perp l$ 于 Q，则 P 到直线 $l: Ax+By+C=0$ 的距离 $d=|\overrightarrow{PQ}|$，如图 3.9.

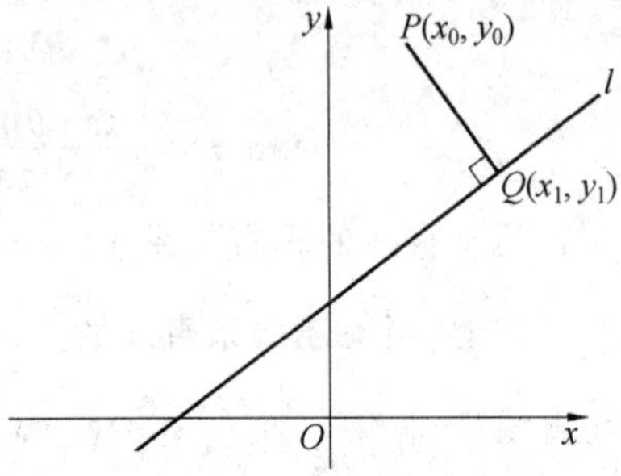

图 3.9

下面，我们用两种略有不同的方法来求这个距离. 尽管方法略有不同，但都体现了如何借助向量去寻找距离的基本思想.

解法 1 设点 Q 坐标为 $Q(x_1,y_1)$，且 $\overrightarrow{PQ}=\lambda\boldsymbol{n}$，其中 $\boldsymbol{n}$ 为 $Ax+By+C=0$ 的法向量，即 $\boldsymbol{n}=(A,B)$. 连接 OP，OQ，则由 $\overrightarrow{OQ}=\overrightarrow{OP}+\overrightarrow{PQ}=(x_0,y_0)+\lambda(A,B)=(x_0+\lambda A,y_0+\lambda B)$ 知点 Q 的坐标为 $Q(x_0+\lambda A,y_0+\lambda B)$，如图 3.10. 因点 $Q(x_0+\lambda A,y_0+\lambda B)$ 在已知直线 $Ax+By+C=0$ 上，故可由 $A(x_0+\lambda A)+B(y_0+\lambda B)+C=0$ 得 $\lambda=-\dfrac{Ax_0+By_0+C}{A^2+B^2}$.

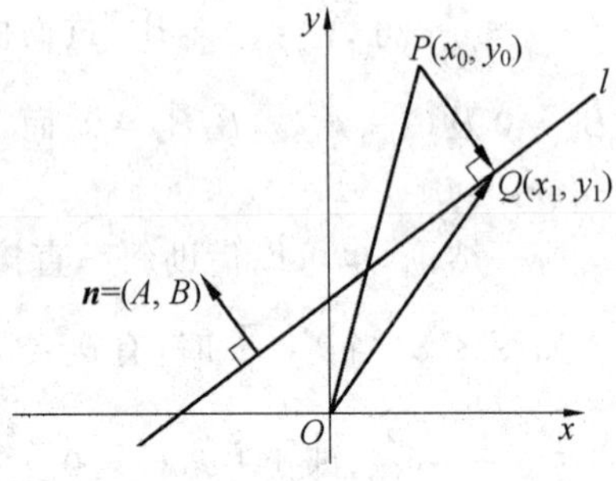

图 3.10

于是 $|\overrightarrow{PQ}|=|\lambda||\boldsymbol{n}|=\dfrac{|Ax_0+By_0+C|}{A^2+B^2}\cdot\sqrt{A^2+B^2}=\dfrac{|Ax_0+By_0+C|}{\sqrt{A^2+B^2}}$.

解法 2 设点 Q 坐标为 $Q(x_1,y_1)$. 由于点 $Q(x_1,y_1)$ 在直线 $l: Ax+By+C=0$ 上，于是有 $Ax_1+By_1+C=0$.

如图 3.11，由于 $\overrightarrow{QP}\perp$ 直线 l，且 $\boldsymbol{n}=(A,B)\perp\boldsymbol{v}=(-B,A)$，因此 $\overrightarrow{QP}$ 与

$\boldsymbol{n}=(A,B)$ 共线，于是存在非零实数 λ，使得 $\overrightarrow{QP}=\lambda\boldsymbol{n}$，且 $d=|\overrightarrow{QP}|=|\lambda\boldsymbol{n}|$.

为了求得非零实数 λ，由 $\overrightarrow{QP}=\lambda\boldsymbol{n}$ 得 $\overrightarrow{QP}\cdot\boldsymbol{n}=\lambda\boldsymbol{n}\cdot\boldsymbol{n}=\lambda|\boldsymbol{n}|^2$，进而有

$$\lambda=\frac{\overrightarrow{QP}\cdot\boldsymbol{n}}{|\boldsymbol{n}|^2}=\frac{A(x_0-x_1)+B(y_0-y_1)}{|\boldsymbol{n}|^2}$$
$$=\frac{Ax_0+By_0-(Ax_1+By_1)}{A^2+B^2}$$
$$=\frac{Ax_0+By_0+C}{A^2+B^2}$$

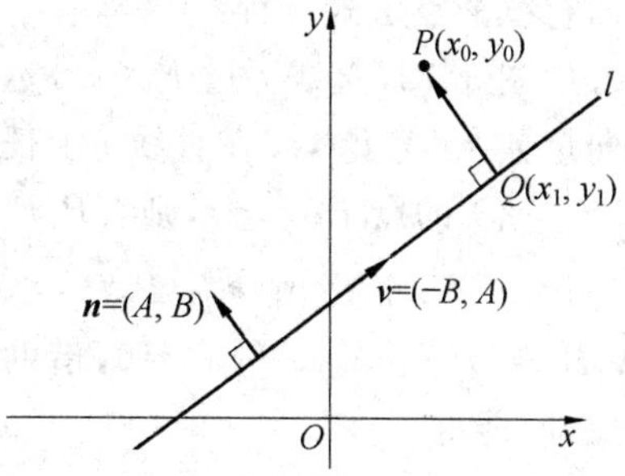

图 3.11

于是

$$d=|\overrightarrow{QP}|=|\lambda\boldsymbol{n}|$$
$$=\frac{|Ax_0+By_0+C|}{A^2+B^2}\cdot\sqrt{A^2+B^2}$$
$$=\frac{|Ax_0+By_0+C|}{\sqrt{A^2+B^2}}$$

也就是说，有点 $P(x_0,y_0)$ 到直线 $l:Ax+By+C=0$ 的距离 $d=\dfrac{|Ax_0+By_0+C|}{\sqrt{A^2+B^2}}$.

当然，当 $P(x_0,y_0)$ 在直线 $l:Ax+By+C=0$ 上时，点 $P(x_0,y_0)$ 到直线 l：$Ax+By+C=0$ 的距离 $d=\dfrac{|Ax_0+By_0+C|}{\sqrt{A^2+B^2}}=0$ 也适合.

3. 平行直线之间的距离

显然，当平面直角坐标系 xOy 中的两条平行直线 $l_1:Ax+By+C_1=0$ 与 $l_2:Ax+By+C_2=0$（其中 A,B 不全为零）之间的距离正好等于其中一条直线上的一点到另一条直线的距离.

现不妨在直线 $l_1:Ax+By+C_1=0$ 上任取一点 $P(x_0,y_0)$，则 $Ax_0+By_0+C_1=0$，且这两条直线之间的距离 $d=\dfrac{|Ax_0+By_0+C_2|}{\sqrt{A^2+B^2}}=\dfrac{|C_2-C_1|}{\sqrt{A^2+B^2}}$.

也就是说，两条平行直线 $l_1:Ax+By+C_1=0$ 与 $l_2:Ax+By+C_2=0$（其中 A,B 不全为零）之间的距离 $d=\dfrac{|C_2-C_1|}{\sqrt{A^2+B^2}}$，或 $d=\dfrac{|C_1-C_2|}{\sqrt{A^2+B^2}}$.

4. 平面直线的点法式方程

作为补充，在这一章的最后，我们补充讨论平面直线上的第七种直线方程：

平面直线的点法式方程.

如图 3.12,直线 l 过 $P_0(x_0,y_0)$,且其法向量 $\boldsymbol{n}=(A,B)$,现在直线 l 上任取异于 $P_0(x_0,y_0)$ 的点 $P(x,y)$,则有 $\overrightarrow{P_0P}=(x-x_0,y-y_0)$,于是由 $\boldsymbol{n}\cdot\overrightarrow{P_0P}=0$,即得 $(A,B)\cdot(x-x_0,y-y_0)=0$,借助向量内积展开,即得

$$A(x-x_0)+B(y-y_0)=0$$

(3.5.1) 点法式直线方程

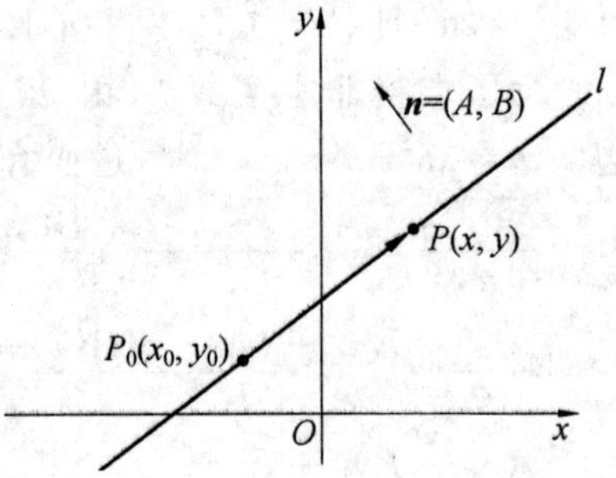

图 3.12

将上述方程进一步展开,即得 $Ax+By-(Ax_0+By_0)=0$. 若假设 $-(Ax_0+By_0)=C$,即直线 l 的一般式方程 $Ax+By+C=0$.

可见,直线 $Ax+By+C=0$ 中的系数 A,B 是具有明确的几何意义的. 由系数 A,B 所组成的向量 $\boldsymbol{n}=(A,B)$ 正好就是这条直线的一个法向量.

直线与平面及平面与平面间的平行关系

第4章

本章是在第2章对点、直线、平面的结合性的认知与讨论基础上的延续，进一步讨论构成空间几何体的基本要素中的直线与直线、直线与平面、平面与平面之间的位置关系.

在4.1节，我们将在回顾平面上两条直线的位置关系的基础上引入异面直线的概念，而且在讨论了异面直线是既不在同一平面也没有交点的两条直线之后将空间中两条直线的位置关系归纳为相交、平行、异面及重合等四种不同位置关系. 为了方便大家更好地确认异面直线，在本节的最后我们进一步讨论了确定两条直线是异面的一个判定方法.

在4.2节，我们将在直观认知直线与平面的三种位置关系的基础上，进一步给出了确定直线与平面平行的一个判定方法，而且给出了直线与平面平行的一个性质，最后作为线面平行的判定与性质的一个应用，讨论了空间中直线与直线之间的平行关系的传递性.

在4.3节，我们将在直观认知两个平面间的三种位置关系的基础上，进一步讨论两个平面互相平行的判定及两个平面互相平行的一个性质.

4.1 异面直线

1. 异面直线的定义

在初中平面几何课程中，我们已经知道在同一平面内，两条直线或者相交，或者平行. 但在空间中，两条直线除了上述在同一平面内的两种位置关系外，两条直线之间还存在与上述两种位置关系完全不同的第三种位置关系 —— 异面.

如图 4.1，在正方体 $ABCD-A_1B_1C_1D_1$ 中，在平面 AC 中，$AD \cap AB=\{A\}$，$AB \parallel CD$.

习惯上，在立体几何课程中，一般将 $AD \cap AB=\{A\}$ 简记为 $AD \cap AB=A$.

在平面 AA_1D_1D 中的直线 DD_1 与在平面 AA_1B_1B 中的直线 A_1B_1，这两条直线不在同一个平面内，而且这两条直线既不相交，也不平行.

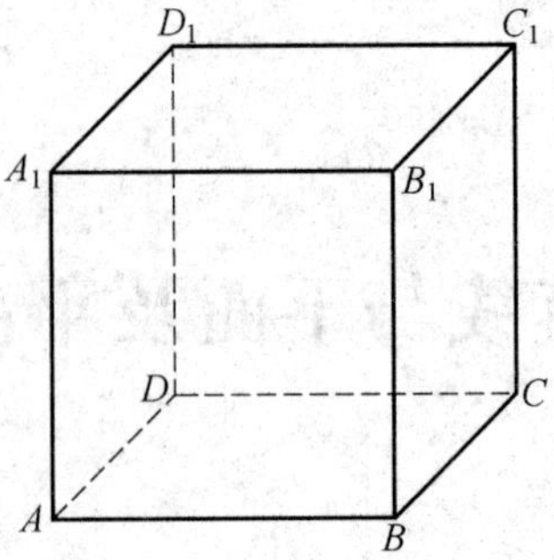

图 4.1

在立体(空间) 几何中，像这样不在同一平面内的两条直线的位置关系，称为异面，具有这样的位置关系的两条直线则称作异面直线.

事实上，假设直线 DD_1 与直线 A_1B_1 在同一个平面内，那么这个平面一定经过直线 A_1B_1 和 D_1，而在长方体 $ABCD-A_1B_1C_1D_1$ 中过直线 A_1B_1 和 D_1 的平面是面 $A_1B_1C_1D_1$，这样直线 DD_1 也在平面 $A_1B_1C_1D_1$ 中，于是 D 也应该在平面 $A_1B_1C_1D_1$ 内，这显然与 D 不在平面 $A_1B_1C_1D_1$ 内的实际不符. 因此，直线 DD_1 与直线 A_1B_1 不在同一个平面内.

事实上，不仅直线 DD_1 与 A_1B_1 不在同一个平面内，而且它们也没有公共点.

假设直线 DD_1 与直线 A_1B_1 有且仅有一个公共点，那么它们就一定相交，这样它们就应该在同一个平面内，但这也与实际事实不符.

假设直线 DD_1 与直线 A_1B_1 有两个不同的公共点，那么这两条直线就应该重合在一起，因而，这两条直线也在同一个平面内，但这依然也与实际事实不符. 因此，异面直线没有公共点.

为了立体(空间) 几何中讨论的方便，我们把空间中两条直线之间的位置关系归结为相交(在同一平面内，两条直线有且只有一个交点)、平行(在同一平面内，两条直线没有公共点)、异面(两条直线不在同一平面内，也没有公共点)、重合(在同一平面内，两条直线有两个或无穷多个公共点) 等四种不同的情况.

特别提醒

一般说来，如果从静止的观点来看，说两条直线重合，其实没有太大的意义；但从运动变化的观点来看，两条处于不同位置的直线，经过一定的运动变化之后确实可能会相互重合在一起.

2. 异面直线的判定

异面直线的判定定理：经过一个平面内的一点及这个平面外的一点的直线与这个平面内不经过该点的直线互为异面直线.

已知如图 4.2，直线 $a \subset$ 平面 α，且 $A \in \alpha$，但 $A \notin$ 直线 a，$B \notin$ 平面 α，$A \in$

$b, B \in b$；

求证：直线 a 与直线 b 互为异面直线.

证明　假设直线 a 与直线 b 在同一个平面内，那么这个平面一定经过直线 a 和点 A，而经过直线 a 和点 A 的平面有且只有一个，于是这个平面就是直线 a 和点 A 所在的平面 α，这样直线 b 也在平面 α 内，即直线 $b \subset$ 平面 α，而 $B \in b$，于是 $B \in$ 平面 α，这与 $B \notin$ 平面 α 的已知事实矛盾. 因此，直线 a 与直线 b 是异面直线.

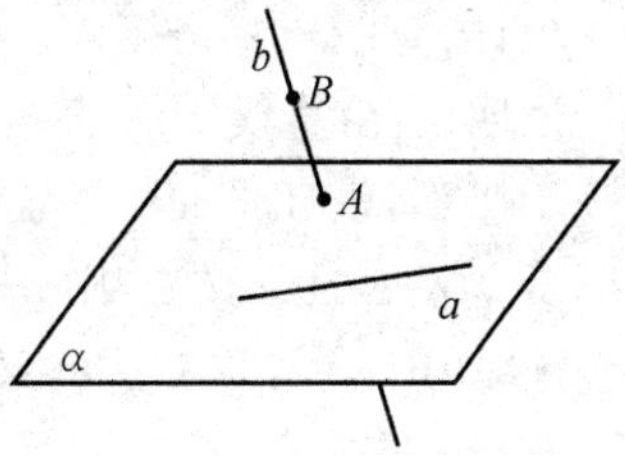

图 4.2

4.2　直线与平面的平行关系

1. 直线与平面的三种位置关系

如果我们把桌面看作一个平面，把一根小木棍看作一条直线，那么借助操作小木棍，我们很容易发现直线和平面存在如下的三种位置关系：

直线在平面内（直线和平面有两个或无穷多个公共点，如图 4.3）、直线和平面相交（直线和平面有且只有一个公共点，如图 4.4）、直线和平面平行（直线和平面没有公共点，如图 4.5）.

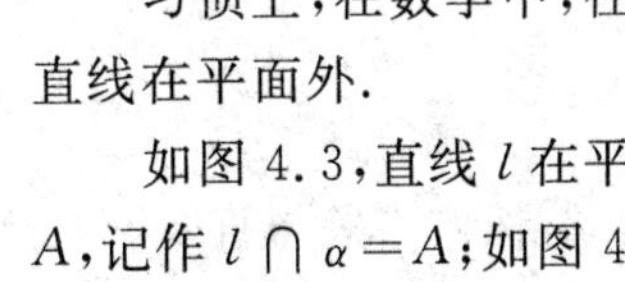

图 4.3

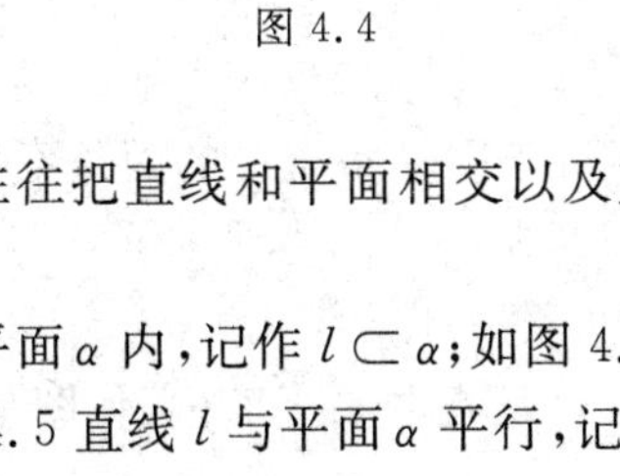

图 4.4

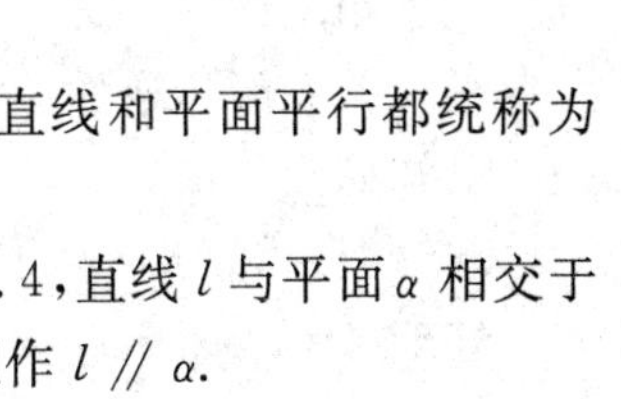

图 4.5

习惯上，在数学中，往往把直线和平面相交以及直线和平面平行都统称为直线在平面外.

如图 4.3，直线 l 在平面 α 内，记作 $l \subset \alpha$；如图 4.4，直线 l 与平面 α 相交于 A，记作 $l \cap \alpha = A$；如图 4.5 直线 l 与平面 α 平行，记作 $l \parallel \alpha$.

下面我们讨论直线与平面平行的判定与性质.

2. 直线与平面平行的判定

直线和平面平行的判定定理 1：如果一个平面外的一条直线和这个平面内的一条直线平行，那么这条直线和这个平面平行.

已知如图 4.6，直线 a 在平面 α 外，直线 b 在平面 α 内，且直线 $a \parallel$ 直线 b.

求证：直线 a // 平面 α.

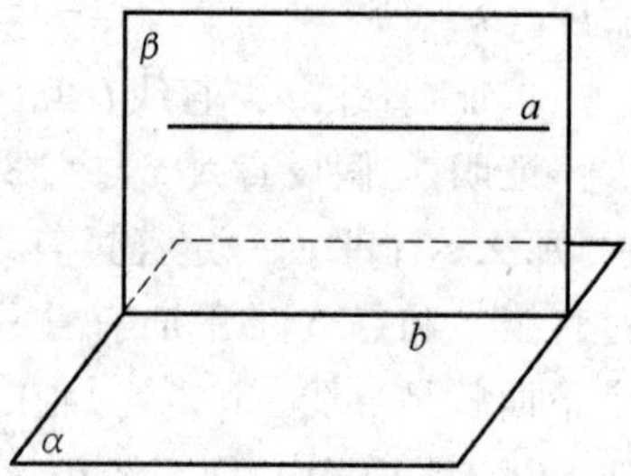

图 4.6

证明 由直线 a // 直线 b 知过直线 a,b 存在一个平面，设此平面为平面 β，于是 $\alpha \cap \beta = b$.

若 $a \not\parallel \alpha$，且 $a \not\subset \alpha$，则 a 与 α 相交，设 $a \cap \alpha = A$，即 $A \in a$，且 $A \in \alpha$；又 $A \in a \subset \beta$，于是 $\alpha \cap \beta = A$，进而有 $A \in b$，又 $A \in a$，这样就有 $a \cap b = A$，这与已知条件 $a \parallel b$ 矛盾，因此直线 a // 平面 α 成立.

3. 直线与平面平行的性质

直线和平面平行的性质定理 1：如果一条直线和一个已知平面平行，并且经过这条直线的平面和这个已知平面相交，那么这条直线与这两个平面的交线平行.

已知如图 4.7，直线 a // 平面 α，且 $a \subset \beta$，$\alpha \cap \beta = b$.

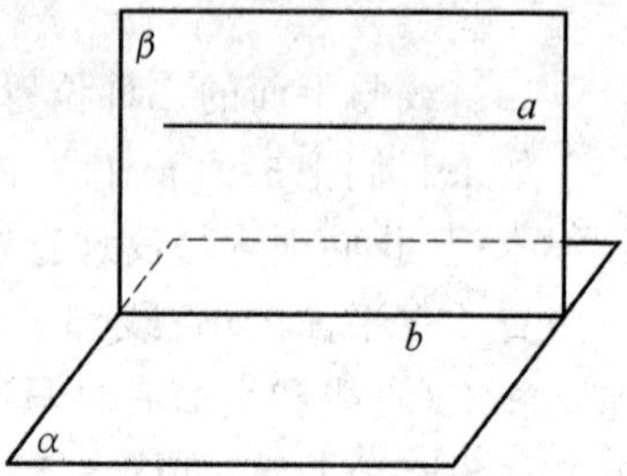

图 4.7

求证：直线 a // 直线 b.

证明 由 $\alpha \cap \beta = b$ 知直线 $b \subset \beta$，又 $a \subset \beta$，即直线 a,b 都在平面 β 内；

又直线 a // 平面 α，因此直线 a 与平面 α 没有公共点；

由 $\alpha \cap \beta = b$ 知直线 $b \subset \alpha$，于是直线 a 与直线 b 没有公共点.

于是由直线 a 与直线 b 没有公共点，且直线 a,b 都在平面 β 内知直线 a // 直线 b，因此命题成立.

4. 平行关系的传递性

在初中平面几何课程中，我们已经知道“平行于同一条直线的两条不重合直线是互相平行的”，这一结论，在空间几何中依然成立.

平行关系的传递性：平行于同一条直线的两条不重合直线互相平行.

已知如图 4.8、图 4.9，直线 $a \parallel c$，直线 $b \parallel c$，且直线 a 与 b 不重合.

求证：直线 $a \parallel b$.

证明 (1) 如果直线 a,b,c 在同一平面内，如图 4.8，任作一条与直线 a,b,c 都相交的直线 d.

由 $a \parallel c$ 知 $\angle 1 = \angle 3$；

由 $b \parallel c$ 知 $\angle 2 = \angle 3$；

于是，$\angle 1 = \angle 2$；这样，自然有 $a \parallel b$.

(2) 如果直线 a,b,c 不在同一平面内，如图 4.9，在直线 b 上任取一点 A，且 $A\notin a$，于是点 A 和直线 a 确定一个平面，设此平面为 α，于是 $a\subset\alpha$.

由于直线 c 与 a 不重合，因此 $c\not\subset\alpha$，这样点 A 和直线 c 确定另一个平面，设此平面为 β，且 $c\subset\beta$，如图 4.9. 于是平面 α 和平面 β 有公共点 A，且有过 A 的一条公共直线，设此公共直线为 d，即 $\alpha\cap\beta=d$.

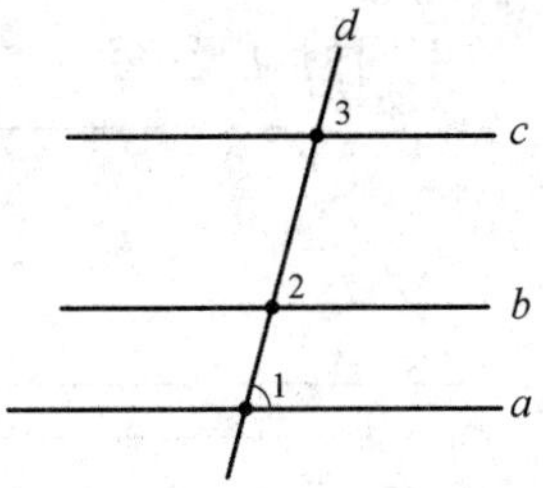

图 4.8

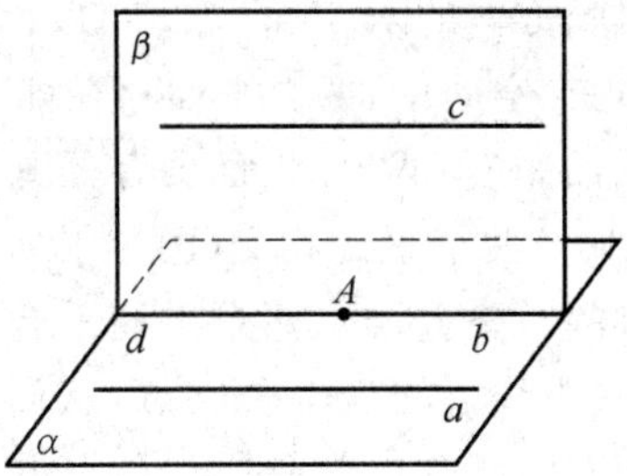

图 4.9

由于直线 $c\parallel a$，且 $a\subset\alpha$，因此，根据直线和平面平行的判定定理 1(如果一个平面外的一条直线和这个平面内的一条直线平行，那么这条直线和这个平面平行) 知直线 $c\parallel$ 平面 α.

又 $c\subset\beta$，且 $\alpha\cap\beta=d$，于是根据直线和平面平行的性质定理 1(如果一条直线和一个已知平面平行，并且经过这条直线的平面和这个已知平面相交，那么这条直线与这两个平面的交线平行) 知直线 $c\parallel d$；

又直线 $c\parallel b$，且直线 d 与 b 都过点 A，而根据平行公理(在同一平面内，过直线外一点，有且只有一条直线和已知直线平行) 知直线 d 与 b 重合.

而由直线 $a\parallel c$ 及 $c\subset\beta$，于是根据直线和平面平行的判定定理 1(如果一个平面外的一条直线和这个平面内的一条直线平行，那么这条直线和这个平面平行) 知直线 $a\parallel$ 平面 β.

又 $a\subset\alpha$，且 $\alpha\cap\beta=d$，于是根据直线和平面平行的性质定理 1(如果一条直线和一个已知平面平行，并且经过这条直线的平面和这个已知平面相交，那么这条直线与这两个平面的交线平行) 知直线 $a\parallel d$，而直线 d 与 b 重合，故有 $a\parallel b$.

特别提醒

在这个命题的论证过程中，既利用了直线和平面平行的判定定理 1，又使用了直线和平面平行的性质定理 1，表明在空间几何中，要讨论直线与直线之间的平行关系，往往需要借助直线与平面之间的平行关系.

4.3 平面与平面的平行关系

1. 平面与平面的三种位置关系

借助对长方体的六个面、教室的六个墙面等平面与平面的位置关系的观察，容易发现在空间中，两个平面存在如下三种不同的位置关系：

两个平面平行（两个平面没有公共点，如图 4.10）、两个平面相交（两个平面有过公共点的一条直线）、两个平面重合（有不在同一直线上的三个公共点，从而这两个平面上的所有点都是它们的公共点）.

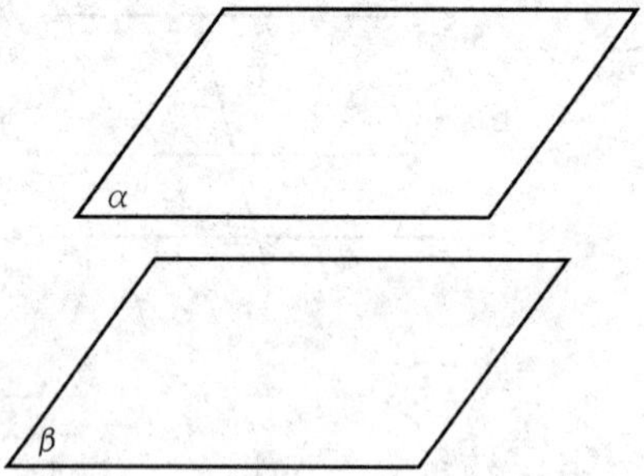

图 4.10

一般来说，我们通常不讨论两个平面重合这种位置关系，但如果所讨论的问题涉及两个平面的运动，比如将两个平行平面平行移动后，它们就可能重合在一起.

为了表示两个平面之间的平行关系，在画平面时表示这两个平面的平行四边形的对应边要相互平行，如图 4.10.

如图 4.10，平面 α 与平面 β 平行可以表示成平面 α // 平面 β.

下面讨论两个平面平行的判定与性质.

2. 两个平面平行的判定

两个平面平行的判定定理 1：如果一个平面内的两条相交直线都平行于另一个平面，那么这两个平面互相平行.

已知如图 4.11，直线 $a \subset \alpha$，直线 $b \subset \alpha$，且直线 $a \cap b = A$，直线 a // 平面 β，直线 b // 平面 β.

求证：平面 α // 平面 β.

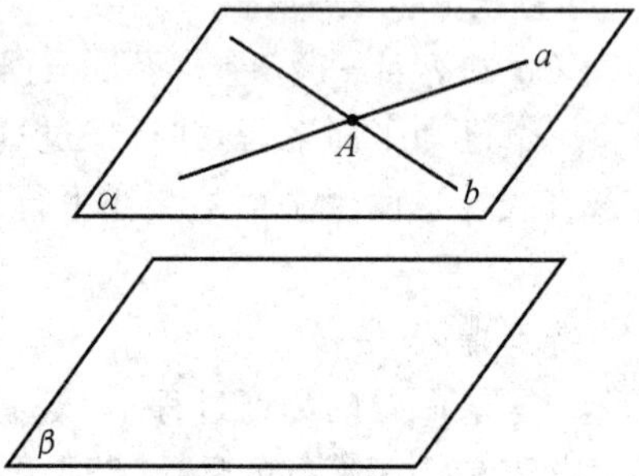

图 4.11

证明　由于直线 a // 平面 β，因此平面 α 与平面 β 不重合. 假设平面 α 与平面 β 相交，设其交线为直线 c；由于直线 a // 平面 β，且直线 $a \subset \alpha$，于是直线 a // 直线 c；同理，直线 b // 直线 c；于是，根据直线平行的传递关系知直线 a // 直线 b，这与已知条件直线 $a \cap b = A$ 矛盾，于是平面 α 与平面 β 不可能相交，即平面 α // 平面 β.

3. 平面与平面平行的性质

平面与平面平行的性质定理1：如果两个平行平面同时和第三个平面相交，那么这两条交线互相平行.

已知如图4.12，平面α // 平面β，且平面$\alpha \cap$ 平面$\gamma =$ 直线a，平面$\beta \cap$ 平面$\gamma =$ 直线b.

求证：直线a // 直线b.

证明　由于平面α // 平面β，因此平面α与平面β没有公共点，而平面$\alpha \cap$ 平面$\gamma =$ 直线a，平面$\beta \cap$ 平面$\gamma =$ 直线b，于是直线a与直线b也没有公共点，且直线a与直线b都在平面γ内，进而有直线a // 直线b.

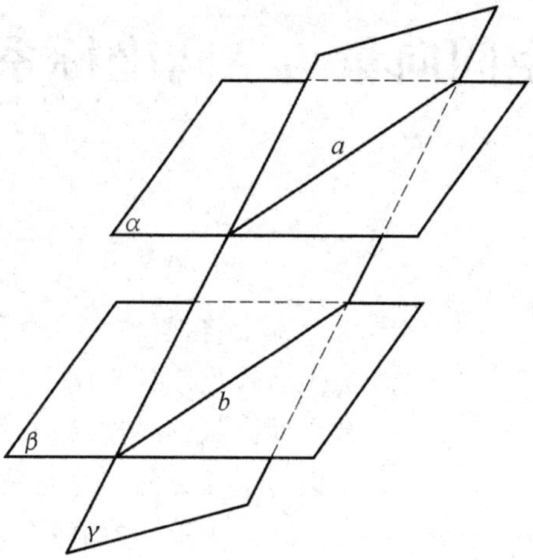

图4.12

4. 空间中两角相等的判定定理

为了后续课程中讨论两角相等的方便，在此引入判定两个角相等的一个命题.

空间两角相等的判定定理：如果一个角的两边分别与另一个角的两边平行，且方向相同，那么这两个角相等.

已知如图4.13，在$\angle AOB$和$\angle A'O'B'$中，OA // $O'A'$，OB // $O'B'$，且方向相同；

求证：$\angle AOB = \angle A'O'B'$.

证明　如图4.13，联结OO'，并取由O到O'的向量$\overrightarrow{OO'}$，现按向量$\overrightarrow{OO'}$平移，则点O被移动到O'，假设OA被平行移动到$O'A''$，于是OA // $O'A''$；假设OB被平行移动到$O'B''$.

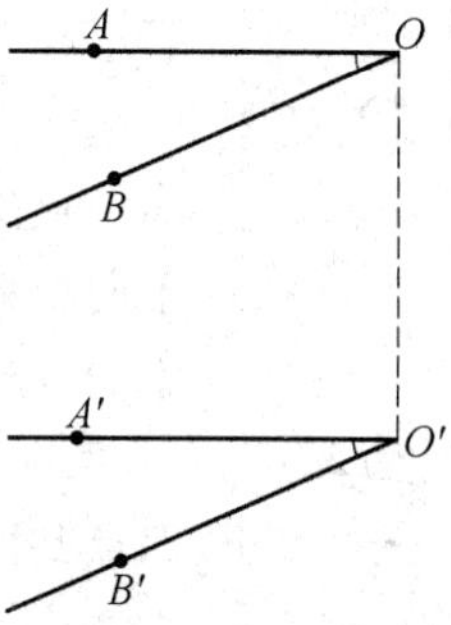

图4.13

这样，由OA // $O'A'$，OA // $O'A''$及平行公理（过直线外一点，有且只有一条直线与已知直线平行）知$O'A''$与$O'A'$必重合；同理，$O'B''$与$O'B'$也重合在一起，也就是说，$\angle AOB$沿向量$\overrightarrow{OO'}$平移后与$\angle A'O'B'$重合，因此$\angle AOB = \angle A'O'B'$.

第5章 空间向量与空间坐标系

本章将把第 2 章中所讨论的平面向量及其向量的加、减与数乘运算推广到空间上.本章中的相关内容的讨论将为后续章节借助向量的线性结构讨论空间中直线与直线、直线与平面、平面与平面之间的垂直关系奠定重要的认知基础.

在 5.1 节,我们将在平面向量的基础上,将相关概念、运算等推广到空间,在本节中将给出空间向量的定义、零向量、单位向量、负(相反)向量、共线向量与共面向量等概念,同时,借助由一点和两个不共线的向量确定一个平面的条件,类比平面向量基本(分解)定理给出了空间向量基本(分解)定理.空间向量的和、差、数乘运算及空间向量基本(分解)定理有效地揭示了空间向量所具有的线性结构.

在 5.2 节,我们将在引入空间直角坐标系后,不仅借助空间中点的坐标讨论空间中向量的坐标的计算,而且还将在讨论了向量的加、减、数乘运算中的坐标计算之后,进一步讨论空间中的线段的定比分点公式、两向量共线与三点共线的充要条件(在第 7 章 7.1 节也将借助向量的外积来讨论)、三向量共面与四点共面的充要条件(在第 7 章 7.2 节也将借助向量的混合积来讨论).

在 5.3 节,我们将讨论空间向量的内积及其运算律与内积的坐标运算.

5.1　空间向量及空间向量基本(分解)定理

1. 从平面向量到空间向量

和在平面中借助有向线段来表示向量一样，在空间中，依然借助有向线段来表示向量. 我们把在空间中用有向线段所表示的向量称为空间向量. 在此后的章节中，一般也将空间向量简称为向量.

和平面向量一样，也将长度相等、方向相同的有向线段所表示的向量称为相等向量. 和平面向量一样，也将有向线段$\overrightarrow{AB}$所表示的向量称作向量$\overrightarrow{AB}$.

和平面向量一样，将长度为零的向量称为零向量，也记作 $\mathbf{0}$；将长度为 1 的向量称为单位向量；将与非零向量 $\boldsymbol{a}$ 长度相等且方向相反的向量称为向量 $\boldsymbol{a}$ 的负向量或相反向量，记作 $-\boldsymbol{a}$. 零向量的负向量也是 $\mathbf{0}$，即 $-\mathbf{0}=\mathbf{0}$.

如果一组向量用过同一点的有向线段来表示时，它们在同一直线上，那么称这一组向量为共线向量，也说这组向量是共线的，否则，则称其为不共线向量.

类似地，如果一组向量用过同一点的有向线段来表示时，它们在同一平面上，那么称这一组向量为共面向量，有时也说这一组向量是共面的，或者称其为共面向量；否则，则称其为不共面向量.

如图 5.1，在正方体 $ABCD-A_1B_1C_1D_1$ 中，向量$\overrightarrow{B_1A_1}$与向量$\overrightarrow{CD}$共线；虽然直线 A_1B_1 与直线 DD_1 是异面直线，但向量$\overrightarrow{B_1A_1}$与向量$\overrightarrow{D_1D}$却是共面向量(这是因为$\overrightarrow{D_1D}=\overrightarrow{B_1B}$，而$\overrightarrow{B_1A_1}$与$\overrightarrow{B_1B}$均在平面 AB_1 内)，向量$\overrightarrow{B_1A_1}$，向量$\overrightarrow{B_1D_1}$，向量$\overrightarrow{B_1C_1}$是共面向量；但向量$\overrightarrow{B_1A_1}$，向量$\overrightarrow{B_1C_1}$与向量$\overrightarrow{B_1B}$却不是共面向量.

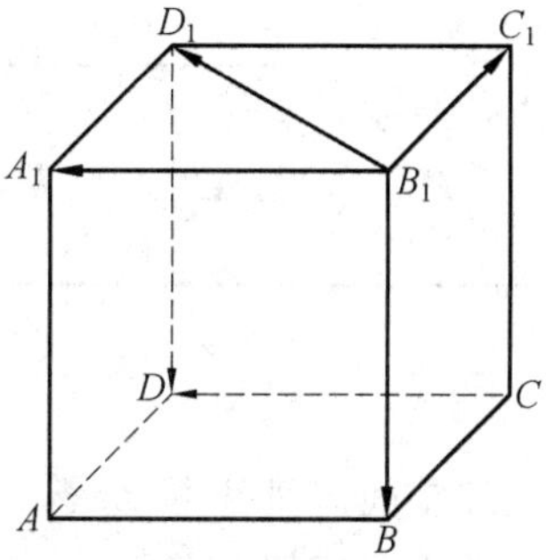

图 5.1

和前面讨论两个向量的和与差一样，在空间依然可以用三角形法则来讨论空间中向量的加法、减法，不共线的两个向量的和也可以用平行四边形法则来讨论.

也可以像前面讨论数乘向量一样来讨论空间向量的数乘运算，且和平面向量一样，在空间，向量 $\boldsymbol{a}$ 与非零向量 $\boldsymbol{b}$ 共线 $\Leftrightarrow$ 存在唯一实数 λ，使得 $\boldsymbol{a}=\lambda\boldsymbol{b}$.

事实上，我们一样可以证明空间向量的加法满足交换律、结合律等运算律，空间向量的数乘运算也满足相应的运算律，请参见第 2 章的相关部分. 限于篇幅，就不再在此一一列举了.

为了方便后续课程的讨论，和前面讨论平面上的直线方程一样，在空间我们可以借助空间直线的方向向量来确定直线：

如图 5.2，在正方体 $ABCD-A_1B_1C_1D_1$ 中，借助点 A_1 和向量 $\overrightarrow{B_1A_1}$ 可以确定直线 B_1A_1、借助 A_1 和向量 $\overrightarrow{D_1C_1}$ 也可以确定直线 B_1A_1.

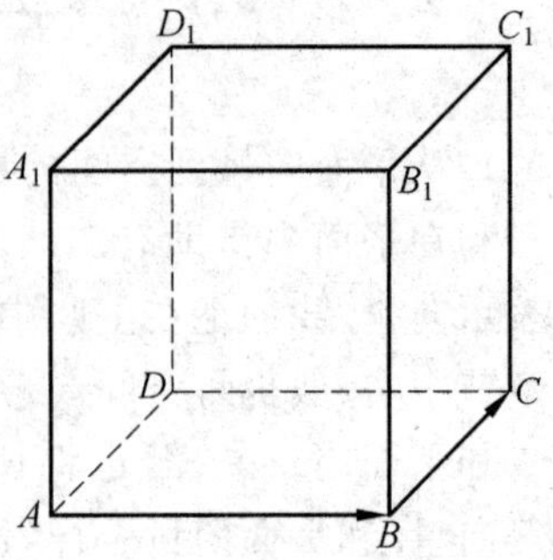

图 5.2

与此类似，在空间中，一个点和一个非零向量也确定一条直线，且称这个非零向量为这条直线的一个方向向量.

在第 1 章中，我们已经知道两条相交直线确定一个平面，于是不难理解下面借助向量来确定平面的方法.

如图 5.2，在长方体 $ABCD-A_1B_1C_1D_1$ 中，点 B 和向量$\overrightarrow{AB}$，向量$\overrightarrow{BC}$ 确定平面 $ABCD$，类似地，有：在空间中，一个点和经过该点的两个不共线的向量确定一个平面.

对于向量$\overrightarrow{AB}$，不论向量$\overrightarrow{AB}$ 所在的直线 AB 在平面 α（即直线 $AB\subset\alpha$，如图 5.3)，还是直线 AB 不在平面 α 内（即直线 AB // 平面 α，如图 5.4)，都称向量$\overrightarrow{AB}$ 平行于平面 α，记作$\overrightarrow{AB}$ // 平面 α.

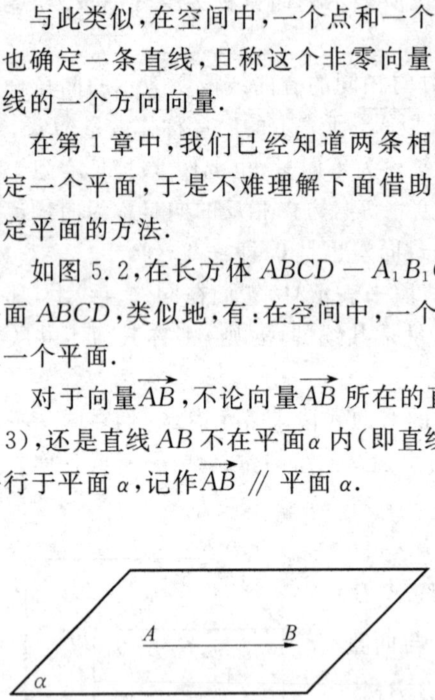

图 5.3

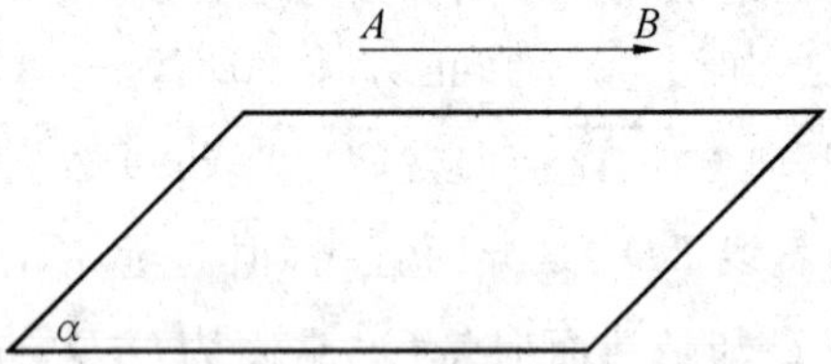

图 5.4

2. 空间向量基本（分解）定理

下面我们把第 1 章中所讨论过的平面向量基本（分解）定理推广到空间，即空间向量基本（分解）定理.

如图 5.5，在空间中任取不共面的三个定点向量$\overrightarrow{OA}$，$\overrightarrow{OB}$，$\overrightarrow{OC}$，设向量$\overrightarrow{OA}$，$\overrightarrow{OB}$ 所确定的平面为平面 α.

现任取一空间向量$\overrightarrow{OD}$，假定向量$\overrightarrow{OD}$ 在平面 α 外，在点 D 和向量$\overrightarrow{OC}$ 所确定的平面内，过 D 作 DE // OC，交平面 α 于 E.

于是，在平面 α 内借助平面向量基本（分解）定理，知存在实数 x，y 使得 $\overrightarrow{OE}=x\,\overrightarrow{OA}+y\,\overrightarrow{OB}$；由 DE // OC 知$\overrightarrow{ED}$ 与$\overrightarrow{OC}$ 共线，从而存在实数 z 使得$\overrightarrow{ED}=z\,\overrightarrow{OC}$.

于是，有向量$\overrightarrow{OD}=\overrightarrow{OE}+\overrightarrow{ED}=x\,\overrightarrow{OA}+y\,\overrightarrow{OB}+z\,\overrightarrow{OC}$.

如果点 D 在平面 α 内，那么向量$\overrightarrow{OD}$ 是平面 α 内的向量，此时取 $z=0$，则有$\overrightarrow{OD}=x\,\overrightarrow{OA}+y\,\overrightarrow{OB}+z\,\overrightarrow{OC}$ 依然成立.

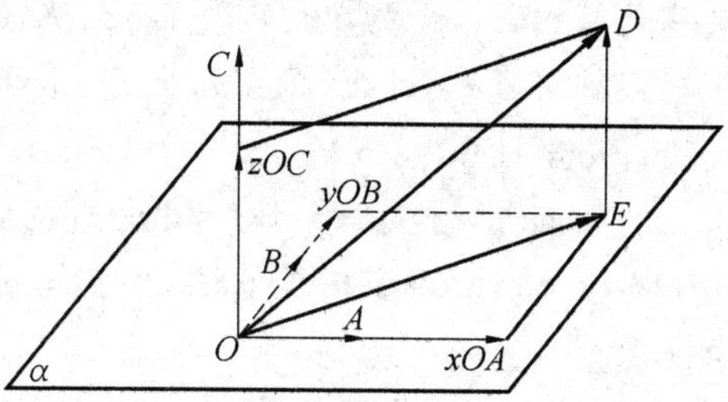

图 5.5

$\overrightarrow{OD}=x\,\overrightarrow{OA}+y\,\overrightarrow{OB}+z\,\overrightarrow{OC}$ 表明空间中任一向量$\overrightarrow{OD}$ 都能表示成不共面的三个向量$\overrightarrow{OA}$，$\overrightarrow{OB}$，$\overrightarrow{OC}$ 的一个线性组合，由平行线的唯一性知这样的组合也是唯一的.

上述事实，我们可以将其归纳为空间几何中的空间向量基本(分解) 定理：

空间中的任一向量$\overrightarrow{OD}$ 都可以唯一地表示成三个不共面的向量$\overrightarrow{OA}$，$\overrightarrow{OB}$，$\overrightarrow{OC}$ 的一个线性组合$\overrightarrow{OD}=x\,\overrightarrow{OA}+y\,\overrightarrow{OB}+z\,\overrightarrow{OC}$.

一般称向量$\overrightarrow{OA}$，$\overrightarrow{OB}$，$\overrightarrow{OC}$ 为空间的一个基向量，$\overrightarrow{OD}=x\,\overrightarrow{OA}+y\,\overrightarrow{OB}+z\,\overrightarrow{OC}$ 中的有序数对(x,y,z) 则称为向量$\overrightarrow{OD}$ 在基$\overrightarrow{OA}$，$\overrightarrow{OB}$，$\overrightarrow{OC}$ 下的坐标.

空间向量基本(分解) 定理表明在空间，向量依然保持平面上的向量所具有的线性结构.

3. 关于空间向量共面的讨论

向量 $\boldsymbol{a},\boldsymbol{b},\boldsymbol{c}$ 共面 $\Leftrightarrow$ 存在不全为零的实数 λ,μ,ν 使得$\lambda\boldsymbol{a}+\mu\boldsymbol{b}+\nu\boldsymbol{c}=0$.

先讨论必要性. 当向量 $\boldsymbol{a},\boldsymbol{b},\boldsymbol{c}$ 共面时：

(1) 若 $\boldsymbol{a},\boldsymbol{b}$ 不共线，则存在实数 λ,μ 使得 $\boldsymbol{c}=\lambda\boldsymbol{a}+\mu\boldsymbol{b}$，于是有 $\lambda\boldsymbol{a}+\mu\boldsymbol{b}+(-1)\boldsymbol{c}=\boldsymbol{0}$.

(2) 若 $\boldsymbol{a},\boldsymbol{b}$ 共线，则存在不全为零的实数 λ,μ 使得$\lambda\boldsymbol{a}+\mu\boldsymbol{b}=\boldsymbol{0}$，进而有 $\lambda\boldsymbol{a}+\mu\boldsymbol{b}+0\boldsymbol{c}=\boldsymbol{0}$.

现在讨论充分性，当存在不全为零的实数 λ,μ,ν 使得$\lambda\boldsymbol{a}+\mu\boldsymbol{b}+\nu\boldsymbol{c}=\boldsymbol{0}$ 时：

(1) 当 $\boldsymbol{a},\boldsymbol{b}$ 共线时，则由 $\lambda\boldsymbol{a}+\mu\boldsymbol{b}+\nu\boldsymbol{c}=\boldsymbol{0}$ 知 $\boldsymbol{a},\boldsymbol{b},\boldsymbol{c}$ 共线，于是 $\boldsymbol{a},\boldsymbol{b},\boldsymbol{c}$ 共面；

(2) 当 $\boldsymbol{a},\boldsymbol{b}$ 不共线，不妨设 $\nu\neq0$，则由 $\lambda\boldsymbol{a}+\mu\boldsymbol{b}+\nu\boldsymbol{c}=\boldsymbol{0}$ 可得 $\boldsymbol{c}=-\frac{\lambda}{\nu}\boldsymbol{a}+\left(-\frac{\mu}{\nu}\right)\boldsymbol{b}$，于是 $\boldsymbol{a},\boldsymbol{b},\boldsymbol{c}$ 共面.

5.2　空间坐标系及向量的坐标

1. 空间坐标系

在空间，取定点 O 为坐标原点，取不共面的一组基向量 $\boldsymbol{e}_1,\boldsymbol{e}_2,\boldsymbol{e}_3$ 为基底，如

果基向量 $\boldsymbol{e}_1,\boldsymbol{e}_2,\boldsymbol{e}_3$ 为单位向量，那么称 $\{O,\boldsymbol{e}_1,\boldsymbol{e}_2,\boldsymbol{e}_3\}$ 组成一个空间坐标系.

若基向量 $\boldsymbol{e}_1,\boldsymbol{e}_2,\boldsymbol{e}_3$ 为单位向量，且互相垂直，则称 $\{O,\boldsymbol{e}_1,\boldsymbol{e}_2,\boldsymbol{e}_3\}$ 组成一个空间直角坐标系.

当基向量 $\boldsymbol{e}_1,\boldsymbol{e}_2,\boldsymbol{e}_3$ 不互相垂直时，称 $\{O,\boldsymbol{e}_1,\boldsymbol{e}_2,\boldsymbol{e}_3\}$ 所组成的坐标系为空间仿射坐标系.

如图 5.6，如果基向量 $\boldsymbol{e}_1,\boldsymbol{e}_2,\boldsymbol{e}_3$ 依次按右手的大拇指、食指、中指的顺序排列，则称这样的坐标系为右手坐标系.

若基向量 $\boldsymbol{e}_1,\boldsymbol{e}_2,\boldsymbol{e}_3$ 按左手的大拇指、食指、中指的顺序排列，则称这样的坐标系为左手坐标系. 如图 5.7、图 5.8 中的坐标系均为右手坐标系.

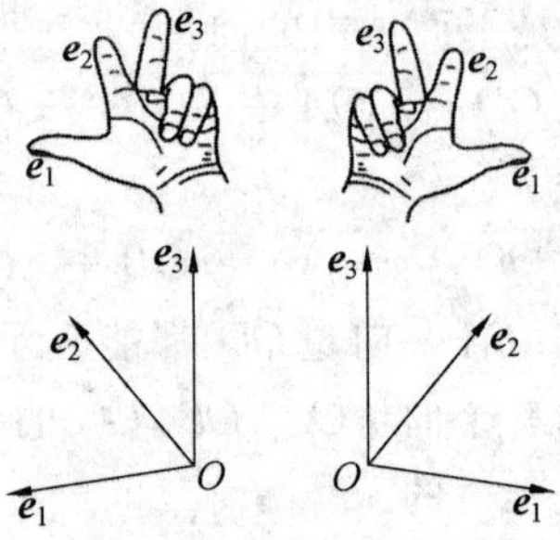

图 5.6

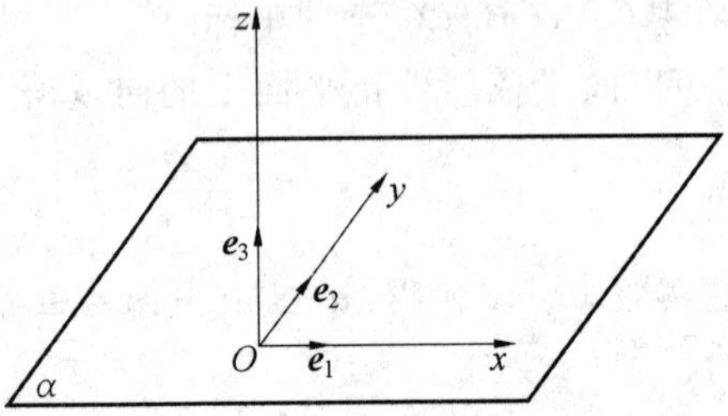

图 5.7

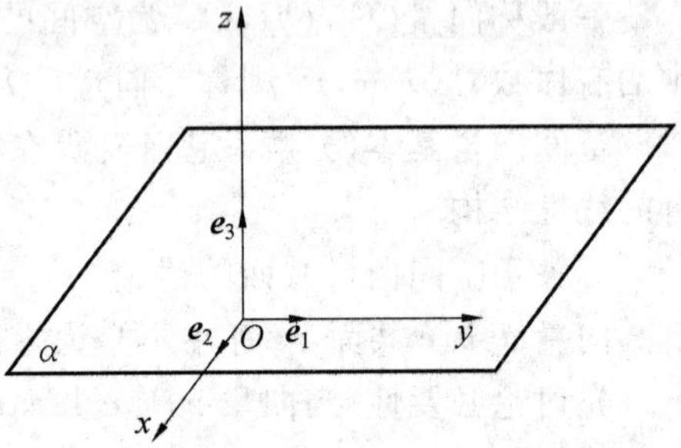

图 5.8

2. 空间向量的坐标

对于 $\{O,\boldsymbol{e}_1,\boldsymbol{e}_2,\boldsymbol{e}_3\}$ 所确定的坐标系来说，空间中任一点 P，向量 $\overrightarrow{OP}$ 称为点 P 的位置向量，借助基向量 $\boldsymbol{e}_1,\boldsymbol{e}_2,\boldsymbol{e}_3$，向量 $\overrightarrow{OP}$ 能唯一表示为 $\overrightarrow{OP}=x\boldsymbol{e}_1+y\boldsymbol{e}_2+z\boldsymbol{e}_3$，则称有序数对 (x,y,z) 为点 P 在坐标系 $\{O,\boldsymbol{e}_1,\boldsymbol{e}_2,\boldsymbol{e}_3\}$ 中的坐标，记作 (x,y,z) 或 $P(x,y,z)$.

3. 空间向量的坐标运算

(1) 点的坐标及向量的坐标

若 $\overrightarrow{AB}$ 的始点 A 的坐标为 $A(x_1,y_1,z_1)$、终点 B 的坐标为 $B(x_2,y_2,z_2)$，则由 $\overrightarrow{AB}=\overrightarrow{OB}-\overrightarrow{OA}$ 知 $\overrightarrow{AB}$ 坐标是 $\overrightarrow{AB}=(x_2,y_2,z_2)-(x_1,y_1,z_1)=(x_2-x_1,y_2-y_1,z_2-z_1)$，即 $\overrightarrow{AB}=(x_2-x_1,y_2-y_1,z_2-z_1)$.

(2) 向量的加、减及数乘向量的坐标

若向量 $\boldsymbol{a}=(x_1,y_1,z_1)$，向量 $\boldsymbol{b}=(x_2,y_2,z_2)$，则向量 $\boldsymbol{a}+\boldsymbol{b}=(x_1+x_2,$

$y_1+y_2, z_1+z_2)$，向量 $\boldsymbol{a}-\boldsymbol{b}=(x_1-x_2, y_1-y_2, z_1-z_2)$，对于实数 λ，$\lambda\boldsymbol{a}=\lambda(x_1, y_1, z_1)=(\lambda x_1, \lambda y_1, \lambda z_1)$.

(3) 两向量共线的充要条件

两个非零向量 $\boldsymbol{a}=(x_1, y_1, z_1)$，$\boldsymbol{b}=(x_2, y_2, z_2)$ 共线 $\Leftrightarrow \dfrac{x_1}{x_2}=\dfrac{y_1}{y_2}=\dfrac{z_1}{z_2}$.

若其中一个坐标为零，不妨设 $z_1=0$，则与之对应的坐标 z_2 也为零，即 $z_2=0$，于是，当 $\dfrac{x_1}{x_2}=\dfrac{y_1}{y_2}$ 时，向量 $\boldsymbol{a}=(x_1, y_1, z_1)$，$\boldsymbol{b}=(x_2, y_2, z_2)$ 共线.

若其中两个坐标为零，不妨设 $y_1=0$，$z_1=0$，则与之对应的坐标 y_2，z_2 也为零，即 $y_2=0$，$z_2=0$，向量 $\boldsymbol{a}=(x_1, y_1, z_1)$，$\boldsymbol{b}=(x_2, y_2, z_2)$ 就自然共线了.

(4) 三点共线的充要条件

借助空间两非零向量共线的充要条件，容易得到：空间中的三点 $A(x_1, y_1, z_1)$，$B(x_2, y_2, z_2)$，$C(x_3, y_3, z_3)$ 共线 $\Leftrightarrow \dfrac{x_2-x_1}{x_3-x_1}=\dfrac{y_2-y_1}{y_3-y_1}=\dfrac{z_2-z_1}{z_3-z_1}$.

事实上，由 $A(x_1, y_1, z_1)$，$B(x_2, y_2, z_2)$，$C(x_3, y_3, z_3)$ 可得向量 $\overrightarrow{AB}=(x_2-x_1, y_2-y_1, z_2-z_1)$，$\overrightarrow{AC}=(x_3-x_1, y_3-y_1, z_3-z_1)$，于是有空间中的三点 $A(x_1, y_1, z_1)$，$B(x_2, y_2, z_2)$，$C(x_3, y_3, z_3)$ 共线 $\Leftrightarrow \overrightarrow{AB}$，$\overrightarrow{AC}$ 共线 $\Leftrightarrow \dfrac{x_2-x_1}{x_3-x_1}=\dfrac{y_2-y_1}{y_3-y_1}=\dfrac{z_2-z_1}{z_3-z_1}$.

(5) 空间三向量共面的充要条件

空间向量 $\boldsymbol{a}=(x_1, y_1, z_1)$，$\boldsymbol{b}=(x_2, y_2, z_2)$，$\boldsymbol{c}=(x_3, y_3, z_3)$ 共面 $\Leftrightarrow \begin{vmatrix} x_1 & y_1 & z_1 \\ x_2 & y_2 & z_2 \\ x_3 & y_3 & z_3 \end{vmatrix}=0$.

事实上，根据平面向量基本(分解)定理，向量 $\boldsymbol{a}, \boldsymbol{b}, \boldsymbol{c}$ 共面的充要条件是存在不全为零的实数 λ, μ, ν 使得 $\lambda\boldsymbol{a}+\mu\boldsymbol{b}+\nu\boldsymbol{c}=\boldsymbol{0}$，于是有方程组 $\begin{cases} \lambda x_1+\mu x_2+\nu x_3=0 \\ \lambda y_1+\mu y_2+\nu y_3=0 \\ \lambda z_1+\mu z_2+\nu z_3=0 \end{cases}$. 而此方程组中的未知数 λ, μ, ν 不全为零，即此方程有非零解，根据第 1 章 1.3 节中关于齐次线性方程组有非零解的充要条件知该方程组所对应的系数行列式 $\begin{vmatrix} x_1 & y_1 & z_1 \\ x_2 & y_2 & z_2 \\ x_3 & y_3 & z_3 \end{vmatrix}=0$.

(6) 四点共面的充要条件

借助空间三向量共面的充要条件，容易得到：空间中的四点 $A(x_1, y_1, z_1)$，

$B(x_2,y_2,z_2),C(x_3,y_3,z_3),D(x_4,y_4,z_4)$ 共面

$$\Leftrightarrow\begin{vmatrix} x_2-x_1 & y_2-y_1 & z_2-z_1 \\ x_3-x_1 & y_3-y_1 & z_3-z_1 \\ x_4-x_1 & y_4-y_1 & z_4-z_1 \end{vmatrix}=0$$

事实上，由 $A(x_1,y_1,z_1),B(x_2,y_2,z_2),C(x_3,y_3,z_3),D(x_4,y_4,z_4)$ 知 $\overrightarrow{AB}=(x_2-x_1,y_2-y_1,z_2-z_1)$，$\overrightarrow{AC}=(x_3-x_1,y_3-y_1,z_3-z_1)$，$\overrightarrow{AD}=(x_4-x_1,y_4-y_1,z_4-z_1)$，故空间中的四点 $A(x_1,y_1,z_1),B(x_2,y_2,z_2),C(x_3,y_3,z_3),D(x_4,y_4,z_4)$ 共面

$$\Leftrightarrow\overrightarrow{AB},\overrightarrow{AC},\overrightarrow{AD}\text{ 共面}\Leftrightarrow\begin{vmatrix} x_2-x_1 & y_2-y_1 & z_2-z_1 \\ x_3-x_1 & y_3-y_1 & z_3-z_1 \\ x_4-x_1 & y_4-y_1 & z_4-z_1 \end{vmatrix}=0$$

(7) 空间中线段定比分点公式

在第2章2.4节中，线段的定比分点公式在空间中依然成立：

如图5.9，若 A,B 是直线 l 上的任意两点，O 是直线 l 外任一点，P 为直线 l 上的点，则点 P 在直线 l 上，且存在实数 t 使得 $\overrightarrow{AP}=t\overrightarrow{AB}\Leftrightarrow\overrightarrow{OP}=(1-t)\overrightarrow{OA}+t\overrightarrow{OB}$.

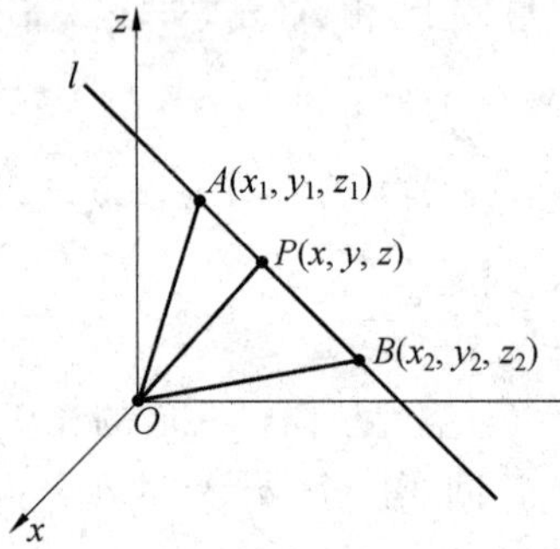

图 5.9

已知 $A(x_1,y_1,z_1),B(x_2,y_2,z_2)$ 的坐标时，代入上式，即可求得与其相对应的点 P 的坐标，$\overrightarrow{OP}=(1-t)\overrightarrow{OA}+t\overrightarrow{OB}=(1-t)\cdot(x_1,y_1,z_1)+t(x_2,y_2,z_2)=((1-t)x_1+tx_2,(1-t)y_1+ty_2,(1-t)z_1+tz_2)$.

如图5.9，若 A,B 是直线 l 上的任意两点，且 O 是直线 l 外任一点，则点 P 在直线 l 上，且存在实数 λ，使得 $\overrightarrow{AP}=\lambda\overrightarrow{PB}\Leftrightarrow\overrightarrow{OP}=\frac{1}{1+\lambda}\overrightarrow{OA}+\frac{\lambda}{1+\lambda}\overrightarrow{OB}$.

在坐标系 xOy 中，当 $\overrightarrow{OA}=(x_1,y_1,z_1)$，$\overrightarrow{OB}=(x_2,y_2,z_2)$ 时，则有

$$\overrightarrow{OP}=\frac{1}{1+\lambda}\overrightarrow{OA}+\frac{\lambda}{1+\lambda}\overrightarrow{OB}=\frac{1}{1+\lambda}(x_1,y_1,z_1)+\frac{\lambda}{1+\lambda}(x_2,y_2,z_2)$$

$$=\left(\frac{1}{1+\lambda}x_1+\frac{\lambda}{1+\lambda}x_2,\frac{1}{1+\lambda}y_1+\frac{\lambda}{1+\lambda}y_2,\frac{1}{1+\lambda}z_1+\frac{\lambda}{1+\lambda}z_2\right)$$

5.3　空间向量的内积

1. 空间向量的内积

对于空间向量来说，空间向量的内积运算同平面向量的内积运算没有本质的差别，唯一不同之处，空间向量是三维的，而平面向量仅是二维的.

两个向量 $\boldsymbol{a},\boldsymbol{b}$ 的夹角 $<\boldsymbol{a},\boldsymbol{b}>$ 依然遵循 $<\boldsymbol{a},\boldsymbol{b}>\in[0,\pi]$，且 $<\boldsymbol{a},\boldsymbol{b}>=<\boldsymbol{b},\boldsymbol{a}>$；

称 $|\boldsymbol{a}||\boldsymbol{b}|\cos<\boldsymbol{a},\boldsymbol{b}>$ 为向量 $\boldsymbol{a},\boldsymbol{b}$ 的内积 $\boldsymbol{a}\cdot\boldsymbol{b}$，且 $|\boldsymbol{a}|=\sqrt{\boldsymbol{a}\cdot\boldsymbol{a}}$；$\cos<\boldsymbol{a},\boldsymbol{b}>=\dfrac{\boldsymbol{a}\cdot\boldsymbol{b}}{|\boldsymbol{a}||\boldsymbol{b}|}$，其中 $\boldsymbol{a}\neq\boldsymbol{0},\boldsymbol{b}\neq\boldsymbol{0}$；$\boldsymbol{a}\perp\boldsymbol{b}\Leftrightarrow\boldsymbol{a}\cdot\boldsymbol{b}=\boldsymbol{0}$.

2. 向量内积的运算律

(1) 交换律：$\boldsymbol{a}\cdot\boldsymbol{b}=\boldsymbol{b}\cdot\boldsymbol{a}$；

(2) 线性结合律：$(k\boldsymbol{a})\cdot\boldsymbol{b}=k(\boldsymbol{a}\cdot\boldsymbol{b})$；

(3) 分配律：$(\boldsymbol{a}+\boldsymbol{b})\cdot\boldsymbol{c}=\boldsymbol{a}\cdot\boldsymbol{c}+\boldsymbol{b}\cdot\boldsymbol{c}$；

(4) 非负性：$\boldsymbol{a}\cdot\boldsymbol{a}\geqslant 0$，当且仅当 $\boldsymbol{a}=\boldsymbol{0}$ 时，$\boldsymbol{a}\cdot\boldsymbol{a}=0$.

3. 空间向量的内积的坐标运算

三维空间向量与二维平面向量在运用坐标进行运算时，要注意二者之间的差异. 在空间坐标系 $\{O,\boldsymbol{e}_1,\boldsymbol{e}_2,\boldsymbol{e}_3\}$ 中，若向量 $\boldsymbol{a}=(x_1,y_1,z_1)$，$\boldsymbol{b}=(x_2,y_2,z_2)$，则

$$\begin{aligned}\boldsymbol{a}\cdot\boldsymbol{b}&=(x_1\boldsymbol{e}_1+y_1\boldsymbol{e}_2+z_1\boldsymbol{e}_3)\cdot(x_2\boldsymbol{e}_1+y_2\boldsymbol{e}_2+z_2\boldsymbol{e}_3)\\&=x_1x_2\boldsymbol{e}_1\cdot\boldsymbol{e}_1+x_1y_2\boldsymbol{e}_1\cdot\boldsymbol{e}_2+x_1z_2\boldsymbol{e}_1\cdot\boldsymbol{e}_3+x_2y_1\boldsymbol{e}_1\cdot\boldsymbol{e}_2+y_1y_2\boldsymbol{e}_2\cdot\boldsymbol{e}_2+\\&\quad y_1z_2\boldsymbol{e}_2\cdot\boldsymbol{e}_3+x_2z_1\boldsymbol{e}_1\cdot\boldsymbol{e}_3+y_2z_1\boldsymbol{e}_2\cdot\boldsymbol{e}_3+z_1z_2\boldsymbol{e}_3\cdot\boldsymbol{e}_3\\&=x_1x_2|\boldsymbol{e}_1|^2+(x_1y_2+x_2y_1)\boldsymbol{e}_1\cdot\boldsymbol{e}_2+(x_1z_2+x_2z_1)\boldsymbol{e}_1\cdot\boldsymbol{e}_3+\\&\quad y_1y_2|\boldsymbol{e}_2|^2+(y_1z_2+y_2z_1)\boldsymbol{e}_2\cdot\boldsymbol{e}_3+z_1z_2|\boldsymbol{e}_3|^2\end{aligned}$$

特别地，当基向量 $\boldsymbol{e}_1,\boldsymbol{e}_2,\boldsymbol{e}_3$ 两两垂直时，有 $\boldsymbol{a}\cdot\boldsymbol{b}=x_1x_2+y_1y_2+z_1z_2$.

特别提醒

当先选择的基向量为单位向量，且互相垂直时，是有利于计算的. 但也不能完全局限于此，在解决问题的时候，要依据问题的方便来选择，有时利用仿射坐标系也很方便. 这是因为在仿射坐标系中往往比在直角坐标系更容易确定相关的点或向量的坐标.

空间直线、平面之间的垂直关系

第6章

本章在讨论的过程中，将借助向量的线性结构来讨论直线与平面、平面与平面之间的一系列垂直、平行关系的判定与性质.

在6.1节，我们将介绍异面直线所成的角及异面直线之间的垂直关系与异面直线之间的距离等基本概念.

在6.2节，我们借助向量的线性结构不仅讨论了直线与平面垂直的判定、直线与平面垂直的性质，而且进一步讨论了两个平面平行的判定及直线与平面平行的性质等一系列命题，彰显了向量的线性结构在论证过程中的威力. 并在此基础上介绍了点到平面的距离、直线与平面的距离、两个平面之间的距离等相关的距离概念.

在6.3节，我们将讨论直线与平面所成的角及三垂线定理，特别地，强调了“三余弦定理”.

在6.4节，我们在引入二面角及其平面角的基础上讨论了两个平面之间的垂直关系的判定与性质，进一步彰显了向量的线性结构在论证过程中的威力.

6.1 异面直线所成的角及异面直线间的垂直

1.异面直线所成的角

在第3章3.4节，我们把同一平面内，两条直线的方向向量所形成的角中不大于$\frac{\pi}{2}$的角称为这两条直线的夹角，且约定平行或重合的两条直线之间的夹角为0.

同一平面内的两条直线之间的夹角，也可以推广到空间.

在空间中，两条直线的方向向量所形成的角中，不大于$\frac{\pi}{2}$的角也称为空间中这两条直线的夹角；同样，也规定空间中平行或重合的两条直线之间的夹角为 0.

同一平面内的两条直线之间的夹角，借助平面向量及其内积我们已经有了很好的理解，下面我们来讨论空间中两条异面直线之间的夹角.

如图 6.1，在正方体 $ABCD-A_1B_1C_1D_1$ 中，异面直线 AD 与 A_1B_1 所成的角是多大呢?

事实上，取直线 AD 的一个方向向量$\overrightarrow{AD}$，取直线 A_1B_1 的一个方向向量$\overrightarrow{A_1B_1}$，由于$\overrightarrow{A_1B_1}=\overrightarrow{AB}$，因此，异面直线 AD 与 A_1B_1 所成的角$=<\overrightarrow{AD},\overrightarrow{A_1B_1}>=<\overrightarrow{AD},\overrightarrow{AB}>=\angle DAB=\frac{\pi}{2}$.

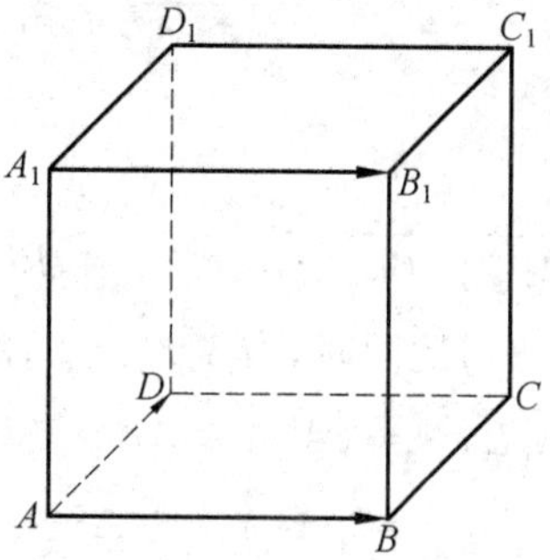

图 6.1

2. 异面直线之间的垂直

在空间，当两条直线所成的角为$\frac{\pi}{2}$时，也称这两条直线互相垂直.

特别提醒

在空间，当两条直线互相垂直时，这两条直线可能是同一个平面内的两条相交直线之间的垂直，也可能是空间中的两条异面直线之间的垂直.

3. 异面直线间的距离

如图 6.1，直线 AD 与直线 A_1B_1 是异面直线，直线 AA_1 不仅与直线 AD 垂直，而且也与直线 A_1B_1 垂直. 像这样，在空间中，与两条异面直线都垂直相交的直线叫作这两条异面直线的公垂线，夹在这两条异面直线之间的线段叫作这两条异面直线的公垂线段，这条公垂线段的长度称为这两条异面直线的距离.

如图 6.2，直线 m,n 为异面直线，且它们所成角为 θ，过 A 作直线 $n' \parallel$ 直线 n，则直线 m 与直线 n' 之间的夹角为 θ.

现假定直线 AB 为异面直线 m,n 之间的公垂线，且交直线 m 于 A、交直线 n 于 B，公垂线段 AB 用 d 表示. 在直线 m 上截取 $AA_1=a$，在直线 n 上截取 $BB_1=b$，联结 A_1B_1，并假定 $A_1B_1=c$.

于是，一方面，由 $AB\perp AA_1$ 知$\overrightarrow{AB}\cdot\overrightarrow{A_1A}=0$，由 $AB\perp BB_1$ 知$\overrightarrow{AB}\cdot\overrightarrow{BB_1}=0$；另一方面，由于异面直线 m,n 之间的夹角为 θ，故$\overrightarrow{A_1A}\cdot\overrightarrow{BB_1}=|\overrightarrow{A_1A}||\overrightarrow{BB_1}|\cos<\overrightarrow{A_1A},\overrightarrow{BB_1}>$；在图 6.2(a) 中，则$\overrightarrow{A_1A}\cdot\overrightarrow{BB_1}=|\overrightarrow{A_1A}||\overrightarrow{BB_1}|\cos<\overrightarrow{A_1A},\overrightarrow{BB_1}>=ab\cos\theta$；而在图 6.2(b) 中，$\overrightarrow{A_1A}\cdot\overrightarrow{BB_1}=$

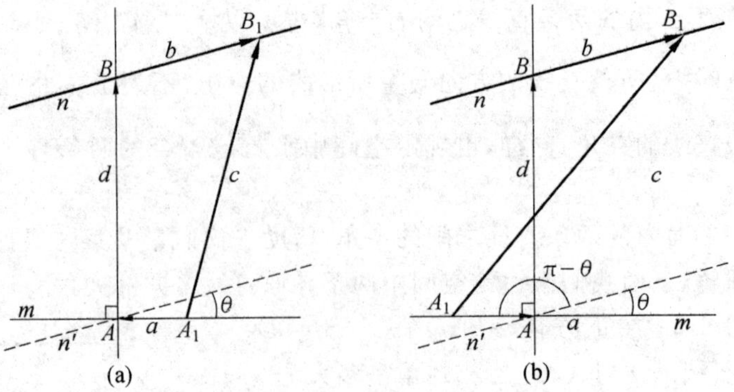

图 6.2

$|\overrightarrow{A_1A}||\overrightarrow{BB_1}|\cos<\overrightarrow{A_1A},\overrightarrow{BB_1}>=ab\cos(\pi-\theta)=-ab\cos\theta.$

与此同时，由$\overrightarrow{A_1B_1}=\overrightarrow{A_1A}+\overrightarrow{AB}+\overrightarrow{BB_1}$及向量的内积，有

$$\begin{aligned}|\overrightarrow{A_1B_1}|^2&=(\overrightarrow{A_1A}+\overrightarrow{AB}+\overrightarrow{BB_1})\cdot(\overrightarrow{A_1A}+\overrightarrow{AB}+\overrightarrow{BB_1})\\&=|\overrightarrow{A_1A}|^2+\overrightarrow{AB}\cdot\overrightarrow{A_1A}+\overrightarrow{BB_1}\cdot\overrightarrow{A_1A}+\overrightarrow{A_1A}\cdot\overrightarrow{AB}+|\overrightarrow{AB}|^2+\\&\quad\overrightarrow{BB_1}\cdot\overrightarrow{AB}+\overrightarrow{A_1A}\cdot\overrightarrow{BB_1}+\overrightarrow{AB}\cdot\overrightarrow{BB_1}+|\overrightarrow{BB_1}|^2\\&=|\overrightarrow{A_1A}|^2+|\overrightarrow{AB}|^2+|\overrightarrow{BB_1}|^2+2\overrightarrow{A_1A}\cdot\overrightarrow{BB_1}\end{aligned}$$

如图 6.2(a)，则有 $c^2=a^2+d^2+b^2+2ab\cos\theta$，进而有 $d^2=c^2-(a^2+b^2+2ab\cos\theta)$，于是 $d=\sqrt{c^2-(a^2+b^2+2ab\cos\theta)}$；

如图 6.2(b)，则有 $c^2=a^2+d^2+b^2-2ab\cos\theta$，进而有 $d^2=c^2-(a^2+b^2-2ab\cos\theta)$，于是 $d=\sqrt{c^2-(a^2+b^2-2ab\cos\theta)}$.

特别提醒

(1) 针对具体问题求两条异面直线的距离时，可能需要借助图 6.2(a)，也可能借助图 6.2(a)，这要根据具体问题的实际情况来确定.

(2) 我们还将在 8.4 节借助向量的混合积给出一种求异面直线的另一种方法，请大家比较这两种方法的异同，并根据自身的经验或问题背景合理选择.

6.2 直线与平面的垂直

1. 直线和平面垂直

如图 6.3，当我们把一个直角三角板 ABC 的一条直角边 BC 紧贴桌面后，以另一条直角边 AB 为轴转动时，不论这个三角板转动到什么位置，边 AB 所在的直线与边 BC 所在的直线都互相垂直. 数学上把边 AB 所在的直线与桌面之间的这种位置关系称为直线与平面间的垂直关系.

如果一条直线和一个平面内的任何一条直线都垂直，那么称这条直线和这个平面互相垂直. 这条直线叫作这个平面的垂线，这个平面叫作这条直线的垂面. 如图 6.4，直线 a 与平面 α 垂直，记作直线 $a\perp$ 平面 α 于 A，其中 A 称为垂足.

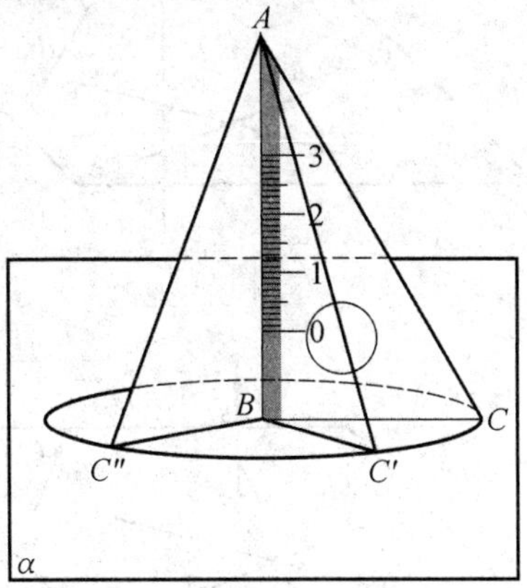

图 6.3

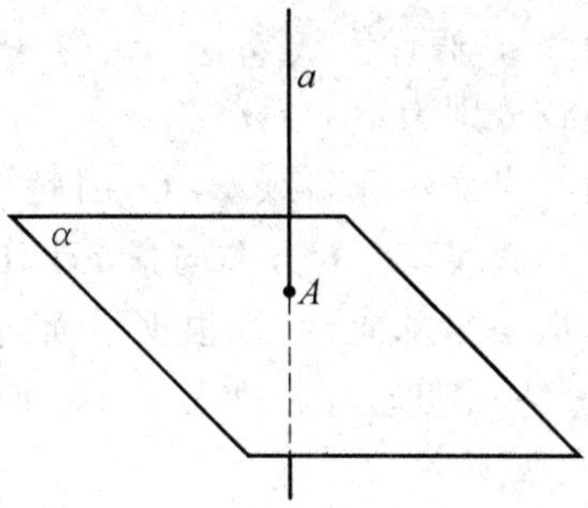

图 6.4

2. 直线和平面垂直的唯一性

在初中数学中，我们已经知道：在同一平面内，过一点有且只有一条直线与已知直线垂直. 与此类似，直线和平面垂直时，直线与平面之间也存在着与此类似的唯一性：

过一个已知平面上的任一点，有且只有一条直线与这个已知平面垂直；

过一条已知直线上的任一点，有且只有一个平面与这条已知直线垂直.

特别提醒

为了能够更好地体现直线和平面的垂直关系，在画直线和平面垂直时，建议把直线画成和表示平面的平行四边形的横边垂直，如图 6.3.

3. 直线和平面垂直的判定定理

从上面直线和平面垂直的定义我们发现，如果借助定义去判定直线和平面垂直，就需要论证这条直线和这个平面内的任何一条直线都垂直. 怎样才能做到使这条直线与平面内的任何一条直线都垂直呢？

在 3.4 节和 6.1 节中，讨论平面内两条直线互相垂直时，我们使用了向量的线性结构，是借助判定这两条直线的一个方向向量互相垂直来判定这两条直线互相垂直的. 与此类似，在空间中，我们也可以使用空间向量的线性结构，将直线与平面的垂直的判定转化为该直线的一个方向向量与这个平面内的一组不共线的向量所表示的任一向量都互相垂直来讨论，这样就和直线与平面垂直的定义中所要求的“这条直线垂直于这个平面内的任何一条直线”一致了.

直线和平面垂直的判定定理：如果一条直线和一个平面内的两条相交直线

都垂直，那么这条直线和这个平面互相垂直.

已知如图 6.5，直线 $a \subset$ 平面 α，直线 $b \subset$ 平面 α，且直线 $a \cap$ 直线 $b = O$；直线 $c \perp$ 直线 a，且直线 $c \perp$ 直线 b；

求证：直线 $c \perp$ 平面 α.

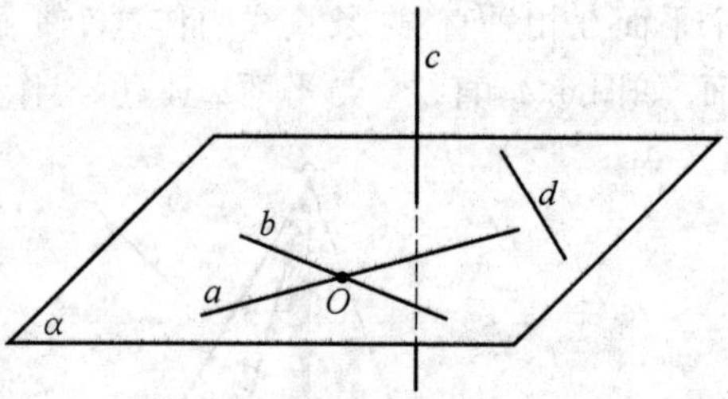

图 6.5

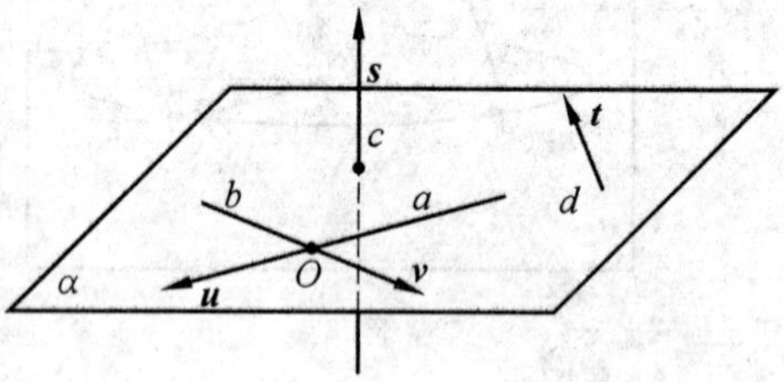

图 6.6

证明　如图 6.6，在平面 α 内任取一条直线 d，假设直线 a,b,c,d 的一个方向向量分别为 $\boldsymbol{u},\boldsymbol{v},\boldsymbol{s},\boldsymbol{t}$.

由于直线 $a \cap$ 直线 $b = O$，因此，我们可以选直线 a,b 的方向向量 $\boldsymbol{u},\boldsymbol{v}$ 作为平面 α 的一组基向量，则根据平面向量基本（分解）定理，存在实数 k_1,k_2 使得 $\boldsymbol{t} = k_1\boldsymbol{u} + k_2\boldsymbol{v}$.

于是，由直线 $c \perp$ 直线 a 知 $\boldsymbol{s} \perp \boldsymbol{u}$，进而有 $\boldsymbol{s}\cdot\boldsymbol{u} = 0$；同理，有 $\boldsymbol{s}\cdot\boldsymbol{v} = 0$；

这样，用向量 $\boldsymbol{s}$ 同时在 $\boldsymbol{t} = k_1\boldsymbol{u} + k_2\boldsymbol{v}$ 的两边做内积，则有 $\boldsymbol{t}\cdot\boldsymbol{s} = (k_1\boldsymbol{u} + k_2\boldsymbol{v})\cdot\boldsymbol{s}$，进而有 $\boldsymbol{t}\cdot\boldsymbol{s} = k_1\boldsymbol{u}\cdot\boldsymbol{s} + k_2\boldsymbol{v}\cdot\boldsymbol{s} = 0$，于是有 $\boldsymbol{t} \perp \boldsymbol{s}$，即直线 $c \perp$ 直线 d；而直线 d 为平面 α 内的任一条直线，故根据直线和平面垂直的定义知直线 $c \perp$ 平面 α.

特别提醒

在这个命题的论证过程中，借助平面向量基本（分解）定理有效地解决了难于处理的“与平面内的任一直线都垂直”的困难.

4. 直线和平面垂直的性质定理

直线和平面垂直的性质定理 1：如果两条平行直线中的一条直线垂直于一个平面，那么另一条直线也垂直于这个平面.

已知如图 6.7，直线 $a \parallel$ 直线 b，直线 $a \perp$ 平面 α；

求证：直线 $b \perp$ 平面 α.

证明　如图 6.8，在平面 α 内任取一条直线 c，假设直线 a,b,c 的一个方向向量分别为 $\boldsymbol{u},\boldsymbol{v},\boldsymbol{s}$.

由直线 $a \parallel$ 直线 b 知存在实数 k 使得 $\boldsymbol{v} = k\boldsymbol{u}$.

由直线 $a \perp$ 平面 α 及直线 $c \subset$ 平面 α 知直线 $a \perp$ 直线 c，进而有 $\boldsymbol{u} \perp \boldsymbol{s}$，于是 $\boldsymbol{u}\cdot\boldsymbol{s} = 0$；

这样，用向量 $\boldsymbol{s}$ 同时在 $\boldsymbol{v} = k\boldsymbol{u}$ 的两边做内积，有 $\boldsymbol{v}\cdot\boldsymbol{s} = (k\boldsymbol{u})\cdot\boldsymbol{s} = k\boldsymbol{u}\cdot\boldsymbol{s} = 0$，进而有 $\boldsymbol{v} \perp \boldsymbol{s}$，即直线 $b \perp$ 直线 c，而直线 c 为平面 α 内的任一条直线，故根据直线和平面垂直的定义知直线 $b \perp$ 平面 α.

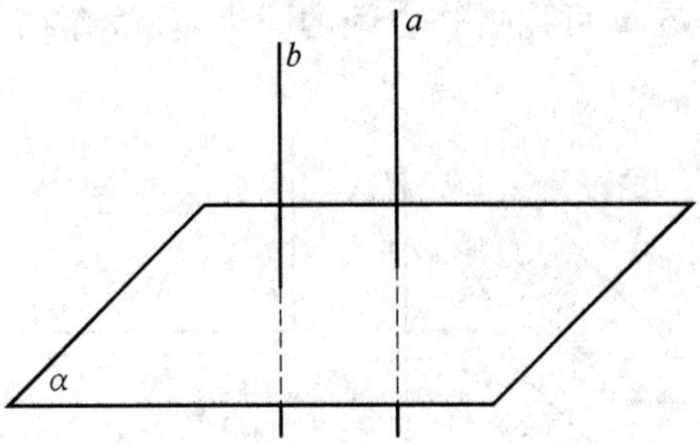

图 6.7

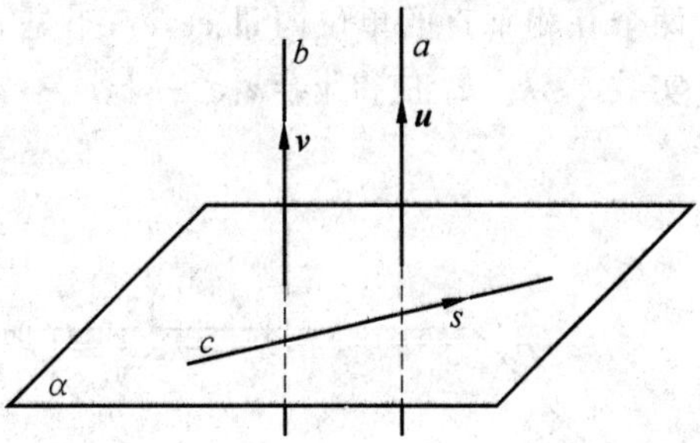

图 6.8

直线和平面垂直的性质定理 2：如果一条直线垂直于两个平行平面中的一个平面，那么这一条直线也垂直于另一个平面.

已知如图 6.9，平面 α // 平面 β，且直线 $a \perp$ 平面 α；

求证：直线 $a \perp$ 平面 β.

证明　如图 6.10，在平面 β 内任取一条直线 b，假设直线 a，b 的一个方向向量分别为 $\boldsymbol{v}$，$\boldsymbol{u}$.

由于平面 α // 平面 β，因此，直线 b // 平面 α，从而 $\boldsymbol{u}$ // 平面 α；

由直线 $a \perp$ 平面 α 知 $\boldsymbol{v} \perp$ 平面 α，于是 $\boldsymbol{v} \perp \boldsymbol{u}$，进而有 $\boldsymbol{v} \cdot \boldsymbol{u} = 0$，故直线 $a \perp$ 直线 b，而直线 b 为平面 β 内的任一条直线，这样根据直线和平面垂直的定义知直线 $a \perp$ 平面 β.

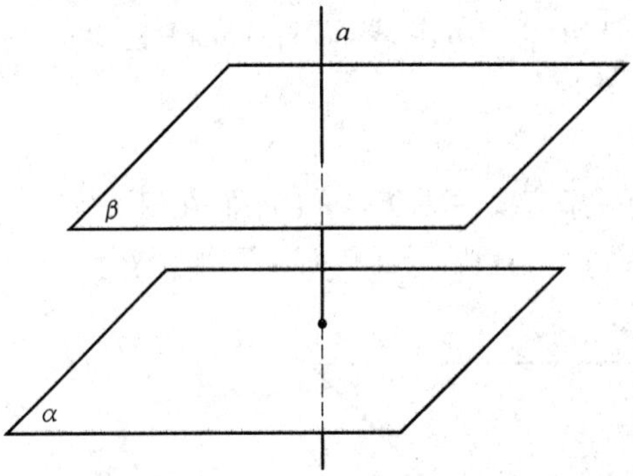

图 6.9

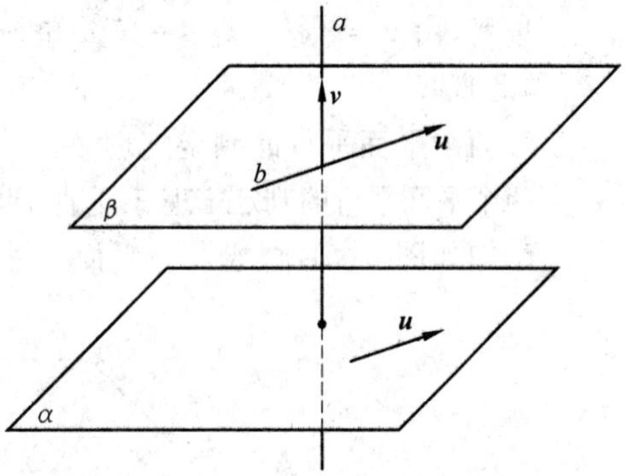

图 6.10

直线和平面垂直的性质定理 3：垂直于同一个平面的两条不重合直线互相平行.

已知如图 6.11，直线 $a \perp$ 平面 α，直线 $b \perp$ 平面 α，且直线 $a \cap$ 直线 $b = \varnothing$；

求证：直线 a // 直线 b.

证明　如图 6.12，假设直线 a，b 的一个方向向量分别为 $\boldsymbol{u}$，$\boldsymbol{v}$，在平面 α 内取

两个互相垂直的单位向量 $\boldsymbol{e}_1,\boldsymbol{e}_2$，于是 $\boldsymbol{e}_1,\boldsymbol{e}_2,\boldsymbol{u}$ 可以看作空间的一组基. 故存在实数 k_1,k_2,k_3 使得 $\boldsymbol{v}=k_1\boldsymbol{e}_1+k_2\boldsymbol{e}_2+k_3\boldsymbol{u}$.

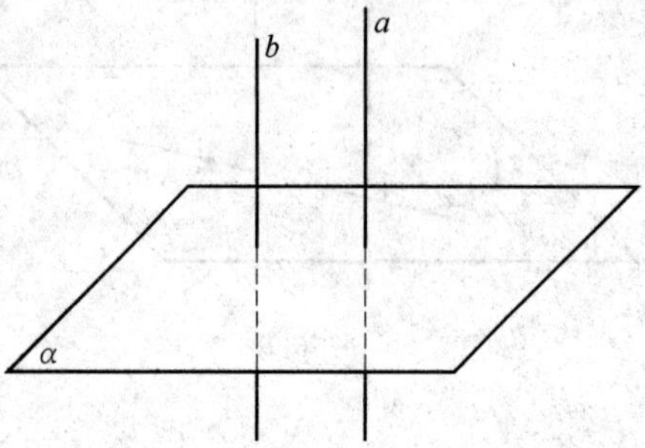

图 6.11

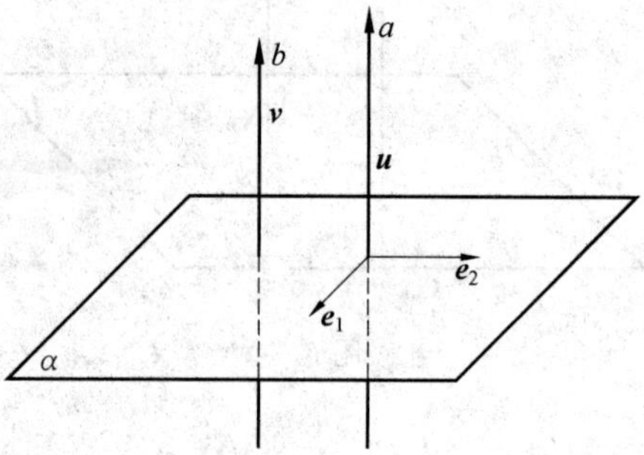

图 6.12

由直线 $a\perp$ 平面 α 知 $\boldsymbol{u}\perp\boldsymbol{e}_1,\boldsymbol{u}\perp\boldsymbol{e}_2$，于是 $\boldsymbol{u}\cdot\boldsymbol{e}_1=0,\boldsymbol{u}\cdot\boldsymbol{e}_2=0$；同理，由直线 $b\perp$ 平面 α 知 $\boldsymbol{v}\perp\boldsymbol{e}_1,\boldsymbol{v}\perp\boldsymbol{e}_2$，于是 $\boldsymbol{v}\cdot\boldsymbol{e}_1=0,\boldsymbol{v}\cdot\boldsymbol{e}_2=0$；

这样，用向量 $\boldsymbol{e}_1$ 同时在 $v=k_1\boldsymbol{e}_1+k_2e_2+k_3\boldsymbol{u}$ 的两边做内积，有

$$\begin{aligned}0=\boldsymbol{v}\cdot\boldsymbol{e}_1&=(k_1\boldsymbol{e}_1+k_2\boldsymbol{e}_2+k_3\boldsymbol{u})\cdot\boldsymbol{e}_1\\&=k_1|\boldsymbol{e}_1|^2+k_2\boldsymbol{e}_1\cdot\boldsymbol{e}_2+k_3\boldsymbol{u}\cdot\boldsymbol{e}_1=k_1;\end{aligned}$$

同理，用向量 $\boldsymbol{e}_2$ 同时在 $v=k_1\boldsymbol{e}_1+k_2\boldsymbol{e}_2+k_3\boldsymbol{u}$ 的两边做内积，有

$$\begin{aligned}0=\boldsymbol{v}\cdot\boldsymbol{e}_2&=(k_1\boldsymbol{e}_1+k_2\boldsymbol{e}_2+k_3\boldsymbol{u})\cdot\boldsymbol{e}_2\\&=k_1\boldsymbol{e}_1\cdot\boldsymbol{e}_2+k_2|\boldsymbol{e}_2|^2+k_3\boldsymbol{u}\cdot\boldsymbol{e}_3=k_2;\end{aligned}$$

进而，由 $\boldsymbol{v}=k_1\boldsymbol{e}_1+k_2\boldsymbol{e}_2+k_3\boldsymbol{u}$ 知 $\boldsymbol{v}=k_3\boldsymbol{u}$，即 $\boldsymbol{v},\boldsymbol{u}$ 共线，而直线 $a\cap$ 直线 $b=\varnothing$，因此直线 $a\,/\!/$ 直线 b.

5. 两个平面平行的判定定理 2

两个平面平行的判定定理 2：垂直于同一条直线的两个不重合平面互相平行.

已知如图 6.13，直线 $a\perp$ 平面 α，平面 $\beta\perp$ 直线 a，且平面 $\alpha\cap$ 平面 $\beta=\varnothing$；

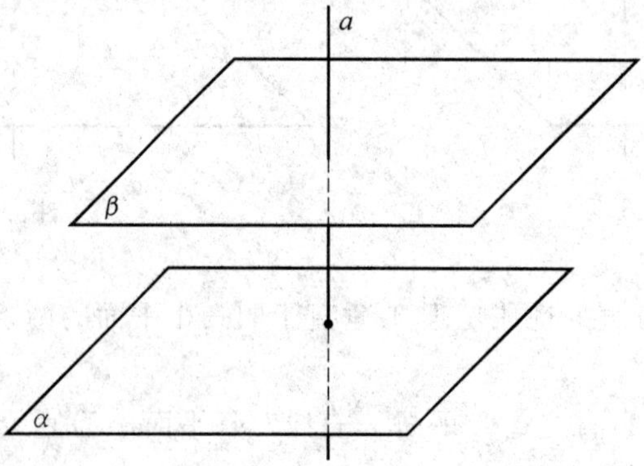

图 6.13

求证：平面 α // 平面 β.

证明　如图 6.14，由于平面 $\alpha \cap$ 平面 $\beta=\varnothing$，因此可以在平面 β 内取两条相交直线 b,c，假定 $b \cap c=O$，显然直线 b,c 均不在平面 α 内.

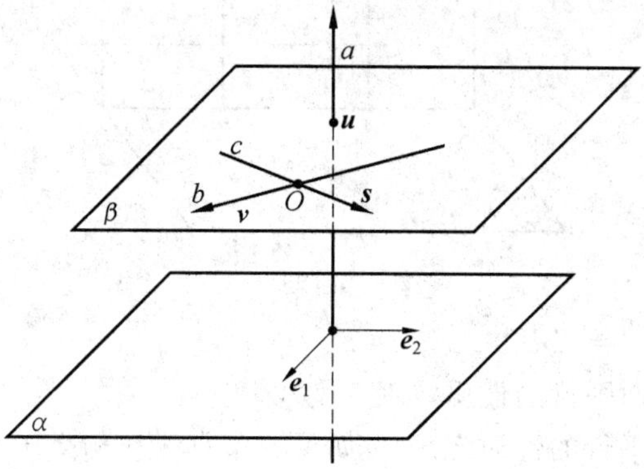

图 6.14

假设直线 a,b,c 的一个方向向量分别为 $\boldsymbol{u},\boldsymbol{v},\boldsymbol{s}$，在平面 α 内取两个互相垂直的单位向量 $\boldsymbol{e}_1,\boldsymbol{e}_2$，于是 $\boldsymbol{e}_1,\boldsymbol{e}_2,\boldsymbol{u}$ 可以看作空间的一组基. 故存在实数 k_1,k_2,k_3 使得 $\boldsymbol{v}=k_1\boldsymbol{e}_1+k_2\boldsymbol{e}_2+k_3\boldsymbol{u}$.

由直线 $a \perp$ 平面 α，知 $\boldsymbol{u} \perp \boldsymbol{e}_1, \boldsymbol{u} \perp \boldsymbol{e}_2$，于是 $\boldsymbol{u} \cdot \boldsymbol{e}_1=0, \boldsymbol{u} \cdot \boldsymbol{e}_2=0$；

同理，由直线 $a \perp$ 平面 β，知 $\boldsymbol{u} \perp \boldsymbol{v}, \boldsymbol{u} \perp \boldsymbol{s}$，于是 $\boldsymbol{u} \cdot \boldsymbol{v}=0, \boldsymbol{u} \cdot \boldsymbol{s}=0$；

这样，用向量 $\boldsymbol{u}$ 同时在 $\boldsymbol{v}=k_1\boldsymbol{e}_1+k_2\boldsymbol{e}_2+k_3\boldsymbol{u}$ 的两边做内积，有 $0=\boldsymbol{v} \cdot \boldsymbol{u}=(k_1\boldsymbol{e}_1+k_2\boldsymbol{e}_2+k_3\boldsymbol{u}) \cdot \boldsymbol{u}=k_1\boldsymbol{u} \cdot \boldsymbol{e}_1+k_2\boldsymbol{u} \cdot \boldsymbol{e}_2+k_3\boldsymbol{u} \cdot \boldsymbol{u}=k_3|\boldsymbol{u}|^2$，而 $|\boldsymbol{u}| \neq 0$，于是 $k_3=0$；

于是，$\boldsymbol{v}=k_1\boldsymbol{e}_1+k_2\boldsymbol{e}_2$，故 $\boldsymbol{v}$ // 平面 α，即直线 b // 平面 α；

同理可证，直线 c // 平面 α；

而直线 $a \cap$ 直线 $b=O$，且直线 $b \subset$ 平面 α，直线 $c \subset$ 平面 α，故平面 α // 平面 β.

6. 直线和平面平行的性质定理 2

直线和平面平行的性质定理 2：如果一条直线平行于一个平面，那么这条直线上任一点到这个平面的距离都相等.

已知如图 6.15，直线 a // 平面 α，A,B 为直线 a 上任意两点，过 A 作 $AA' \perp$ 平面 α 于 A'，过 B 作 $BB' \perp$ 平面 α 于 B'；

求证：$|AA'|=|BB'|$.

证明　因 $AA' \perp$ 平面 α，且 $BB' \perp$ 平面 α，故 AA' // BB'；这样直线 AA' 和直线 BB' 确定一个平面，设此平面为 β，假定平面 $\alpha \cap$ 平面 $\beta=$ 直线 $A'B'$.

由直线 a // 平面 α，且直线 $a \subset$ 平面 β 知直线 a // 直线 $A'B'$.

于是，由 AA' // BB' 及直线 a // 直线 $A'B'$ 知四边形 $AA'B'B$ 为平行四边

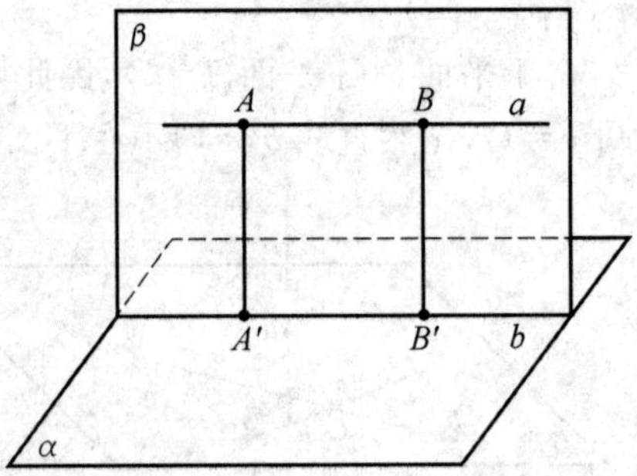

图 6.15

形,进而有 $|AA'|=|BB'|$.

7. 直线和平面平行的性质定理 3

直线和平面平行的性质定理 3:如果一条直线和相交于某条直线的两个平面都平行,那么这条直线也和这两个平面的交线平行.

已知如图 6.16,平面 $\alpha\cap$ 平面 $\beta=a$,且直线 b // 平面 α,直线 b // 平面 β.

求证:直线 a // 直线 b.

证明 如图 6.16,在直线 a 上任取一点 O,在平面 α 任取一点 A,且 $A\notin$ 直线 a;在平面 β 上任取一点 B,且 $B\notin$ 直线 a;在直线 a 上取一方向向量 $\boldsymbol{v}$,这样向量 $\overrightarrow{OA}$,$\overrightarrow{OB}$,$\boldsymbol{v}$ 就组成空间中的一组基. 于是直线 b 的一个方向向量 $\boldsymbol{u}$ 就可以表示成 $\boldsymbol{u}=x\overrightarrow{OA}+y\overrightarrow{OB}+z\boldsymbol{v}$.

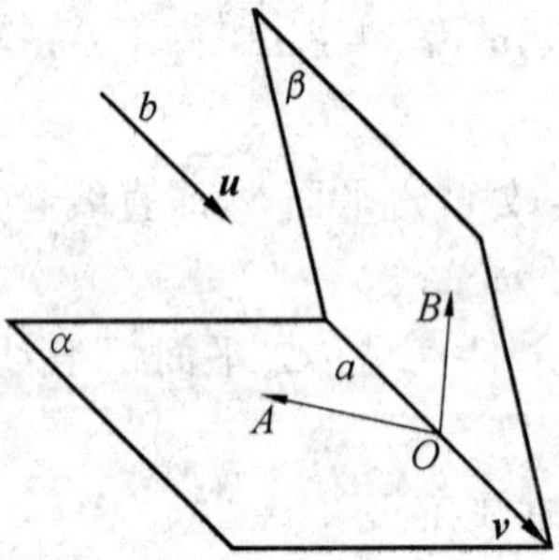

图 6.16

由直线 b // 平面 α 知向量 $\boldsymbol{u}$ // 平面 α,于是向量 $\boldsymbol{u}$ 可以表示成 $\overrightarrow{OA}$,$\boldsymbol{v}$ 的一个线性组合,于是 $y=0$;同理,由直线 b // 平面 β 知 $x=0$.

这样,由 $\boldsymbol{u}=x\overrightarrow{OA}+y\overrightarrow{OB}+z\boldsymbol{v}$ 知 $\boldsymbol{u}=z\boldsymbol{v}$,这表明 $\boldsymbol{u}$ 与 $\boldsymbol{v}$ 共线;而由直线 b // 平面 α、直线 b // 平面 β,且平面 $\alpha\cap$ 平面 $\beta=a$ 知直线 a 与直线 b 不相交,于是直线 a // 直线 b.

8. 点到平面的距离

如图 6.17,过平面 α 外一点 A 作平面 α 的垂线 a,点 A 和垂足 B 之间的线

段 AB 的长叫作点 A 到平面 α 的距离.

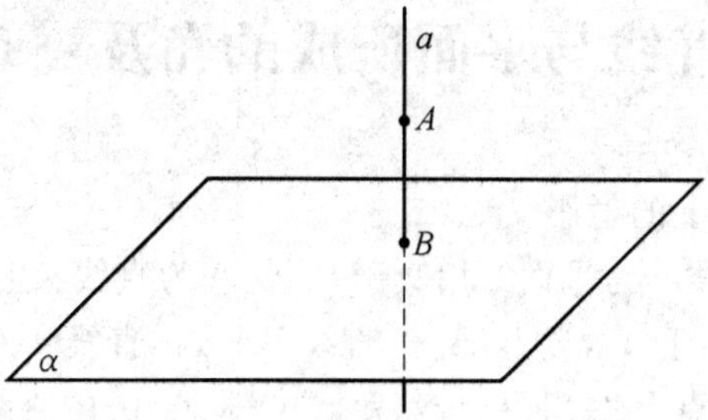

图 6.17

9.直线和平面的距离

直线和平面平行的性质定理 2(如果一条直线平行于一个平面,那么这条直线上任一点到这个平面的距离都相等)表明,当一条直线与一个平面平行时,这条直线上任一点到这个平面的距离都相等,于是这条平行直线上的任一点到这个平面的距离都可以叫作这条直线到这个平面的距离.

10.两个平行平面的距离

如图 6.18,直线 $a\perp$ 平面 α,且直线 $a\perp$ 平面 β,和两个平面都垂直的直线称为这两个平面的公垂线,而这条直线夹在两个平面之间的线段叫作这两个平面的公垂线段.

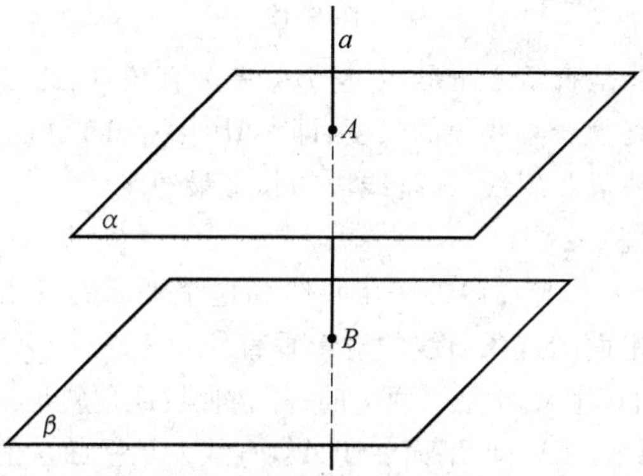

图 6.18

根据两个平面平行的判定定理 2(垂直于同一条直线的两个不重合平面互相平行)知这时的两个平面是互相平行的,而且容易证明夹在两个平行平面之间的公垂线段的长度都相等.正是因为夹在两个平行平面之间的公垂线段的长度都相等,于是也将两个平行平面之间的公垂线段的长度叫作这两个(平行)平面之间的距离.

6.3 直线与平面所成的角及三垂线定理

1. 直线在平面上的射影

如图 6.19，直线 a 与平面 α 相交于 B，点 A 为直线 a 上异于 B 的任一点，过 A 作 $AA' \perp$ 平面 α 于 A'，过 B, A' 作直线 BA'，称直线 a 为平面 α 的斜线，称斜线 a 与平面 α 的交点 B 为斜足，过斜足 B 与垂足 A' 的直线 BA' 称作斜线 a 在平面 α 上的射影，斜足与垂足之间的线段 BA' 称作斜线 a 的一条斜线段 BA 在平面上的射影.

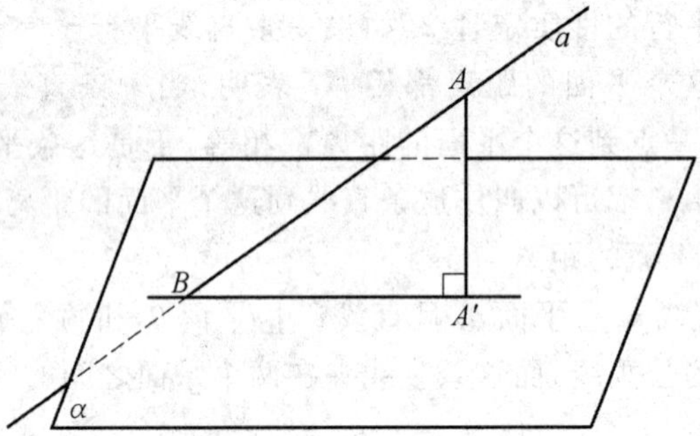

图 6.19

由于 $\triangle BAA'$ 是直角三角形，且 $\angle BA'A$ 为直角，因此只要 A 不与 B 重合，斜线段的长度始终大于垂线段的长度，即 $|AB| > |AA'|$，也就是说，从平面外一点作平面的垂线段和斜线段，垂线段的长度最短.

2. 三垂线定理

三垂线定理：一个平面内的一条直线和这个平面的一条斜线垂直 $\Leftrightarrow$ 平面内的这条直线与平面的这条斜线的射影垂直.

已知如图 6.20，直线 a 是平面 α 的一条斜线，B 是斜足，A 是直线 a 上异于 B 的任一点，过 A 作 $AA' \perp$ 平面 α 于 A'，直线 b 是平面 α 的一条直线；

求证：直线 $a \perp$ 直线 $b \Leftrightarrow$ 直线 $b \perp$ 直线 BA'.

证明　如图 6.20，假设直线 b 的一个方向向量为 $\boldsymbol{v}$，$\overrightarrow{AB}$ 为直线 a 的一个方向向量；由 $AA' \perp$ 平面 α 知 $\boldsymbol{v} \cdot \overrightarrow{AA'} = 0$. 于是，有：直线 $a \perp$ 直线 $b \Leftrightarrow \boldsymbol{v} \cdot \overrightarrow{AB} = 0 \Leftrightarrow \boldsymbol{v} \cdot (\overrightarrow{AA'} + \overrightarrow{A'B}) = 0 \Leftrightarrow \boldsymbol{v} \cdot \overrightarrow{AA'} + \boldsymbol{v} \cdot \overrightarrow{A'B} = 0 \Leftrightarrow \boldsymbol{v} \cdot \overrightarrow{A'B} = 0 \Leftrightarrow$ 直线 $b \perp$ 直线 BA'.

3. 直线与平面所成的角

(1) 斜线、垂线与平面所成的角

如图 6.21，斜线 a 与平面 α 相交于 B，过直线 a 上的点 A 作 $AC \perp$ 平面 α 于 C，记过 A, C 的直线为 b，则称斜线 a 与平面 α 所成的锐角 $\angle ABC$ 为这条直线与

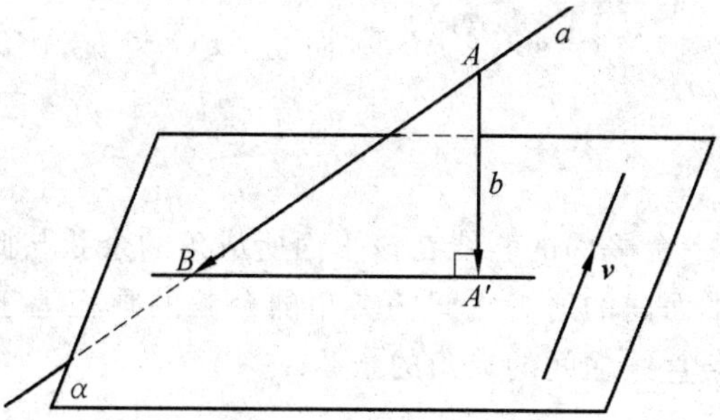

图 6.20

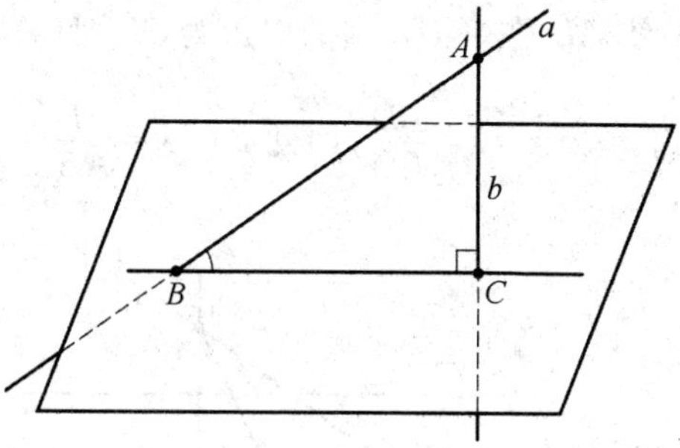

图 6.21

平面所成的角；称直线 b 与斜线 a 在平面 α 内所形成直角 $\angle ACB$ 为平面的垂线与平面所形成的角；特别地，与一个平面平行的直线或在平面内的直线与该平面所形成的角为 0.

(2) 斜线和平面所成的角是这条斜线和平面内经过斜足的直线中所形成的所有角中最小的角.

事实上，如图 6.22，过 B 在平面 α 内作异于直线 BC 的直线 c，过 A 作 $AD \perp$ 直线 c 于 D，联结 CD. 由于 $AC \perp$ 平面 α，因此 $\angle ACD$ 为直角，于是 $AC < AD$.

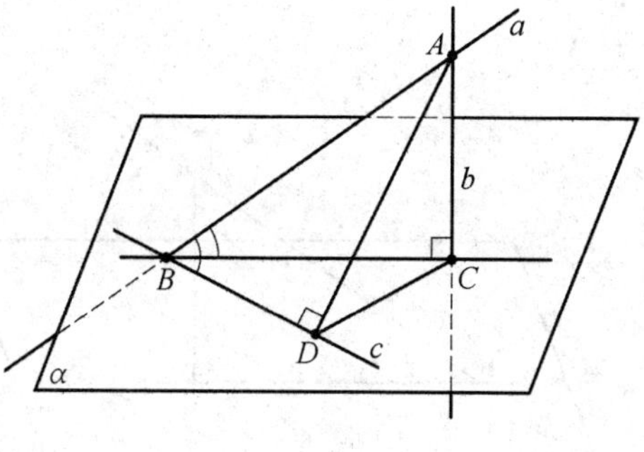

图 6.22

由于 $AD \perp$ 直线 c，$AC \perp$ 平面 α，因此 $\angle ACB = \angle ADB = \frac{\pi}{2}$，因此

$\sin \angle ABC = \frac{AC}{AB} < \frac{AD}{AB} = \sin \angle ABD$，而 $\angle ABC$ 与 $\angle ABD$ 均为锐角，因此 $\angle ABC < \angle ABD$.

(3) 三余弦定理

三余弦定理：一个平面的斜线在该平面所成角的余弦与此平面内任一直线及这条斜线在该平面内的射影之间的夹角的余弦的乘积等于此平面的这条斜线与平面内的这条直线之间的夹角的余弦.

事实上，如图 6.23，设 $\angle ABC = \theta_1$，$\angle CBD = \theta_2$，$\angle ABD = \theta$，则 $\cos \theta = \frac{BD}{AB}$，$\cos \theta_1 = \frac{BC}{AB}$. 由于斜线 AD 在平面 α 内的射影为 CD，且 $AD \perp BD$，根据三垂线定理知 $CD \perp BD$，于是 $\cos \theta_2 = \frac{BD}{BC}$；因此 $\cos \theta = \frac{BD}{AB} = \frac{BC}{AB} \cdot \frac{BD}{BC} = \cos \theta_1 \cdot \cos \theta_2$.

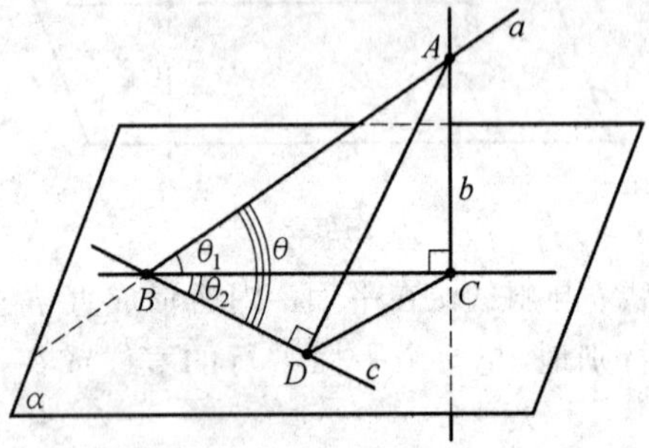

图 6.23

(4) 斜线段与垂线段的大小关系

如图 6.19、图 6.24，当 $\angle ABA' = \angle A_1B_1A'_1$ 时，借助直角三角形中的锐角三角函数的定义，很容易得到 $AB = A_1B_1 \Leftrightarrow AA' = A_1A'_1$，$AB > A_1B_1 \Leftrightarrow AA' > A_1A'_1$，$AB < A_1B_1 \Leftrightarrow AA' < A_1A'_1$.

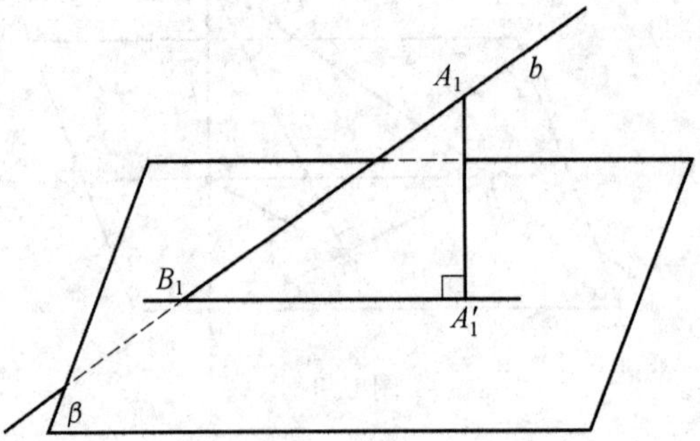

图 6.24

也就是说，当直线与平面所成的角相等时，斜线段的长度相等的充要条件是与之对应的垂线段的长度相等；斜线段的长度较大的充要条件是与之对应的垂线段的长度较大.

6.4　平面与平面之间的垂直

前面在讨论直线与直线的位置关系时讨论了两条直线之间的夹角，在讨论直线与平面的位置关系时讨论了直线和平面之间的夹角，与此类似，现在我们也在讨论平面与平面之间的夹角的基础上来讨论平面与平面之间的垂直.

1. 二面角

如图 6.25，平面 $\alpha \cap$ 平面 $\beta=$ 直线 a，平面 α 和平面 β 均被交线 a 分成两个部分，其中任何一个部分都被称作相应平面的一个半平面.

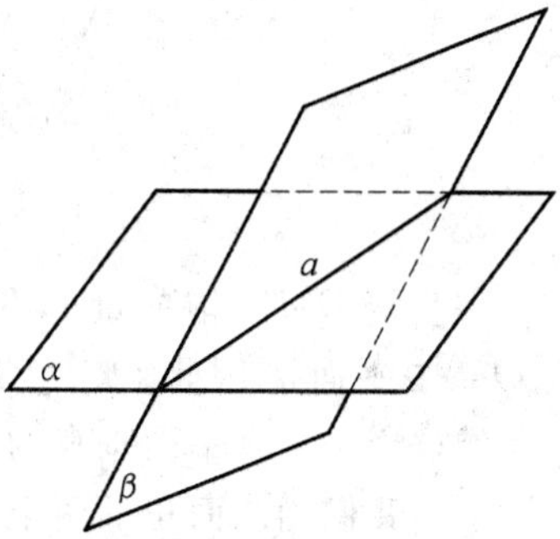

图 6.25

从一条直线出发的两个半平面所组成的图形叫作二面角，这条直线叫作这个二面角的棱，这两个半平面叫作这个二面角的面. 通常认为二面角的两个半平面不共面. 如图 6.25，因平面 $\alpha \cap$ 平面 $\beta=$ 直线 a，故图中存在四个二面角，其中可以用平面 α、平面 β、直线 a 表示的二面角是二面角 $\alpha-a-\beta$.

2. 二面角的平面角、直二面角及两个平面所成的角

如图 6.26，在二面角 $\alpha-a-\beta$ 的棱 a 上任取一点 O，在半平面 α 内作 $OA \perp a$ 于 O，在半平面 β 内作 $OB \perp a$ 于 O，得 $\angle AOB$.

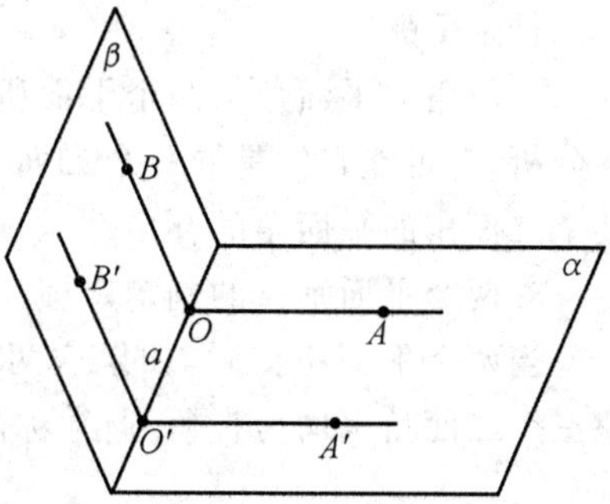

图 6.26

在棱 a 上再任取异于 O 的点 O' 在半平面 α 内作 $O'A' \perp a$ 于 O'，在半平面 β 内作 $O'B' \perp a$ 于 O'，得 $\angle A'O'B'$.

由 $OA \parallel O'A'$，$OB \parallel O'B'$ 知 $\angle AOB=\angle A'O'B'$.

可见，不论在棱上所取的点的位置位于何处，上述作法所得到的角总相等. 通常把 $\angle AOB$ 或 $\angle A'O'B'$ 等均叫作二面角 $\alpha-a-\beta$ 的平面角.

可见，二面角的大小完全可以借助它的平面角的大小来度量，通常把一个

二面角的平面角的度数叫作这个二面角的度数.

如果一个二面角的平面角的度数为 90°,那么称这个二面角为直二面角.

显然,任意两个平面相交都形成四个二面角,通常把这四个二面角的平面角中度数不超过 90° 的平面角叫作这两个平面所成的角.

如图 6.27,在二面角 $\alpha-a-\beta$ 中,在半平面 α 内作 $OA \perp a$ 于 O,在半平面 β 内作 $OB \perp a$ 于 O.过 O 作 $ON \perp OA$ 于 O,过 O 作 $OM \perp OB$ 于 O.

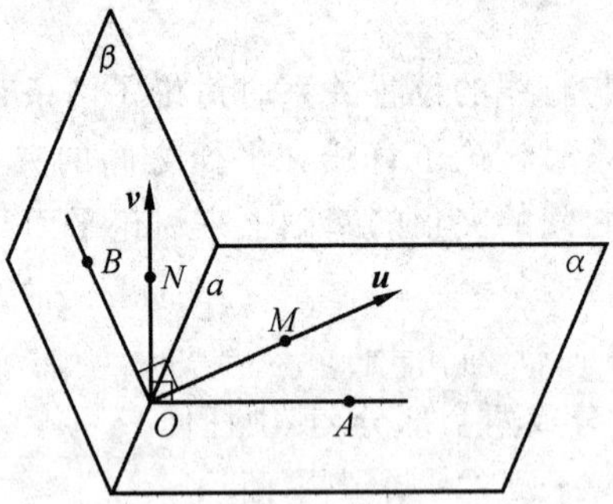

图 6.27

在直线 OM 上取向量 $\boldsymbol{u}$,在直线 ON 上取向量 $\boldsymbol{v}$,由于 $ON \perp OA$,$OA \perp a$,且 $OA \subset$ 平面 α,因此 $ON \perp$ 平面 α,于是向量 $\boldsymbol{v} \perp$ 平面 α.

像这样与一个平面垂直的向量称为这个平面的一个法向量.

下面我们用二面角的两个半平面的法向量来度量这个二面角的度数.

一个二面角的度数可能是这个二面角的法向量之间所成的角,也可能是这两个法向量所成角的补角.如图 6.27,由于二面角 $\alpha-a-\beta$ 的平面角为钝角,因此这个二面角 $\alpha-a-\beta$ 的平面角是图中的两个法向量所成角的补角.

特别提醒

二面角的平面角与两个平面所成的角是两个不同的概念,要根据具体问题来分析,有可能它们是同一个二面角的平面角,也可能正好是问题中所讨论的某个二面角的平面角的补角.

3.两个平面垂直的判定定理

当两个平面相交时,如果这两个平面的二面角中有一个角为直角,那么其他三个二面角也均为直角.通常称两个平面所成的角为直角时的两个平面互相垂直.

在画两个平面互相垂直时,通常把竖直平面的竖边画成和水平平面的横边垂直,如图 6.28、图 6.29.

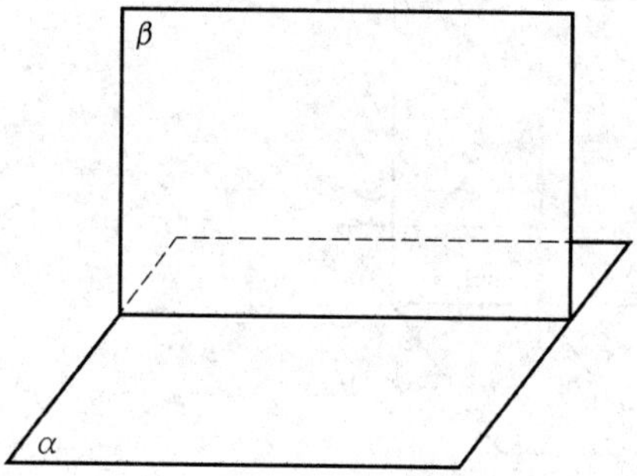

图 6.28

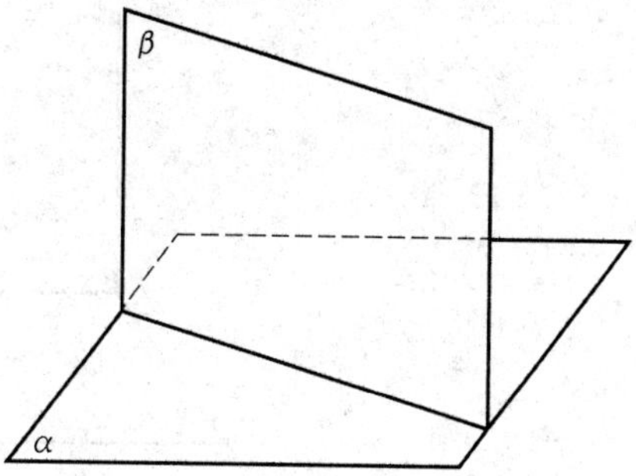

图 6.29

两个平面垂直的判定定理：如果一个平面经过另一个平面的一条垂线，那么这两个平面互相垂直.

已知如图 6.30，平面 $\alpha \cap$ 平面 $\beta=$ 直线 a，直线 $b \subset$ 平面 β，且直线 $b \perp$ 平面 α.

求证：平面 $\alpha \perp$ 平面 β.

证明　如图 6.30，假设直线 b 的一个方向向量为 $\boldsymbol{u}$，由直线 $b \perp$ 平面 α 知 $\boldsymbol{u}$ 为平面 α 的一个法向量；假设 $\boldsymbol{v}$ 是平面 β 的一个法向量，则 $\boldsymbol{v} \perp$ 平面 β，而直线 $b \subset$ 平面 β，故 $\boldsymbol{v} \perp \boldsymbol{u}$，进而知 $\langle \boldsymbol{v},\boldsymbol{u} \rangle=\frac{\pi}{2}$，于是平面 $\alpha \perp$ 平面 β.

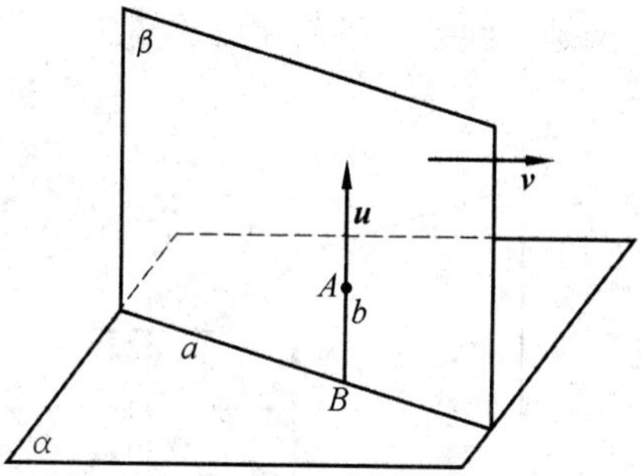

图 6.30

4. 两个平面垂直的性质定理

两个平面垂直的性质定理 1：如果两个平面互相垂直，那么其中一个平面内垂直于这两个平面的交线的直线垂直于另一个平面.

已知如图 6.31，平面 $\alpha \cap \beta=$ 直线 a，且平面 $\alpha \perp$ 平面 β，直线 $b \subset$ 平面 β，且直线 $b \perp$ 直线 a 于 A.

求证：直线 $b \perp$ 平面 α.

证明　如图 6.31，在平面 α 内，过 A 作 $AB \perp$ 直线 a，在直线 b 上任取一点 C，则 $\angle BAC$ 是二面角 $\alpha-a-\beta$ 的一个平面角，于是，由平面 $\alpha \perp$ 平面 β 知

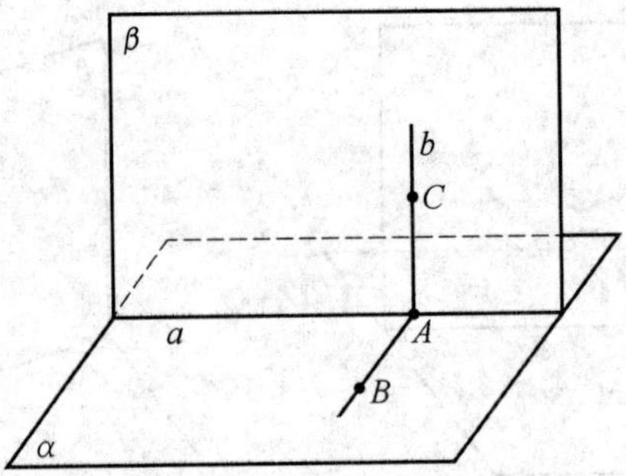

图 6.31

$\angle BAC = \frac{\pi}{2}$，进而有直线 $b \perp AB$，而直线 $b \perp$ 直线 a，且直线 $a \cap$ 直线 $AB = A$，故直线$b \perp$ 平面 α.

两个平面垂直的性质定理 2：如果两个平面互相垂直，那么经过第一个平面内的一点且垂直于第二个平面的直线在第一个平面内.

已知如图 6.32，平面 $\alpha \cap$ 平面 $\beta =$ 直线 a，且 $A \in$ 平面 β，$A \in$ 直线 b，且直线 $b \perp$ 平面 α 于 B；

求证：直线 $b \subset$ 平面 β.

证明　如图 6.32，设直线 b 的一个方向向量为 $\boldsymbol{u}$，由直线 $b \perp$ 平面 α 知 $\boldsymbol{u}$ 为平面 α 的一个法向量；设 $\boldsymbol{v}$ 是平面 β 的一个法向量，则 $\boldsymbol{v} \perp$ 平面 β，而平面 $\alpha \perp$ 平面 β，故 $< \boldsymbol{v}, \boldsymbol{u} > = \frac{\pi}{2}$，于是直线 b 与平面 β 所成角为 0，又直线 b 过平面 β 内的一点 A，故直线 $b \subset$ 平面 β.

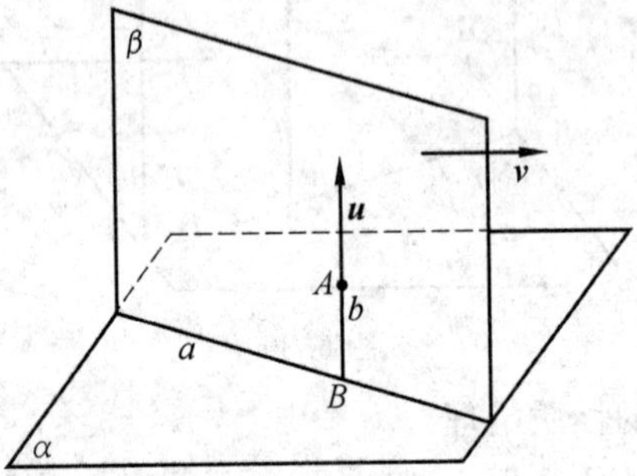

图 6.32

空间向量的外积、混合积

第7章

在第6章中，我们借助向量的线性结构讨论了直线与直线、直线与平面、平面与平面之间的平行及垂直关系，但涉及长度、夹角、距离、面积、体积等有关度量关系的问题，还不能进行有效的讨论. 为此，在本章中我们进一步引入空间向量的内积、外积与混合积，为长度、夹角、距离、面积、体积的计算奠定必要的认知基础.

在7.1节，我们将讨论空间向量的外积及其几何意义、外积的运算律、两向量共线的充要条件(这和第5章5.2节的结果一致，但使用的方法略有不同，需要大家参考对照二者之间的差异) 与外积的坐标运算，并给出了借助外积计算点到直线的距离的方法.

在本节的最后，作为向量外积的运用，一方面，我们从向量外积的几何意义出发，借助空间直角坐标系下任意不共线三点的所组成的三角形的面积的计算推导了平面直角坐标系下由不共线的三点所组成的三角形的面积计算公式；另一方面，再一次借助向量的外积证明了三角形中的正弦定理.

在7.2节，我们将讨论向量的混合积及其几何意义、三向量共面及四点共面的充要条件(这和第5章5.2节的结果一致，但使用的方法不同，请大家参考对照二者之间的差异)、向量混合积的运算律、混合积的坐标运算等. 在本节的最后，一方面，给出了借助向量混合积求四面体的体积的方法，并由此方法推导得到了空间直角坐标系下借助四阶行列式给出的已知不共面的四点所构成的四面体的体积计算公式；另一方面，还在此基础上给出点到平面的距离的计算方法.

在7.3节，作为向量外积的运用，我们在此又一次讨论了正弦定理的证明；作为向量混合积的运用，我们在讨论空间三点所构成的三角形的面积的基础上，讨论了已知平面三点的坐标求其所构成的三角形的面积的计算公式.这个经验公式对于求解三角形面积来说，也是一个重要的方法，有所了解也是应该的.

7.1 空间向量的外积

1.空间向量的外积

物理学上的力矩，引入向量外积的一个很好的例子，如图7.1，如果力 $\boldsymbol{f}$ 作用点是 A，且当 $\overrightarrow{OA}=\boldsymbol{r}$ 时，力 $\boldsymbol{f}$ 和力臂 $\boldsymbol{r}$ 之间所形成的力矩 $\boldsymbol{m}=\boldsymbol{r}\times\boldsymbol{f}$.

两个向量 $\boldsymbol{a},\boldsymbol{b}$ 的外积与两个向量的内积不同，两个向量的内积是一个数或数量，而两个向量 $\boldsymbol{a},\boldsymbol{b}$ 的外积却是一个向量，记作 $\boldsymbol{a}\times\boldsymbol{b}$，且 $|\boldsymbol{a}\times\boldsymbol{b}|=|\boldsymbol{a}||\boldsymbol{b}|\cdot\sin<\boldsymbol{a},\boldsymbol{b}>$，$\boldsymbol{a}\times\boldsymbol{b}$ 的方向与向量 $\boldsymbol{a},\boldsymbol{b}$ 都垂直，且这三向量依 $\boldsymbol{a},\boldsymbol{b},\boldsymbol{a}\times\boldsymbol{b}$ 成右手系，如图7.2；在图7.2中，向量 $\boldsymbol{b},\boldsymbol{a},\boldsymbol{b}\times\boldsymbol{a}$ 也成右手系.

2.向量外积的模的几何意义

如图7.2，不共线的向量 $\boldsymbol{a},\boldsymbol{b}$ 的外积 $\boldsymbol{a}\times\boldsymbol{b}$ 的 $|\boldsymbol{a}\times\boldsymbol{b}|=$ 以这两个向量 $\boldsymbol{a},\boldsymbol{b}$ 为边所构成的平行四边形的面积.

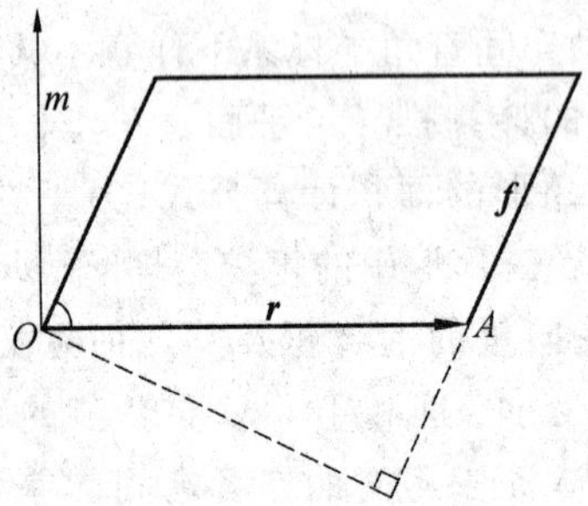

图7.1

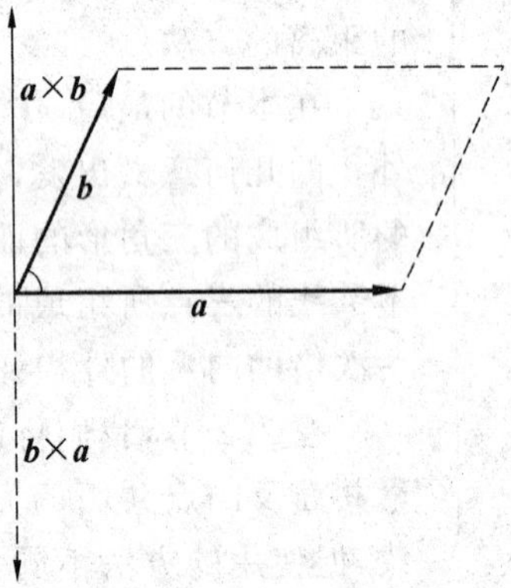

图7.2

3.向量外积的运算律

(1) 反交换律：$\boldsymbol{a}\times\boldsymbol{b}=-\boldsymbol{b}\times\boldsymbol{a}$；

(2) 数因子结合律：$\lambda(\boldsymbol{a}\times\boldsymbol{b})=(\lambda\boldsymbol{a})\times\boldsymbol{b}=\boldsymbol{a}\times(\lambda\boldsymbol{b})$；

特别地，有

$$(\lambda\boldsymbol{a})\times(\mu\boldsymbol{b})=(\lambda\mu)(\boldsymbol{a}\times\boldsymbol{b})$$

(3) 左分配律：$\boldsymbol{a}\times(\boldsymbol{b}+\boldsymbol{c})=\boldsymbol{a}\times\boldsymbol{b}+\boldsymbol{a}\times\boldsymbol{c}$；

(4) 右分配律：$(\boldsymbol{a}+\boldsymbol{b})\times\boldsymbol{c}=\boldsymbol{a}\times\boldsymbol{c}+\boldsymbol{b}\times\boldsymbol{c}$.

4.两向量共线的充要条件

非零向量 $\boldsymbol{a},\boldsymbol{b}$ 共线 $\Leftrightarrow \boldsymbol{a}\times\boldsymbol{b}=\boldsymbol{0}$.

事实上，由于向量 $\boldsymbol{a},\boldsymbol{b}$ 均为非零向量，因此，不论 $<\boldsymbol{a},\boldsymbol{b}>=0$ 或 $<\boldsymbol{a},\boldsymbol{b}>=\pi$，都有 $\sin<\boldsymbol{a},\boldsymbol{b}>=0$，于是由 $|\boldsymbol{a}\times\boldsymbol{b}|=|\boldsymbol{a}||\boldsymbol{b}|\sin<\boldsymbol{a},\boldsymbol{b}>=0$ 知 $\boldsymbol{a}\times\boldsymbol{b}=\boldsymbol{0}$.

反过来，若 $\boldsymbol{a}\times\boldsymbol{b}=\boldsymbol{0}$，则 $|\boldsymbol{a}\times\boldsymbol{b}|=0$，而向量 $\boldsymbol{a},\boldsymbol{b}$ 均为非零向量，故必有 $<\boldsymbol{a},\boldsymbol{b}>=0$ 或 $<\boldsymbol{a},\boldsymbol{b}>=\pi$，于是有向量 $\boldsymbol{a},\boldsymbol{b}$ 共线.

特别提醒

如果向量 $\boldsymbol{a},\boldsymbol{b}$ 中有一个向量为零向量，显然根据定义，自然有 $\boldsymbol{a}\times\boldsymbol{b}=\boldsymbol{0}$；但反过来，当 $\boldsymbol{a}\times\boldsymbol{b}=\boldsymbol{0}$ 时，却不能断定 $\boldsymbol{a},\boldsymbol{b}$ 中必有一个为零向量.这和数的乘法存在着巨大的差异.

5.空间向量的外积的坐标运算

在空间坐标系 $\{O,\boldsymbol{e}_1,\boldsymbol{e}_2,\boldsymbol{e}_3\}$ 中，若向量 $\boldsymbol{a}=(x_1,y_1,z_1)$，$\boldsymbol{b}=(x_2,y_2,z_2)$，则

$$\begin{aligned}\boldsymbol{a}\times\boldsymbol{b}&=(x_1\boldsymbol{e}_1+y_1\boldsymbol{e}_2+z_1\boldsymbol{e}_3)\times(x_2\boldsymbol{e}_1+y_2\boldsymbol{e}_2+z_2\boldsymbol{e}_3)\\&=x_1x_2(\boldsymbol{e}_1\times\boldsymbol{e}_1)+x_1y_2(\boldsymbol{e}_1\times\boldsymbol{e}_2)+x_1z_2(\boldsymbol{e}_1\times\boldsymbol{e}_3)+\\&\quad x_2y_1(\boldsymbol{e}_2\times\boldsymbol{e}_1)+y_1y_2(\boldsymbol{e}_2\times\boldsymbol{e}_2)+y_1z_2(\boldsymbol{e}_2\times\boldsymbol{e}_3)+\\&\quad x_2z_1(\boldsymbol{e}_3\times\boldsymbol{e}_1)+y_2z_1(\boldsymbol{e}_3\times\boldsymbol{e}_2)+z_1z_2(\boldsymbol{e}_3\times\boldsymbol{e}_3)\end{aligned}$$

特别地，当 $\boldsymbol{e}_1,\boldsymbol{e}_2,\boldsymbol{e}_3$ 是三个两两互相垂直的单位向量时，由 $\boldsymbol{e}_1\times\boldsymbol{e}_1=0$，$\boldsymbol{e}_2\times\boldsymbol{e}_2=0$，$\boldsymbol{e}_3\times\boldsymbol{e}_3=0$，$\boldsymbol{e}_1\times\boldsymbol{e}_2=\boldsymbol{e}_3$，$\boldsymbol{e}_2\times\boldsymbol{e}_3=\boldsymbol{e}_1$，$\boldsymbol{e}_3\times\boldsymbol{e}_1=\boldsymbol{e}_2$，$\boldsymbol{e}_2\times\boldsymbol{e}_1=-\boldsymbol{e}_3$，$\boldsymbol{e}_3\times\boldsymbol{e}_2=-\boldsymbol{e}_1$，$\boldsymbol{e}_1\times\boldsymbol{e}_3=-\boldsymbol{e}_2$ 知：

$$\begin{aligned}\boldsymbol{a}\times\boldsymbol{b}&=(x_1\boldsymbol{e}_1+y_1\boldsymbol{e}_2+z_1\boldsymbol{e}_3)\times(x_2\boldsymbol{e}_1+y_2\boldsymbol{e}_2+z_2\boldsymbol{e}_3)\\&=x_1x_2(\boldsymbol{e}_1\times\boldsymbol{e}_1)+x_1y_2(\boldsymbol{e}_1\times\boldsymbol{e}_2)+x_1z_2(\boldsymbol{e}_1\times\boldsymbol{e}_3)+\\&\quad x_2y_1(\boldsymbol{e}_2\times\boldsymbol{e}_1)+y_1y_2(\boldsymbol{e}_2\times\boldsymbol{e}_2)+y_1z_2(\boldsymbol{e}_2\times\boldsymbol{e}_3)+\\&\quad x_2z_1(\boldsymbol{e}_3\times\boldsymbol{e}_1)+y_2z_1(\boldsymbol{e}_3\times\boldsymbol{e}_2)+z_1z_2(\boldsymbol{e}_3\times\boldsymbol{e}_3)\\&=(y_1z_2-y_2z_1)\boldsymbol{e}_1-(x_1z_2-x_2z_1)\boldsymbol{e}_2+(x_1y_2-x_2y_1)\boldsymbol{e}_3\end{aligned}$$

利用二阶行列式，上述结论可以写成：

$$\begin{aligned}\boldsymbol{a}\times\boldsymbol{b}&=(x_1\boldsymbol{e}_1+y_1\boldsymbol{e}_2+z_1\boldsymbol{e}_3)\times(x_2\boldsymbol{e}_1+y_2\boldsymbol{e}_2+z_2\boldsymbol{e}_3)\\&=\begin{vmatrix}y_1&z_1\\y_2&z_2\end{vmatrix}\boldsymbol{e}_1-\begin{vmatrix}x_1&z_1\\x_2&z_2\end{vmatrix}\boldsymbol{e}_2+\begin{vmatrix}x_1&y_1\\x_2&y_2\end{vmatrix}\boldsymbol{e}_3\end{aligned}$$

利用三阶行列式，则上述结论可以写成：

$$\boldsymbol{a}\times\boldsymbol{b}=(x_1\boldsymbol{e}_1+y_1\boldsymbol{e}_2+z_1\boldsymbol{e}_3)\times(x_2\boldsymbol{e}_1+y_2\boldsymbol{e}_2+z_2\boldsymbol{e}_3)=\begin{vmatrix}\boldsymbol{e}_1&\boldsymbol{e}_2&\boldsymbol{e}_3\\x_1&y_1&z_1\\x_2&y_2&z_2\end{vmatrix}$$

于是，综上所述，在空间坐标系$\{O, \boldsymbol{e}_1, \boldsymbol{e}_2, \boldsymbol{e}_3\}$中，向量$\boldsymbol{a}=(x_1, y_1, z_1)$，$\boldsymbol{b}=(x_2, y_2, z_2)$的外积$\boldsymbol{a}\times\boldsymbol{b}=\left(\begin{vmatrix} y_1 & z_1 \\ y_2 & z_2 \end{vmatrix}, \begin{vmatrix} x_1 & z_1 \\ x_2 & z_2 \end{vmatrix}, \begin{vmatrix} x_1 & y_1 \\ x_2 & y_2 \end{vmatrix}\right)$.

6. 借助向量的外积求点到直线的距离

如图 7.3，若A，B为直线a上任意两个不同的点，则直线a外任一点C到此直线的距离

$$d=|CD|=\frac{S_{\square ABC'C}}{|\overrightarrow{AB}|}=\frac{|\overrightarrow{AB}\times\overrightarrow{AC}|}{|\overrightarrow{AB}|}$$

即
$$d=\frac{|\overrightarrow{AB}\times\overrightarrow{AC}|}{|\overrightarrow{AB}|}$$

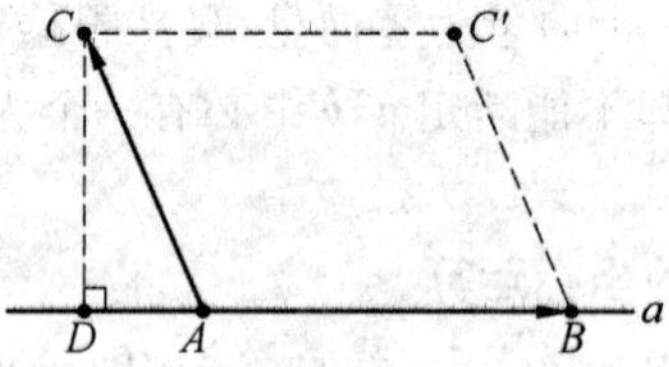

图 7.3

7.2 空间向量的混合积

1. 空间向量的混合积

为了能方便、有效地计算两条异面直线之间的距离，就需要引入了空间向量的混合积.

对于给定空间的三个向量$\boldsymbol{a}, \boldsymbol{b}, \boldsymbol{c}$，如果先做前两个向量$\boldsymbol{a}, \boldsymbol{b}$的外积，再做所得外积与第三个向量$\boldsymbol{c}$的内积，最后得到的这个数叫作向量$\boldsymbol{a}, \boldsymbol{b}, \boldsymbol{c}$的混合积，记作$(\boldsymbol{a}\times\boldsymbol{b})\cdot\boldsymbol{c}$.

2. 空间向量的混合积的几何意义

三个向量$\boldsymbol{a}, \boldsymbol{b}, \boldsymbol{c}$的混合积的绝对值等于以$\boldsymbol{a}, \boldsymbol{b}, \boldsymbol{c}$为棱的平行六面体$ABCD-A_1B_1C_1D_1$的体积$V$.

事实上，由于非零向量$\boldsymbol{a}, \boldsymbol{b}, \boldsymbol{c}$不共面，因此当把这三个向量归结到一个共同的始点$A$时，就得到以$\boldsymbol{a}, \boldsymbol{b}, \boldsymbol{c}$为棱的平行六面体$ABCD-A_1B_1C_1D_1$.

这个平行六面体的底面是以$\boldsymbol{a}, \boldsymbol{b}$为边的平行四边形$ABCD$，其面积$S=|\boldsymbol{a}\times\boldsymbol{b}|$；该平行六面体的高$h=|AH|=|\boldsymbol{c}|\cos\theta$，其中$\theta$是向量$\boldsymbol{a}\times\boldsymbol{b}$与向量$\boldsymbol{c}$的夹角. 故有$(\boldsymbol{a}\times\boldsymbol{b})\cdot\boldsymbol{c}=Sh=S|AH|=|\boldsymbol{a}\times\boldsymbol{b}||\boldsymbol{c}|\cos\theta$.

如图 7.4，当向量a, b, c组成右手坐标系时，$0\leqslant\theta<\frac{\pi}{2}$，因此$(\boldsymbol{a}\times\boldsymbol{b})\cdot\boldsymbol{c}>$

0,$\boldsymbol{V}=(\boldsymbol{a}\times\boldsymbol{b})\cdot\boldsymbol{c}$;如图 7.5,当向量 $\boldsymbol{a},\boldsymbol{b},\boldsymbol{c}$ 组成左手坐标系时,$\frac{\pi}{2}<\theta\leqslant\pi$,因此 $(\boldsymbol{a}\times\boldsymbol{b})\cdot\boldsymbol{c}<0,\boldsymbol{V}=-(\boldsymbol{a}\times\boldsymbol{b})\cdot\boldsymbol{c}$.

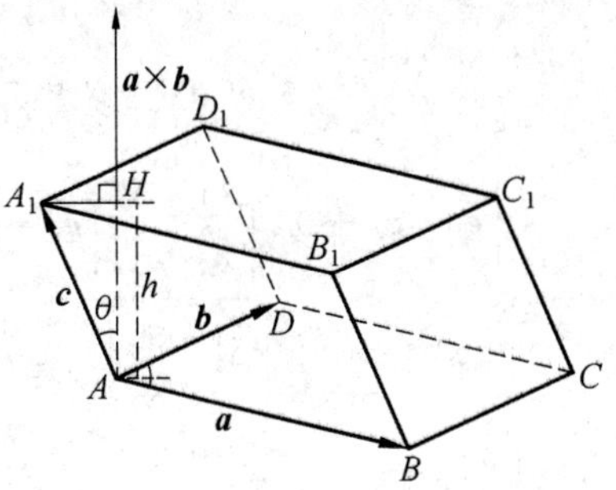

图 7.4

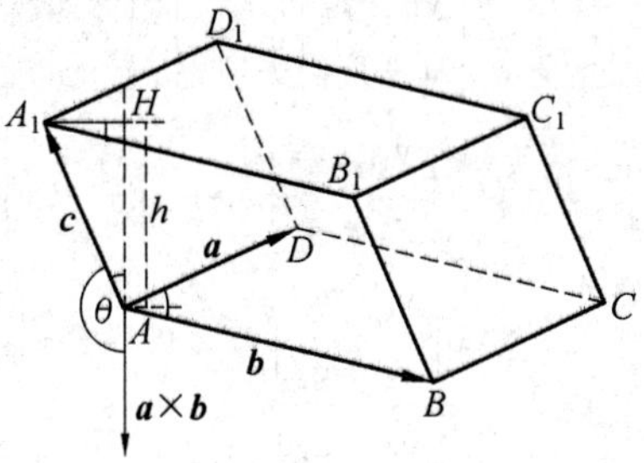

图 7.5

3.空间向量的混合积的运算律

(1)$(\boldsymbol{a}\times\boldsymbol{a})\cdot\boldsymbol{c}=0$;

(2)$(\boldsymbol{a}\times\boldsymbol{b})\cdot\boldsymbol{c}=(\boldsymbol{b}\times\boldsymbol{c})\cdot\boldsymbol{a}=(\boldsymbol{c}\times\boldsymbol{a})\cdot\boldsymbol{b}=-(\boldsymbol{b}\times\boldsymbol{a})\cdot\boldsymbol{c}=-(\boldsymbol{c}\times\boldsymbol{b})\cdot\boldsymbol{a}=-(\boldsymbol{a}\times\boldsymbol{c})\cdot\boldsymbol{b}$;

(3)$(\boldsymbol{a}\times\boldsymbol{b})\cdot\boldsymbol{c}=\boldsymbol{a}\cdot(\boldsymbol{b}\times\boldsymbol{c})$;

(4)$((\boldsymbol{a}_1+\boldsymbol{a}_2)\times\boldsymbol{b})\cdot\boldsymbol{c}=(\boldsymbol{a}_1\times\boldsymbol{b})\cdot\boldsymbol{c}+(\boldsymbol{a}_2\times\boldsymbol{b})\cdot\boldsymbol{c}$;

(5)$(\lambda\boldsymbol{a}\times\boldsymbol{b})\cdot\boldsymbol{c}=\lambda(\boldsymbol{a}\times\boldsymbol{b})\cdot\boldsymbol{c}$.

事实上,根据向量混合积的定义及向量混合积的几何意义,容易验证上述五个性质.限于篇幅,这里就不一一验证了.

4.空间向量的混合积与三向量共面

三向量共面的充要条件:向量 $\boldsymbol{a},\boldsymbol{b},\boldsymbol{c}$ 共面 $\Leftrightarrow(\boldsymbol{a}\times\boldsymbol{b})\cdot\boldsymbol{c}=0$.

事实上,(1) 若 $\boldsymbol{a},\boldsymbol{b}$ 共线,则 $\boldsymbol{a}\times\boldsymbol{b}=\boldsymbol{0}$,于是$(\boldsymbol{a}\times\boldsymbol{b})\cdot\boldsymbol{c}=0$;

(2) 若 $\boldsymbol{c}=\boldsymbol{0}$,则$(\boldsymbol{a}\times\boldsymbol{b})\cdot\boldsymbol{c}=0$;

(3) 若 $\boldsymbol{a},\boldsymbol{b}$ 不共线,且 $\boldsymbol{c}\neq\boldsymbol{0}$,一方面,若$(\boldsymbol{a}\times\boldsymbol{b})\cdot\boldsymbol{c}=0$,则$(\boldsymbol{a}\times\boldsymbol{b})\perp\boldsymbol{c}$,且$(\boldsymbol{a}\times\boldsymbol{b})\perp\boldsymbol{a}$,$(\boldsymbol{a}\times\boldsymbol{b})\perp\boldsymbol{b}$,故 $\boldsymbol{a},\boldsymbol{b},\boldsymbol{c}$ 共面.

另一方面,若 $\boldsymbol{a},\boldsymbol{b},\boldsymbol{c}$ 共面,则

(a) 当 $\boldsymbol{a},\boldsymbol{b},\boldsymbol{c}$ 中有一个为 $\boldsymbol{0}$,显然$(\boldsymbol{a}\times\boldsymbol{b})\cdot\boldsymbol{c}=0$

(b) 当 $\boldsymbol{a},\boldsymbol{b},\boldsymbol{c}$ 共中有两个共线时,由混合积的定义,显然也有$(\boldsymbol{a}\times\boldsymbol{b})\cdot\boldsymbol{c}=0$.

(c) 当 $\boldsymbol{a},\boldsymbol{b},\boldsymbol{c}$ 均不为 $\boldsymbol{0}$,且 $\boldsymbol{a},\boldsymbol{b},\boldsymbol{c}$ 中任意两个向量都不共线时,于是,由 $\boldsymbol{a},\boldsymbol{b},\boldsymbol{c}$ 共面知存在实数 λ,μ 使得 $\boldsymbol{a}=\lambda\boldsymbol{b}+\mu\boldsymbol{c}$,故$(\boldsymbol{a}\times\boldsymbol{b})\cdot\boldsymbol{c}=((\lambda\boldsymbol{b}+\mu\boldsymbol{c})\times\boldsymbol{b})\cdot\boldsymbol{c}=\lambda(\boldsymbol{b}\times\boldsymbol{b})\cdot\boldsymbol{c}+\mu(\boldsymbol{c}\times\boldsymbol{b})\cdot\boldsymbol{c}=0$.

5.空间向量的混合积的坐标运算

在空间坐标系$\{O,\boldsymbol{e}_1,\boldsymbol{e}_2,\boldsymbol{e}_3\}$中,若向量 $\boldsymbol{a}=(x_1,y_1,z_1)$,$\boldsymbol{b}=(x_2,y_2,z_2)$,

$c=(x_3,y_3,z_3)$，则在 $a\times b=(x_1e_1+y_1e_2+z_1e_3)\times(x_2e_1+y_2e_2+z_2e_3)=\begin{vmatrix}y_1 & z_1\\ y_2 & z_2\end{vmatrix}e_1-\begin{vmatrix}x_1 & z_1\\ x_2 & z_2\end{vmatrix}e_2+\begin{vmatrix}x_1 & y_1\\ x_2 & y_2\end{vmatrix}e_3$ 的基础上，有

$$\begin{aligned}(a\times b)\cdot c&=(\begin{vmatrix}y_1 & z_1\\ y_2 & z_2\end{vmatrix}e_1+\begin{vmatrix}z_1 & x_1\\ z_2 & x_2\end{vmatrix}e_2+\begin{vmatrix}x_1 & y_1\\ x_2 & y_2\end{vmatrix}e_3)\cdot(x_3e_1+y_3e_2+z_3e_3)\\
&=x_3\begin{vmatrix}y_1 & z_1\\ y_2 & z_2\end{vmatrix}|e_1|^2+x_3\begin{vmatrix}z_1 & x_1\\ z_2 & x_2\end{vmatrix}e_1\cdot e_2+x_3\begin{vmatrix}x_1 & y_1\\ x_2 & y_2\end{vmatrix}e_1\cdot e_3+\\
&\quad y_3\begin{vmatrix}y_1 & z_1\\ y_2 & z_2\end{vmatrix}e_1\cdot e_2+y_3\begin{vmatrix}z_1 & x_1\\ z_2 & x_2\end{vmatrix}|e_2|^2+y_3\begin{vmatrix}x_1 & y_1\\ x_2 & y_2\end{vmatrix}e_2\cdot e_3+\\
&\quad z_3\begin{vmatrix}y_1 & z_1\\ y_2 & z_2\end{vmatrix}e_1\cdot e_3+z_3\begin{vmatrix}z_1 & x_1\\ z_2 & x_2\end{vmatrix}e_2\cdot e_3+z_3\begin{vmatrix}x_1 & y_1\\ x_2 & y_2\end{vmatrix}|e_3|^2\\
&=x_3\begin{vmatrix}y_1 & z_1\\ y_2 & z_2\end{vmatrix}|e_1|^2+y_3\begin{vmatrix}z_1 & x_1\\ z_2 & x_2\end{vmatrix}|e_2|^2+z_3\begin{vmatrix}x_1 & y_1\\ x_2 & y_2\end{vmatrix}|e_3|^2+\\
&\quad (x_3\begin{vmatrix}z_1 & x_1\\ z_2 & x_2\end{vmatrix}+y_3\begin{vmatrix}y_1 & z_1\\ y_2 & z_2\end{vmatrix})e_1\cdot e_2+(x_3\begin{vmatrix}x_1 & y_1\\ x_2 & y_2\end{vmatrix}+\\
&\quad z_3\begin{vmatrix}y_1 & z_1\\ y_2 & z_2\end{vmatrix})e_1\cdot e_3+(y_3\begin{vmatrix}x_1 & y_1\\ x_2 & y_2\end{vmatrix}+z_3\begin{vmatrix}z_1 & x_1\\ z_2 & x_2\end{vmatrix})e_2\cdot e_3\end{aligned}$$

特别地，当 e_1,e_2,e_3 是三个两两互相垂直的单位向量时，有

$$\begin{aligned}(a\times b)\cdot c&=(\begin{vmatrix}y_1 & z_1\\ y_2 & z_2\end{vmatrix}e_1+\begin{vmatrix}z_1 & x_1\\ z_2 & x_2\end{vmatrix}e_2+\begin{vmatrix}x_1 & y_1\\ x_2 & y_2\end{vmatrix}e_3)\cdot(x_3e_1+y_3e_2+z_3e_3)\\
&=x_3\begin{vmatrix}y_1 & z_1\\ y_2 & z_2\end{vmatrix}+y_3\begin{vmatrix}z_1 & x_1\\ z_2 & x_2\end{vmatrix}+z_3\begin{vmatrix}x_1 & y_1\\ x_2 & y_2\end{vmatrix}\end{aligned}$$

利用二阶或三阶行列式，上述结论可以写成：

$$\begin{aligned}(a\times b)\cdot c&=(\begin{vmatrix}y_1 & z_1\\ y_2 & z_2\end{vmatrix}e_1+\begin{vmatrix}z_1 & x_1\\ z_2 & x_2\end{vmatrix}e_2+\begin{vmatrix}x_1 & y_1\\ x_2 & y_2\end{vmatrix}e_3)\cdot(x_3e_1+y_3e_2+z_3e_3)\\
&=\begin{vmatrix}x_1 & y_1 & z_1\\ x_2 & y_2 & z_2\\ x_3 & y_3 & z_3\end{vmatrix}\end{aligned}$$

6.向量混合积与三向量共面定理

三向量 $a=(x_1,y_1,z_1)$，$b=(x_2,y_2,z_2)$，$c=(x_3,y_3,z_3)$ 共面 $\Leftrightarrow\begin{vmatrix}x_1 & y_1 & z_1\\ x_2 & y_2 & z_2\\ x_3 & y_3 & z_3\end{vmatrix}=0$.

7.空间四点共面的充要条件

空间中四点 $A=(x_1,y_1,z_1)$，$B=(x_2,y_2,z_2)$，$C=(x_3,y_3,z_3)$，$D=(x_4,y_4,z_4)$ 共面 $\Leftrightarrow \begin{vmatrix} 1 & 1 & 1 & 1 \\ x_1 & x_2 & x_3 & x_4 \\ y_1 & y_2 & y_3 & y_4 \\ z_1 & z_2 & z_3 & z_4 \end{vmatrix}=0$.

事实上，$A=(x_1,y_1,z_1)$，$B=(x_2,y_2,z_2)$，$C=(x_3,y_3,z_3)$，$D=(x_4,y_4,z_4)$ 共面等价于向量 $\overrightarrow{AB}$，$\overrightarrow{AC}$，$\overrightarrow{AD}$ 共面，即

$$\begin{vmatrix} x_2-x_1 & y_2-y_1 & z_2-z_1 \\ x_3-x_1 & y_3-y_1 & z_3-z_1 \\ x_4-x_1 & y_4-y_1 & z_4-z_1 \end{vmatrix}=0$$

而

$$\begin{aligned}
&\begin{vmatrix} 1 & 1 & 1 & 1 \\ x_1 & x_2 & x_3 & x_4 \\ y_1 & y_2 & y_3 & y_4 \\ z_1 & z_2 & z_3 & z_4 \end{vmatrix} \\
=&\begin{vmatrix} 1 & 0 & 0 & 0 \\ x_1 & x_2-x_1 & x_3-x_1 & x_4-x_1 \\ y_1 & y_2-y_1 & y_3-y_1 & y_4-y_1 \\ z_1 & z_2-z_1 & z_3-z_1 & z_4-z_1 \end{vmatrix} \\
=&\begin{vmatrix} x_2-x_1 & y_2-y_1 & z_2-z_1 \\ x_3-x_1 & y_3-y_1 & z_3-z_1 \\ x_4-x_1 & y_4-y_1 & z_4-z_1 \end{vmatrix}=0
\end{aligned}$$

8. 利用向量的混合积可以求四面体的体积及点到平面的距离

(1) 空间四面体的体积

若 A,B,C,D 是空间不共面的四点，则以 A,B,C,D 为顶点的四面体的体积 $V=\frac{1}{6}(\overrightarrow{AB}\times\overrightarrow{AC})\cdot\overrightarrow{AD}$.（请参考本书第 9 章 9.4 节棱柱的体积公式）

若空间四面体的四个顶点的坐标分别是 $A=(x_1,y_1,z_1)$，$B=(x_2,y_2,z_2)$，$C=(x_3,y_3,z_3)$，$D=(x_4,y_4,z_4)$，则结合前面 $\begin{vmatrix} 1 & 1 & 1 & 1 \\ x_1 & x_2 & x_3 & x_4 \\ y_1 & y_2 & y_3 & y_4 \\ z_1 & z_2 & z_3 & z_4 \end{vmatrix}=$

$$\begin{vmatrix} 1 & 0 & 0 & 0 \\ x_1 & x_2-x_1 & x_3-x_1 & x_4-x_1 \\ y_1 & y_2-y_1 & y_3-y_1 & y_4-y_1 \\ z_1 & z_2-z_1 & z_3-z_1 & z_4-z_1 \end{vmatrix} = \begin{vmatrix} x_2-x_1 & y_2-y_1 & z_2-z_1 \\ x_3-x_1 & y_3-y_1 & z_3-z_1 \\ x_4-x_1 & y_4-y_1 & z_4-z_1 \end{vmatrix}$$ 知：该四面体的体积 $V=\frac{1}{6}(\overrightarrow{AB}\times\overrightarrow{AC})\cdot\overrightarrow{AD}=\begin{vmatrix} 1 & 1 & 1 & 1 \\ x_1 & x_2 & x_3 & x_4 \\ y_1 & y_2 & y_3 & y_4 \\ z_1 & z_2 & z_3 & z_4 \end{vmatrix}$.

特别提醒

借助这个命题，可以方便地直接借助四面体的四个顶点的坐标来计算该四面体的体积.

(2) 点到平面的距离

若 A,B,C,D 是空间不共面的四点，则以 A,B,C,D 为顶点的四面体的底面 $\triangle ABC$ 的面积可以看成以 $\overrightarrow{AB}$，$\overrightarrow{AC}$ 为边的平行四边形的面积 $S=|\overrightarrow{AB}\times\overrightarrow{AC}|$ 的一半，于是点 D 到平面 ABC 的距离 $h=\frac{V}{S}=$

$$\frac{\frac{1}{6}(\overrightarrow{AB}\times\overrightarrow{AC})\cdot\overrightarrow{AD}}{|\overrightarrow{AB}\times\overrightarrow{AC}|}.$$

7.3 典型案例分析

1. 借助向量的外积证明正弦定理

如图 7.6，在 $\triangle ABC$ 中，设 $AB=c$，$BC=a$，$AC=b$，则由向量外积的几何意义知

$$S_{\triangle ABC}=\frac{1}{2}|\overrightarrow{AB}\times\overrightarrow{AC}|$$
$$=\frac{1}{2}|\overrightarrow{BC}\times\overrightarrow{BA}|$$
$$=\frac{1}{2}|\overrightarrow{CA}\times\overrightarrow{CB}|$$

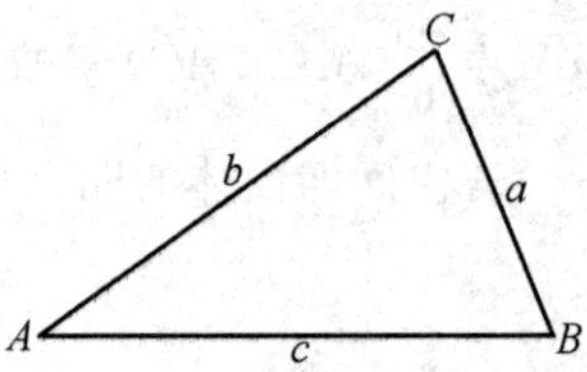

图 7.6

即

$$S_{\triangle ABC}=\frac{1}{2}|\overrightarrow{AB}||\overrightarrow{AC}|\sin<\overrightarrow{AB},\overrightarrow{AC}>$$
$$=\frac{1}{2}|\overrightarrow{BC}||\overrightarrow{BA}|\sin<\overrightarrow{BC},\overrightarrow{BA}>$$

$$=\frac{1}{2}|\overrightarrow{CA}||\overrightarrow{CB}|\sin<\overrightarrow{CA},\overrightarrow{CB}>$$

于是

$$bc\sin A=ac\sin B=ab\sin C$$

即

$$\frac{a}{\sin A}=\frac{b}{\sin B}=\frac{c}{\sin C}$$

这就是正弦定理.

2. 向量的外积与平面中已知三点的三角形的面积及三点共线条件的讨论

(1) 已知空间中不共线的三点的坐标，求此三角形的面积

在空间直角坐标系 $O-xyz$ 中，当 $A(x_1,y_1,z_1)$，$B(x_2,y_2,z_2)$，$C(x_3,y_3,z_3)$ 三点不共线时，由

$$\overrightarrow{AB}\times\overrightarrow{AC}=\begin{vmatrix}\boldsymbol{e}_1 & \boldsymbol{e}_2 & \boldsymbol{e}_3\\ x_2-x_1 & y_2-y_1 & z_2-z_1\\ x_3-x_1 & y_3-y_1 & z_3-z_1\end{vmatrix}$$

$$=\left(\begin{vmatrix}y_2-y_1 & z_2-z_1\\ y_3-y_1 & z_3-z_1\end{vmatrix},-\begin{vmatrix}x_2-x_1 & z_2-z_1\\ x_3-x_1 & z_3-z_1\end{vmatrix},\begin{vmatrix}x_2-x_1 & y_2-y_1\\ x_3-x_1 & y_3-y_1\end{vmatrix}\right)$$

知由 A,B,C 这三点所组成的 $\triangle ABC$ 的面积

$$S=\frac{1}{2}|\overrightarrow{AB}\times\overrightarrow{AC}|$$

$$=\frac{1}{2}\sqrt{\left(\begin{vmatrix}y_2-y_1 & z_2-z_1\\ y_3-y_1 & z_3-z_1\end{vmatrix}\right)^2+\left(\begin{vmatrix}x_2-x_1 & z_2-z_1\\ x_3-x_1 & z_3-z_1\end{vmatrix}\right)^2+\left(\begin{vmatrix}x_2-x_1 & y_2-y_1\\ x_3-x_1 & y_3-y_1\end{vmatrix}\right)^2}$$

(2) 已知平面不共线的三点的坐标，求此三角形的面积

在上述空间 $\triangle ABC$ 中，特别地，当 $z_1=z_2=z_3=0$ 时

$$S=\frac{1}{2}\sqrt{\left(\begin{vmatrix}y_2-y_1 & z_2-z_1\\ y_3-y_1 & z_3-z_1\end{vmatrix}\right)^2+\left(\begin{vmatrix}x_2-x_1 & z_2-z_1\\ x_3-x_1 & z_3-z_1\end{vmatrix}\right)^2+\left(\begin{vmatrix}x_2-x_1 & y_2-y_1\\ x_3-x_1 & y_3-y_1\end{vmatrix}\right)^2}$$

$$=\frac{1}{2}\sqrt{\left(\begin{vmatrix}x_2-x_1 & y_2-y_1\\ x_3-x_1 & y_3-y_1\end{vmatrix}\right)^2}$$

$$=\frac{1}{2}\left|\begin{vmatrix}x_2-x_1 & y_2-y_1\\ x_3-x_1 & y_3-y_1\end{vmatrix}\right|$$

$$=\frac{1}{2}|(x_2-x_1)(y_3-y_1)-(x_3-x_1)(y_2-y_1)|$$

$$=\frac{1}{2}|(x_2y_3-x_3y_2)-(x_1y_3-x_3y_1)+(x_1y_2-x_2y_1)|$$

$$=\frac{1}{2}\left|\begin{vmatrix}x_2 & x_3\\ y_2 & y_3\end{vmatrix}-\begin{vmatrix}x_1 & x_3\\ y_1 & y_3\end{vmatrix}+\begin{vmatrix}x_1 & x_2\\ y_1 & y_2\end{vmatrix}\right|$$

$$=\frac{1}{2}\left|\begin{vmatrix}1 & 1 & 1\\ x_1 & x_2 & x_3\\ y_1 & y_2 & y_3\end{vmatrix}\right|$$

于是可得平面直角坐标系 xOy 中，已知不共线三点 $A(x_1,y_1)$，$B(x_2,y_2)$，$C(x_3,y_3)$ 的 $\triangle ABC$ 的面积 $=\frac{1}{2}\left|\begin{vmatrix}1 & 1 & 1\\ x_1 & x_2 & x_3\\ y_1 & y_2 & y_3\end{vmatrix}\right|$.

空间平面与直线的方程及其度量关系

第8章

本章我们将在讨论了空间平面与空间直线的方程之后，借助向量的度量关系再一次讨论了两个平面之间的位置关系、两条直线之间的位置关系以及直线与平面之间的位置关系.

在讨论上述相关内容的过程中，还讨论了与之相关的两个平面之间的夹角公式、两条直线之间的夹角公式、异面直线的距离公式及异面直线的公垂线方程、点到直线的距离公式、点到平面的距离公式及直线与平面的夹角公式等度量问题，彰显了度量结构在空间平面与空间直线的度量中的重要价值.

在8.1节，我们将在讨论平面的点法式方程之后，借助平面的一般式方程及待定系数法讨论平面的截距式方程、平面的三点式方程.此外，还将结合一般式方程中的系数的讨论，进一步讨论一般式方程中某些系数为零时的各种特殊形式的方程，以方便初学者认知各种特殊形式的平面方程及其表示.

在8.2节，我们将借助度量关系讨论两个平面之间的各种位置关系，并给出了两个平面相交时求这两个平面的夹角的公式.

在8.3节，我们将在讨论直线的向量式参数方程及点向式直线方程的标准式之后，给出直线方程的一般式及两点式方程.此外，还将结合直线的标准方程讨论与坐标轴或坐标平面平行或垂直等具有特殊位置关系的直线方程的形式，以方便初学者认知各种特殊形式的直线方程及其表示.

在8.4节，我们借助度量关系再一次讨论了两条直线的位置关系，并给出空间中两条直线的位置关系的判定方法及两条直线的夹角、两条异面直线的距离的计算公式.最后，借助空间直线的点位式方程给出异面直线的公垂线方程.

在 8.5 节，我们将给出空间中点到直线、平面的距离公式.

在 8.6 节，我们将再一次借助度量关系讨论空间直线与平面之间的位置关系，并给出了直线与平面所成角的计算公式及线面垂直的一个充要条件.

8.1　空间平面的方程

1. 平面的点法式方程

如图 8.1，在空间直角坐标系 $\{O, \boldsymbol{e}_1, \boldsymbol{e}_2, \boldsymbol{e}_3\}$ 中，已知平面 α 及平面 α 内一定点 P_0，若 $\boldsymbol{n}$ 是平面 α 的一个法向量，P 是平面 α 内任一点，总有 $\overrightarrow{P_0P} \perp \boldsymbol{n}$，于是有 $\boldsymbol{n} \cdot \overrightarrow{P_0P} = 0$，这样对于坐标原点 O 来说，由 $\overrightarrow{P_0P} = \overrightarrow{OP} - \overrightarrow{OP_0}$ 知 $\boldsymbol{n} \cdot (\overrightarrow{OP} - \overrightarrow{OP_0}) = 0$.

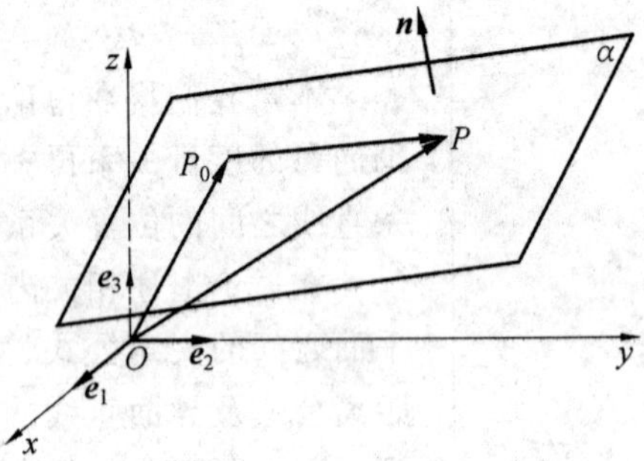

图 8.1

反过来，若对于空间坐标系 $\{O, \boldsymbol{e}_1, \boldsymbol{e}_2, \boldsymbol{e}_3\}$ 中任一点 P 都有 $\boldsymbol{n} \cdot (\overrightarrow{OP} - \overrightarrow{OP_0}) = 0$，则由 $\overrightarrow{OP} - \overrightarrow{OP_0} = \overrightarrow{P_0P}$ 可得 $\boldsymbol{v} \cdot \overrightarrow{P_0P} = 0$，即 $\overrightarrow{P_0P} \perp \boldsymbol{v}$，这表明 P 在过 P_0 且与向量 $\boldsymbol{n}$ 垂直的平面 α 上.

通常把方程 $\boldsymbol{n} \cdot (\overrightarrow{OP} - \overrightarrow{OP_0}) = 0$ 叫作平面 α 的(向量式)点法式方程，其中向量 $\boldsymbol{n}$ 是平面 α 的法向量，P_0 是平面 α 上相对于坐标原点 O 的一个定点，P 是平面 α 上的任一动点.

现将空间坐标系 $\{O, \boldsymbol{e}_1, \boldsymbol{e}_2, \boldsymbol{e}_3\}$ 中向量 $\boldsymbol{n}$、点 P_0 及点 P 坐标化，取 $\boldsymbol{n} = (A, B, C)$，$P_0(x_0, y_0, z_0)$，$P(x, y, z)$，于是由 $\boldsymbol{n} \cdot (\overrightarrow{OP} - \overrightarrow{OP_0}) = 0$ 得 $A(x - x_0) + B(y - y_0) + C(z - z_0) = 0$.

通常称方程 $A(x - x_0) + B(y - y_0) + C(z - z_0) = 0$ 为平面 α 的(坐标式)点法式方程. 其中，(A, B, C) 是平面 α 的一个法向量，x_0, y_0, z_0 是平面 α 内的定点 P_0 的三维坐标分量，x, y, z 是平面 α 内的任一动点 P 的三维坐标分量.

事实上，$A(x - x_0) + B(y - y_0) + C(z - z_0) = 0$ 可化为 $Ax + By + Cz + [-(Ax_0 + By_0 + Cz_0)] = 0$，若记 $-(Ax_0 + By_0 + Cz_0) = D$，则方程在形式上简化为 $Ax + By + Cz + D = 0$，可见平面 α 的方程为三元一次方程.

反过来，任意一个三元一次方程 $Ax + By + Cz + D = 0$ 都是某个平面的方程，其中 A, B, C, D 不全为零.

事实上，不妨设 $A \neq 0$，则 $Ax + By + Cz + D = 0$ 可得 $A(x + \dfrac{D}{A}) + By +$

$Cz=0$，即 $A[x-(-\frac{D}{A})]+B(y-0)+C(z-0)=0$，此方程表明 $Ax+By+Cz+D=0$ 是以 $\boldsymbol{n}=(A,B,C)$ 为法向量，过定点 $P_0(-\frac{D}{A},0,0)$ 的平面方程.

2. 平面方程 $Ax+By+Cz+D=0$ 的特殊形式

下面讨论 $Ax+By+Cz+D=0$ 中某些系数或常数项为零时，平面对于相应的坐标系的特殊位置.

(1) 若 $D=0$，显然原点 $(0,0,0)$ 的坐标适合方程 $Ax+By+Cz=0$，表明平面过原点；

反过来，若 $Ax+By+Cz+D=0$ 过原点 $(0,0,0)$，自然 $D=0$.

(2) 若 $C=0$，方程 $Ax+By+Cz+D=0$ 在形式上简化为 $Ax+By+D=0$，现进一步针对 D 做进一步的讨论：

(a) 若 $D=0$，则坐标系中 z 轴上任一点 $(0,0,z)$ 的坐标适合方程 $Ax+By+D=0$，这表明 z 轴在平面 $Ax+By=0$ 上，或者说平面 $Ax+By=0$ 过 z 轴；

反过来，若 $Ax+By+Cz+D=0$ 过 z 轴，自然有 $C=D=0$.

(b) 若 $D\neq 0$，则平面 $Ax+By+D=0$ 的法向量 $\boldsymbol{n}=(A,B,0)$ 与 z 轴的一个方向向量 $\boldsymbol{e}_3=(0,0,1)$ 垂直，这表明 z 轴与平面 $Ax+By+D=0$ 平行，或者说平面 $Ax+By+D=0$ 平行于 z 轴；

反过来，若 $Ax+By+Cz+D=0$ 平行于 z 轴，平面 $Ax+By+D=0$ 的法向量 $\boldsymbol{v}=(A,B,0)$ 与 z 轴的一个方向向量 $\boldsymbol{e}_3=(0,0,1)$ 垂直，自然有 $C=0$，$D\neq 0$.

换个说法，若 $D\neq 0$，则坐标系中 z 轴上任一点 $(0,0,z)$ 的坐标都不适合方程 $Ax+By+D=0$，这表明 z 轴与平面 $Ax+By+D=0$ 平行，或者说平面 $Ax+By+D=0$ 平行于 z 轴；

同理，当 $B=D=0$ 时，平面 $Ax+By+Cz+D=0$ 过 y 轴；当 $A=D=0$ 时，平面 $Ax+By+Cz+D=0$ 过 x 轴.

当 $B=0,D\neq 0$ 时，平面 $Ax+By+Cz+D=0$ 平行于 y 轴；当 $A=0,D\neq 0$ 时，平面 $Ax+By+Cz+D=0$ 平行于 x 轴.

(3) 当 A,B,C 中有两个为零时，不妨设 $B=C=0$，平面 $Ax+By+Cz+D=0$ 简化为 $Ax+D=0$，

(a) 若 $D\neq 0$，此时平面的法向量 $\boldsymbol{v}=(A,0,0)$ 与 z 轴的一个方向向量 $\boldsymbol{e}_1=(0,0,1)$ 垂直，这表明平面 $Ax+By+Cz+D=0$ 平行于坐标平面 yOz；

同理，当 $A=C=0,D\neq 0$ 时，平面 $Ax+By+Cz+D=0$ 平行于坐标平面 xOz；

当 $A=B=0,D\neq 0$ 时，平面 $Ax+By+Cz+D=0$ 平行于坐标平面 xOy.

(b) 当 $D=0$ 时，即 $B=C=D=0$ 时，平面 $Ax+By+Cz+D=0$ 简化为 $x=0$，即平面 $Ax+By+Cz+D=0$ 就是坐标平面 yOz.

当 $A=C=D=0$ 时，平面 $Ax+By+Cz+D=0$ 就是坐标平面 xOz；

当 $A=B=D=0$ 时，平面 $Ax+By+Cz+D=0$ 就是坐标平面 xOy.

3. 平面的截距式方程

作为运用，下面用待定系数法求过空间直角坐标系中三坐标轴上的三点 $A(a,0,0)$，$B(0,b,0)$，$C(0,0,c)$ 的平面方程，其中 a,b,c 全不为零.

假设所求平面的方程为 $Ax+By+Cz+D=0$，因 $A(a,0,0)$ 在该平面上，故有 $Aa+D=0$，于是 $A=-\frac{D}{a}$；同理，可得 $B=-\frac{D}{b}$，$C=-\frac{D}{c}$.

于是，所求平面方程为 $-\frac{D}{a}x-\frac{D}{b}y-\frac{D}{c}z+D=0$，由于 a,b,c 全不为零，因此 $D\neq 0$，但为了形式上的简捷，一般将此方程写作 $\frac{x}{a}+\frac{y}{b}+\frac{z}{c}=1$ 的形式，称为平面的截距式方程.

4. 平面的三点式方程

作为运用，现在亦用待定系数法求过空间直角坐标系中不共线的三定点 $A(x_1,y_1,z_1)$，$B(x_2,y_2,z_2)$，$C(x_3,y_3,z_3)$ 的平面方程.

解法 1 由 $A(x_1,y_1,z_1)$，$B(x_2,y_2,z_2)$，$C(x_3,y_3,z_3)$ 知所求平面的一个法向量 $\boldsymbol{n}=\overrightarrow{AB}\times\overrightarrow{AC}$，若 $P(x,y,z)$ 为平面上任一点，则有 $\boldsymbol{n}\cdot\overrightarrow{AP}=0$，于是可得 $(\overrightarrow{AB}\times\overrightarrow{AC})\cdot\overrightarrow{AP}=0$.

此方程坐标化，得 $[(x_2-x_1,y_2-y_1,z_2-z_1)\times(x_3-x_1,y_3-y_1,z_3-z_1)]\cdot(x-x_1,y-y_1,z-z_1)=0$.

用二阶行列式来表示，即

$$\left(\begin{vmatrix} y_2-y_1 & z_2-z_1 \\ y_3-y_1 & z_3-z_1 \end{vmatrix},\begin{vmatrix} z_2-z_1 & x_2-x_1 \\ z_3-z_1 & x_3-x_1 \end{vmatrix},\begin{vmatrix} x_2-x_1 & y_2-y_1 \\ x_3-x_1 & y_3-y_1 \end{vmatrix}\right)\cdot$$
$$(x-x_1,y-y_1,z-z_1)=0$$

亦即

$$\begin{vmatrix} y_2-y_1 & z_2-z_1 \\ y_3-y_1 & z_3-z_1 \end{vmatrix}(x-x_1)+\begin{vmatrix} z_2-z_1 & x_2-x_1 \\ z_3-z_1 & x_3-x_1 \end{vmatrix}(y-y_1)+$$
$$\begin{vmatrix} x_2-x_1 & y_2-y_1 \\ x_3-x_1 & y_3-y_1 \end{vmatrix}(z-z_1)=0$$

用三阶行列式来表示，则该平面方程则可表示为

$$\begin{vmatrix} x-x_1 & y-y_1 & z-z_1 \\ x_2-x_1 & y_2-y_1 & z_2-z_1 \\ x_3-x_1 & y_3-y_1 & z_3-z_1 \end{vmatrix}=0$$

解法 2　假定所求平面的法向量为 $\boldsymbol{n}=(A,B,C)$，由于该平面过定点 $A(x_1,y_1,z_1)$，因此，可设所求平面方程为 $A(x-x_1)+B(y-y_1)+C(z-z_1)=0$；

又因 $B(x_2,y_2,z_2)$ 在所求平面上，故有 $A(x_2-x_1)+B(y_2-y_1)+C(z_2-z_1)=0$；

同理，因 $C(x_3,y_3,z_3)$ 在所求平面上，故有 $A(x_3-x_1)+B(y_3-y_1)+C(z_3-z_1)=0$.

这样，我们实际上得到了关于 A,B,C 为未知量的一个三元一次方程组，且此方程组为三元齐次线性方程组，于是根据齐次线性方程组方程有非零解的充要条件可得 $\begin{vmatrix} x-x_1 & y-y_1 & z-z_1 \\ x_2-x_1 & y_2-y_1 & z_2-z_1 \\ x_3-x_1 & y_3-y_1 & z_3-z_1 \end{vmatrix}=0$.

反过来，$\begin{vmatrix} x-x_1 & y-y_1 & z-z_1 \\ x_2-x_1 & y_2-y_1 & z_2-z_1 \\ x_3-x_1 & y_3-y_1 & z_3-z_1 \end{vmatrix}=0$ 是关于 x,y,z 的一次方程，且 (x_1,y_1,z_1)，(x_2,y_2,z_2)，(x_3,y_3,z_3) 适合此方程，因此 $\begin{vmatrix} x-x_1 & y-y_1 & z-z_1 \\ x_2-x_1 & y_2-y_1 & z_2-z_1 \\ x_3-x_1 & y_3-y_1 & z_3-z_1 \end{vmatrix}=0$ 是过 $A(x_1,y_1,z_1)$，$B(x_2,y_2,z_2)$，$C(x_3,y_3,z_3)$ 三点的平面方程.

习惯上，方程 $\begin{vmatrix} x-x_1 & y-y_1 & z-z_1 \\ x_2-x_1 & y_2-y_1 & z_2-z_1 \\ x_3-x_1 & y_3-y_1 & z_3-z_1 \end{vmatrix}=0$ 称为平面三点式坐标方程，而 $(\overrightarrow{AB}\times\overrightarrow{AC})\cdot\overrightarrow{AP}=0$ 称为平面三点式向量方程.

8.2　借助度量关系讨论两个平面之间的位置关系

在前面的讨论中，我们已经清楚地知道两个平面存在平行、相交和重合三种不同的位置关系. 现在我们借助平面的方程来讨论两个平面的这三种位置关系.

假定平面 α 的方程为 $A_1x+B_1y+C_1z+D_1=0$，平面 β 的方程为 $A_2x+B_2y+C_2z+D_2=0$.

1. 平面 α 和平面 β 重合 $\Leftrightarrow \dfrac{A_1}{A_2}=\dfrac{B_1}{B_2}=\dfrac{C_1}{C_2}=\dfrac{D_1}{D_2}$

一方面,若$\frac{A_1}{A_2}=\frac{B_1}{B_2}=\frac{C_1}{C_2}=\frac{D_1}{D_2}$,则平面$\alpha$,$\beta$的方程为同解方程,说明这时的两个方程表示同一个平面,即平面α和平面β重合.

另一方面,若平面α和平面β重合,方程$A_1x+B_1y+C_1z+D_1=0$与$A_2x+B_2y+C_2z+D_1=0$为同一方程,于是自然有$\frac{A_1}{A_2}=\frac{B_1}{B_2}=\frac{C_1}{C_2}=\frac{D_1}{D_2}$.

2. 平面α和平面β平行$\Leftrightarrow \frac{A_1}{A_2}=\frac{B_1}{B_2}=\frac{C_1}{C_2}\neq\frac{D_1}{D_2}$

一方面,由$\frac{A_1}{A_2}=\frac{B_1}{B_2}=\frac{C_1}{C_2}\neq\frac{D_1}{D_2}$知,平面$\alpha$的法向量$\boldsymbol{n}_1=(A_1,B_1,C_1)$与平面$\beta$的法向量$\boldsymbol{n}_2=(A_2,B_2,C_2)$平行,但这两个平面却不重合,这说明此时平面$\alpha$和平面$\beta$互相平行.

另一方面,若平面α和平面β平行但不重合,则这两个平面的法向量$\boldsymbol{n}_1=(A_1,B_1,C_1)$,$\boldsymbol{n}_2=(A_2,B_2,C_2)$对应成比例,即有$\frac{A_1}{A_2}=\frac{B_1}{B_2}=\frac{C_1}{C_2}$;进而由此时的两个平面不重合知$\frac{A_1}{A_2}=\frac{B_1}{B_2}=\frac{C_1}{C_2}\neq\frac{D_1}{D_2}$.

3. 如何确定两个相交平面的夹角的大小

在6.4节中讨论两个平面的夹角时,我们已经知道,可以借助这两个平面的法向量的夹角来讨论. 但两个平面的法向量的夹角却并不一定是这两个平面的夹角. 两个平面的夹角,可能正好是这两个平面的法向量之间的夹角,也可能是这两个法向量的夹角的补角.

设平面α的方程为$A_1x+B_1y+C_1z+D_1=0$,平面β的方程为$A_2x+B_2y+C_2z+D_2=0$,且这两个平面的夹角为θ,如图8.2,则有

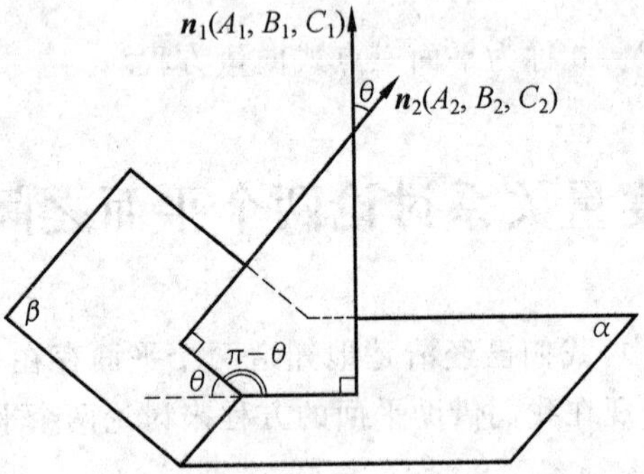

图 8.2

$$\cos\theta=\frac{|\boldsymbol{n}_1\cdot\boldsymbol{n}_2|}{|\boldsymbol{n}_1||\boldsymbol{n}_2|}=\frac{|A_1A_2+B_1B_2+C_1C_2|}{\sqrt{A_1^2+B_1^2+C_1^2}\sqrt{A_2^2+B_2^2+C_2^2}}$$

当 $\theta=\frac{\pi}{2}$ 时，有 $A_1A_2+B_1B_2+C_1C_2=0$；

反过来，当 $A_1A_2+B_1B_2+C_1C_2=0$ 时，也有 $\theta=\frac{\pi}{2}$.

可见，平面 α 和平面 β 互相垂直 $\Leftrightarrow A_1A_2+B_1B_2+C_1C_2=0$.

特别提醒

再次提醒大家注意：两个平面所成的角与二面角的平面角是两个不同的概念，要注意区分.

8.3　空间直线的方程

1. 空间直线的点向式方程

如图 8.3，现在我们来讨论在空间直角坐标系 $\{O,\boldsymbol{e}_1,\boldsymbol{e}_2,\boldsymbol{e}_3\}$ 中，过定点 $P_0(x_0,y_0,z_0)$ 且与方向向量 $\boldsymbol{v}=(X,Y,Z)$ 平行的直线 l 的方程.

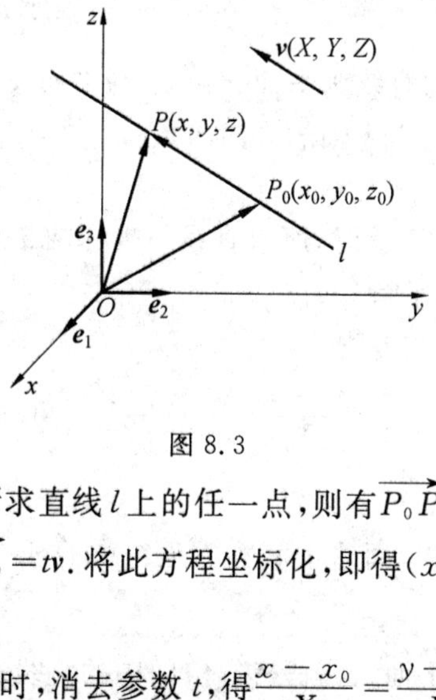

图 8.3

假定 $P(x,y,z)$ 为所求直线 l 上的任一点，则有 $\overrightarrow{P_0P}\parallel\boldsymbol{v}$，于是存在实数 t 使得 $\overrightarrow{P_0P}=t\boldsymbol{v}$，即 $\overrightarrow{OP}-\overrightarrow{OP_0}=t\boldsymbol{v}$. 将此方程坐标化，即得 $(x-x_0,y-y_0,z-z_0)=t(X,Y,Z)$.

当 X,Y,Z 均不为零时，消去参数 t，得 $\frac{x-x_0}{X}=\frac{y-y_0}{Y}=\frac{z-z_0}{Z}$.

通常将 $\overrightarrow{P_0P}=t\boldsymbol{v}$ 称为直线的向量式参数方程，称 $\frac{x-x_0}{X}=\frac{y-y_0}{Y}=\frac{z-z_0}{Z}$ 为点向式直线方程.

2. 与坐标轴或坐标平面平行或垂直的直线方程

当 X,Y,Z 中有一个或两个零时，也将所求直线方程写成 $\frac{x-x_0}{X}=\frac{y-y_0}{Y}=$

$\frac{z-z_0}{Z}$的形式,但通常约定:当$\frac{x-x_0}{X}=\frac{y-y_0}{Y}=\frac{z-z_0}{Z}$中分母为零时,与之对应的分子也同时为零.

当 $X=0$ 时,$\frac{x-x_0}{0}=\frac{y-y_0}{Y}=\frac{z-z_0}{Z}$ 表示 $x-x_0=0$ 及 $\frac{y-y_0}{Y}=\frac{z-z_0}{Z}$.

事实上,这时所求的直线为平面 $x=x_0$ 与 $\frac{y-y_0}{Y}=\frac{z-z_0}{Z}$ 交线,此时所求直线的方向向量 $\boldsymbol{v}=(0,Y,Z)$,与 x 轴的方向向量 $\boldsymbol{e}_1=(1,0,0)$ 垂直,即所求直线垂直于坐标轴 x 轴,与坐标平面 yOz 平行.

与此类似,当 $Y=0$ 时,直线 $\frac{x-x_0}{X}=\frac{y-y_0}{0}=\frac{z-z_0}{Z}$ 垂直于坐标轴 y 轴,与坐标平面 zOx 平行.

当 $Z=0$ 时,直线 $\frac{x-x_0}{X}=\frac{y-y_0}{Y}=\frac{z-z_0}{0}$ 垂直于坐标轴 z 轴,与坐标平面 xOy 平行.

当 $X=Y=0$ 时,$\frac{x-x_0}{0}=\frac{y-y_0}{0}=\frac{z-z_0}{Z}$ 表示 $x-x_0=0$,$y-y_0=0$.

事实上,这时所求的直线为平面 $x=x_0$ 与平面 $y=y_0$ 交线;此时所求直线的方向向量 $\boldsymbol{v}=(0,0,Z)$,与 z 轴的方向向量 $\boldsymbol{e}_3=(0,0,1)$ 平行,即所求直线与坐标轴 z 轴平行.

与此类似,当 $Y=Z=0$ 时,所求直线与坐标轴 x 轴平行;当 $X=Z=0$ 时,所求直线与坐标轴 y 轴平行.

3. 直线方程的一般式方程

事实上,$\frac{x-x_0}{X}=\frac{y-y_0}{Y}=\frac{z-z_0}{Z}$ 可以写成联立方程组 $\begin{cases}\frac{x-x_0}{X}=\frac{y-y_0}{Y}\\ \frac{y-y_0}{Y}=\frac{z-z_0}{Z}\end{cases}$ 的形式,而这个联立方程组中的任一个方程都是一个三元一次方程,它都表示一个平面.也就是说,空间中的直线都可以看成是空间中的两个平面所形成的交线.

一般地,空间中的直线方程可以由方程组 $\begin{cases}A_1x+B_1y+C_1z+D_1=0\\ A_2x+B_2y+C_2z+D_2=0\end{cases}$ 给出.

但这个方程和标准方程相比,却不能直观地确认直线的方向向量.能否将其改写直线的标准方程呢?一般来说,可以通过下面的两个步骤来完成这个改写.

先确定所求直线的方向向量：在直角坐标系中，由 $\begin{cases}A_1x+B_1y+C_1z+D_1=0\\A_2x+B_2y+C_2z+D_2=0\end{cases}$ 所确定的直线方程的方向向量 $\boldsymbol{v}$ 与这个方程组中的两个平面的法向量 $\boldsymbol{n}_1=(A_1,B_1,C_1)$，$\boldsymbol{n}_2=(A_2,B_2,C_2)$ 都垂直，因此可以取所求直线的方向向量 $\boldsymbol{v}=\boldsymbol{n}_1\times\boldsymbol{n}_2$.

再确定这条直线上的任意一点 $P_0(x_0,y_0,z_0)$ 的坐标：假定 $\begin{vmatrix}A_1 & B_1\\A_2 & B_2\end{vmatrix}\neq 0$，则取 $z_0=0$，则由 $\begin{cases}A_1x+B_1y+C_1z+D_1=0\\A_2x+B_2y+C_2z+D_2=0\end{cases}$ 可得 P_0 的 x_0,y_0 的值，于是 $P_0(x_0,y_0,z_0)$ 确定.

这样，对应于 $\begin{cases}A_1x+B_1y+C_1z+D_1=0\\A_2x+B_2y+C_2z+D_2=0\end{cases}$ 的直线的标准方程就确定了.

4. 空间中的两点式直线方程

我们知道不论是在平面上，还是在空间中，过两点都一样有且只有一条直线. 下面我们来求过空间中 $A(x_1,y_1,z_1)$，$B(x_2,y_2,z_2)$ 两点的直线方程.

现把 $A(x_1,y_1,z_1)$ 选作定点，由于所求直线过 $A(x_1,y_1,z_1)$，$B(x_2,y_2,z_2)$ 两点，因此自然容易确定这条直线的一个方向向量 $\boldsymbol{v}=(x_2-x_1,y_2-y_1,z_2-z_1)$，于是根据直线的标准方程，可知所求直线方程为 $\dfrac{x-x_1}{x_2-x_1}=\dfrac{y-y_1}{y_2-y_1}=\dfrac{z-z_1}{z_2-z_1}$.

8.4　借助度量关系讨论空间中两条直线的位置关系

1. 空间中两条直线的夹角及两直线互相垂直的充要条件

在 4.2 节的讨论中，我们已经知道空间两条直线可能异面，也可能共面相交，也可能共面平行，还可能共面重合.

在 6.1 节的讨论中，我们已经明确空间中两条直线的方向向量所形成的角中，不大于 $\dfrac{\pi}{2}$ 的角称为空间中这两条直线的夹角，而且约定空间中平行或重合的两条直线之间的夹角为 0.

由于方向向量的选择并不是唯一的，因此空间中两条直线的夹角可能正好是这两条直线的方向向量所形成的夹角，也可能是所选择的方向向量所形成的夹角的补角.

下面借助空间直线的方向向量通过度量关系来确定两条直线之间的夹角.

我们知道，过点 $A(x_1, y_1, z_1)$ 且方向向量为 $\boldsymbol{v}_1=(X_1, Y_1, Z_1)$ 的直线 a 的标准方程是 $\dfrac{x-x_1}{X_1}=\dfrac{y-y_1}{Y_1}=\dfrac{z-z_1}{Z_1}$，过点 $B(x_2, y_2, z_2)$ 且方向向量为 $\boldsymbol{v}_2=(X_2, Y_2, Z_2)$ 的直线 b 的标准方程为 $\dfrac{x-x_2}{X_2}=\dfrac{y-y_2}{Y_2}=\dfrac{z-z_2}{Z_2}$.

设直线 a、b 的夹角为 θ，而它们的方向向量分别为 $\boldsymbol{v}_1=(X_1, Y_1, Z_1)$，$\boldsymbol{v}_2=(X_2, Y_2, Z_2)$，则有 $\theta=\alpha$，或 $\theta=\pi-\alpha$. 于是，$\cos\theta=\dfrac{|v_1\cdot v_2|}{|v_1||v_2|}=\dfrac{|X_1X_2+Y_1Y_2+Z_1Z_2|}{\sqrt{X_1^2+Y_1^2+Z_1^2}\sqrt{X_2^2+Y_2^2+Z_2^2}}$.

进而，有：直线 a：$\dfrac{x-x_1}{X_1}=\dfrac{y-y_1}{Y_1}=\dfrac{z-z_1}{Z_1}$ 与 b：$\dfrac{x-x_2}{X_2}=\dfrac{y-y_2}{Y_2}=\dfrac{z-z_2}{Z_2}$ 互相垂直 $\Leftrightarrow X_1X_2+Y_1Y_2+Z_1Z_2=0$.

2. 空间中两条直线的位置关系的判定

如图 8.4，直线 a：$\dfrac{x-x_1}{X_1}=\dfrac{y-y_1}{Y_1}=\dfrac{z-z_1}{Z_1}$ 与直线 b：$\dfrac{x-x_2}{X_2}=\dfrac{y-y_2}{Y_2}=\dfrac{z-z_2}{Z_2}$ 的位置关系与向量 $\boldsymbol{v}_1=(X_1, Y_1, Z_1)$，$\boldsymbol{v}_2=(X_2, Y_2, Z_2)$ 及 $\overrightarrow{AB}=(x_2-x_1, y_2-y_1, z_2-z_1)$ 有关：

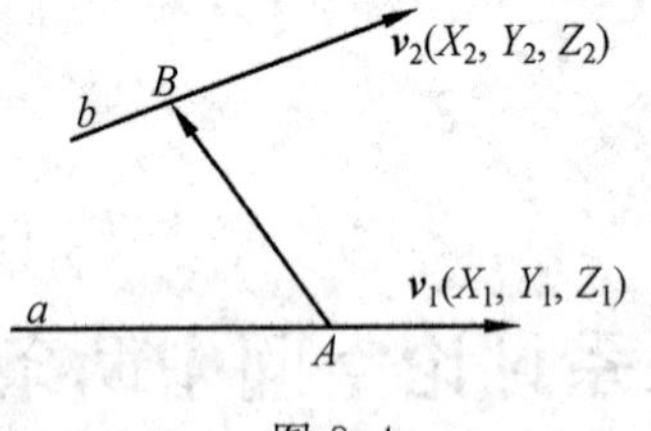

图 8.4

(1) 当且仅当 $\boldsymbol{v}_1$，$\boldsymbol{v}_2$ 及 $\overrightarrow{AB}$ 异面时，所对应的直线 a 与直线 b 异面；

(2) 当且仅当 $\boldsymbol{v}_1$，$\boldsymbol{v}_2$ 及 $\overrightarrow{AB}$ 共面时，所对应的直线 a 与直线 b 共面；

(3) 当两直线共面时，若 $\boldsymbol{v}_1 \nparallel \boldsymbol{v}_2$，则直线 a 与 b 相交；

(4) 当两直线共面时，若 $\boldsymbol{v}_1 /\!/ \boldsymbol{v}_2$，$\boldsymbol{v}_1 \nparallel \overrightarrow{AB}$，$\boldsymbol{v}_2 \nparallel \overrightarrow{AB}$，则直线 a 与 b 平行；

(5) 当两直线共面时，若 $\boldsymbol{v}_1 /\!/ \boldsymbol{v}_2 \nparallel \overrightarrow{AB}$，则直线 a 与 b 重合.

因此，直线 a 与直线 b 有下面的与之对应位置关系及其判定方法：

(1) 直线 a 与直线 b 异面 $\Leftrightarrow \begin{vmatrix} x_2-x_1 & y_2-y_1 & z_2-z_1 \\ X_1 & Y_1 & Z_1 \\ X_2 & Y_2 & Z_2 \end{vmatrix} \neq 0$；

(2) 直线 a 与直线 b 相交 $\Leftrightarrow\begin{cases}\begin{vmatrix}x_2-x_1 & y_2-y_1 & z_2-z_1\\ X_1 & Y_1 & Z_1\\ X_2 & Y_2 & Z_2\end{vmatrix}=0\\ X_1:Y_1:Z_1\neq X_2:Y_2:Z_2\end{cases}$;

(3) 直线 a 与直线 b 平行 $\Leftrightarrow X_1:Y_1:Z_1=X_2:Y_2:Z_2\neq(x_2-x_1):(y_2-y_1):(z_2-z_1)$;

(4) 直线 a 与直线 b 重合 $\Leftrightarrow X_1:Y_1:Z_1=X_2:Y_2:Z_2=(x_2-x_1):(y_2-y_1):(z_2-z_1)$.

3. 异面直线的距离

过点 $A_1(x_1,y_1,z_1)$ 且方向向量为 $\boldsymbol{v}_1=(X_1,Y_1,Z_1)$ 的直线 a: $\dfrac{x-x_1}{X_1}=\dfrac{y-y_1}{Y_1}=\dfrac{z-z_1}{Z_1}$,过点 $B_1(x_2,y_2,z_2)$ 且方向向量为 $\boldsymbol{v}_2=(X_2,Y_2,Z_2)$ 的直线 b: $\dfrac{x-x_2}{X_2}=\dfrac{y-y_2}{Y_2}=\dfrac{z-z_2}{Z_2}$,如图 8.5,作以 $\boldsymbol{v}_1,\boldsymbol{v}_2,\overrightarrow{B_1A_1}$ 为棱的平行六面体 $A_1A_2A_3A_4-B_1B_2B_3B_4$,根据向量的混合积知异面直线 a 与 b 之间的距离 $d=\dfrac{|(\boldsymbol{v}_1\times\boldsymbol{v}_2)\cdot\overrightarrow{B_1A_1}|}{|\boldsymbol{v}_1\times\boldsymbol{v}_2|}$. 将其坐标化,则有

$$d=\frac{|(\boldsymbol{v}_1\times\boldsymbol{v}_2)\cdot\overrightarrow{B_1A_1}|}{|\boldsymbol{v}_1\times\boldsymbol{v}_2|}=\left|\frac{\begin{vmatrix}x_2-x_1 & y_2-y_1 & z_2-z_1\\ X_1 & Y_1 & Z_1\\ X_2 & Y_2 & Z_2\end{vmatrix}}{\sqrt{\begin{vmatrix}Y_1 & Z_1\\ Y_2 & Z_2\end{vmatrix}^2+\begin{vmatrix}Z_1 & X_1\\ Z_2 & X_2\end{vmatrix}^2+\begin{vmatrix}X_1 & Y_1\\ X_2 & Y_2\end{vmatrix}^2}}\right|.$$

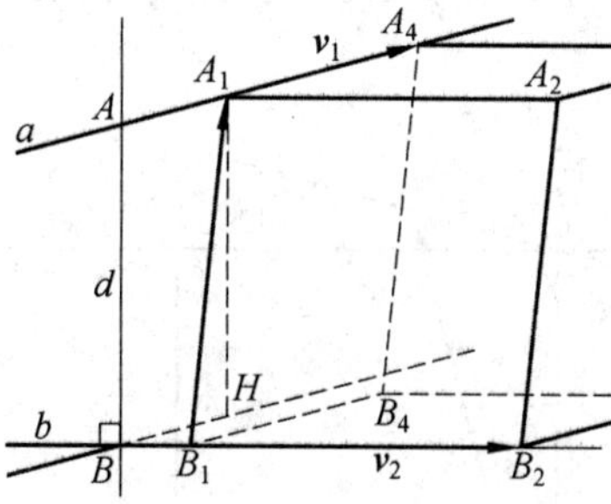

图 8.5

特别提醒

请注意和第 6 章 6.1 节中的求异面直线间的距离的方法进行比较,注意二者之间的异同。

4. 异面直线的公垂线方程

(1) 空间平面的点位式方程

如图 8.6,设平面 α 过定点 $P_0(x_0,y_0,z_0)$,且 $\boldsymbol{v}_1=(X_1,Y_1,Z_1)$,$\boldsymbol{v}_2=(X_2,Y_2,Z_2)$ 为平面内任意两不共线向量,$P(x,y,z)$ 为平面 α 内任一点,则存在实数 s,t 使得$\overrightarrow{P_0P}=s\boldsymbol{v}_1+t\boldsymbol{v}_2$.

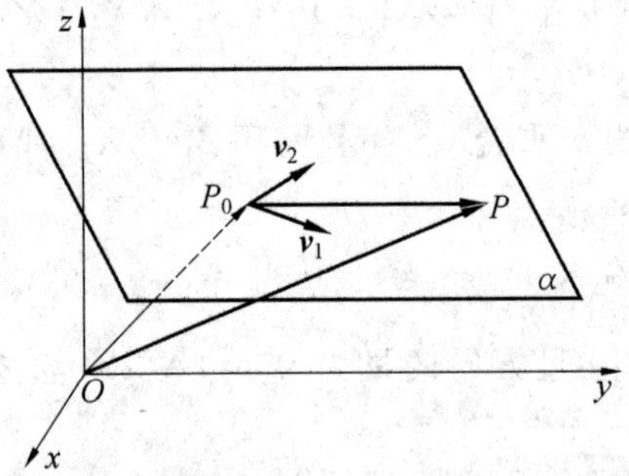

图 8.6

现在$\overrightarrow{P_0P}=s\boldsymbol{v}_1+t\boldsymbol{v}_2$ 两边同时用 $\boldsymbol{v}_1\times\boldsymbol{v}_2$ 作内积,则有$(\boldsymbol{v}_1\times\boldsymbol{v}_2)\cdot\overrightarrow{P_0P}=(s\boldsymbol{v}_1+t\boldsymbol{v}_2)\cdot(\boldsymbol{v}_1\times\boldsymbol{v}_2)=0$,将其坐标化,并消去参数 s,t 得

$$\begin{vmatrix} x-x_0 & y-y_0 & z-z_0 \\ X_1 & Y_1 & Z_1 \\ X_2 & Y_2 & Z_2 \end{vmatrix}=0$$

此方程通常称作平面的点位式坐标方程.

(2) 异面直线的公垂线方程

如图8.7,直线 a 与直线 b 的公垂线为直线 c,于是 $\boldsymbol{v}_1\times\boldsymbol{v}_2$ 可取作公垂线 c 的方向向量,且公垂线 c 可以看作是过直线 a 上的点 A_1、且以 $\boldsymbol{v}_1$,$\boldsymbol{v}_1\times\boldsymbol{v}_2$ 为方向向量的平面 α 与过直线 b 上的点 B_1、且以 $\boldsymbol{v}_2$,$\boldsymbol{v}_1\times\boldsymbol{v}_2$ 为方向向量的平面 β 的交线,于是公垂线 c 的方程为:

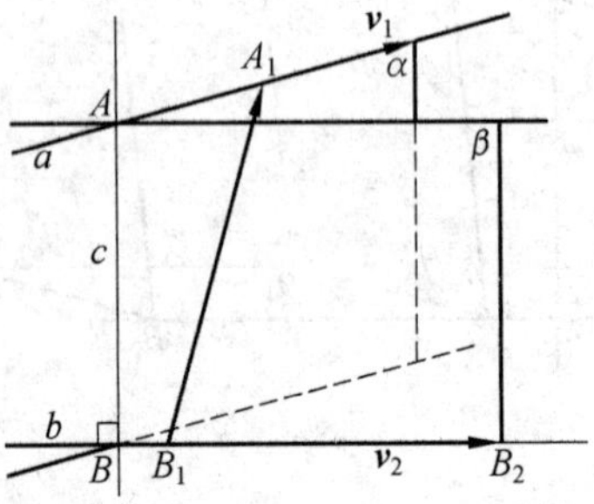

图 8.7

$$\begin{cases}\begin{vmatrix} x-x_1 & y-y_1 & z-z_1 \\ X_1 & Y_1 & Z_1 \\ \begin{vmatrix} Y_1 & Z_1 \\ Y_2 & Z_2 \end{vmatrix} & \begin{vmatrix} Z_1 & X_1 \\ Z_2 & X_2 \end{vmatrix} & \begin{vmatrix} X_1 & Y_1 \\ X_2 & Y_2 \end{vmatrix} \end{vmatrix}=0 \\ \begin{vmatrix} x-x_2 & y-y_2 & z-z_2 \\ X_2 & Y_2 & Z_2 \\ \begin{vmatrix} Y_1 & Z_1 \\ Y_2 & Z_2 \end{vmatrix} & \begin{vmatrix} Z_1 & X_1 \\ Z_2 & X_2 \end{vmatrix} & \begin{vmatrix} X_1 & Y_1 \\ X_2 & Y_2 \end{vmatrix} \end{vmatrix}=0 \end{cases}$$

8.5　空间中点与直线、平面的度量关系

1.点到直线的距离公式

在空间中，当点在直线上时，该点的坐标满足直线的方程；当点不在直线上时，我们可以讨论此点到相应直线的距离.

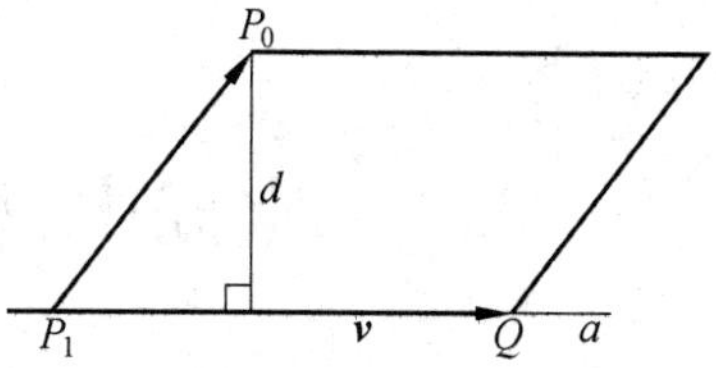

图 8.8

如图 8.8，在空间直角坐标系中，设空间中的定点 $P_0(x_0,y_0,z_0)$ 到过点 $P_1(x_1,y_1,z_1)$、且方向向量为 $\boldsymbol{v}=(X,Y,Z)$ 的直线 a：$\frac{x-x_1}{X}=\frac{y-y_1}{Y}=\frac{z-z_1}{Z}$ 的距离为 d，则 d 是以 $|\boldsymbol{v}|=\sqrt{X^2+Y^2+Z^2}$ 为底、以方向向量 $\boldsymbol{v}=(X,Y,Z)$ 和向量 $\overrightarrow{P_1P_0}$ 为邻边的平行四边形的面积的高，即

$$d=\frac{|\boldsymbol{v}\times\overrightarrow{P_1P_0}|}{|\boldsymbol{v}|}$$

$$=\frac{\sqrt{\begin{vmatrix} y_0-y_1 & z_0-z_1 \\ Y & Z \end{vmatrix}^2+\begin{vmatrix} z_0-z_1 & x_0-x_1 \\ Z & X \end{vmatrix}^2+\begin{vmatrix} x_0-x_1 & y_0-y_1 \\ X & Y \end{vmatrix}^2}}{\sqrt{X^2+Y^2+Z^2}}$$

2.点与平面的距离公式

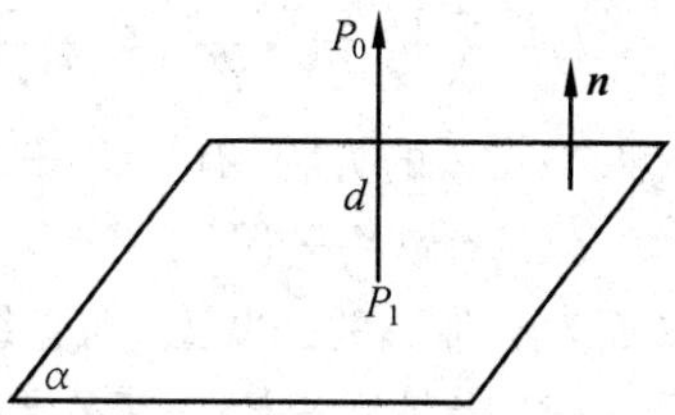

图 8.9

在空间中，当点在平面上时，该点的坐标满足此平面的方程.当点不在此平面上时，我们可以讨论该点到此平面的距离.

如图 8.9，在空间直角坐标系中，过 $P_0(x_0,y_0,z_0)$ 到作平面 $\alpha: Ax+By+Cz+D=0$ 的垂线，设其垂足为 $P_1(x_1,y_1,z_1)$，假定 $\boldsymbol{n}=(A,B,$

$C)$ 为平面 α 的法向量，假定 P_0 到作平面 α 的距离为 d，则 $d=|\overrightarrow{P_1P_0}|$. 因垂足 $P_1(x_1,y_1,z_1)$ 在平面 α 内，因此有 $Ax_1+By_1+Cz_1+D=0$.

由于 $\overrightarrow{P_1P_0}=(x_1-x_0,y_1-y_0,z_1-z_0)$ 与平面 α 的法向量 $\boldsymbol{n}=(A,B,C)$ 共线，因此，$\overrightarrow{P_1P_0}=\delta\boldsymbol{n}^0$，其中 $\boldsymbol{n}^0$ 为法向量 $\boldsymbol{n}=(A,B,C)$ 的单位向量. 现在 $\overrightarrow{P_1P_0}=\delta\boldsymbol{n}^0$ 的两边，用 $\boldsymbol{n}^0$ 作内积，则有

$$\begin{aligned}\delta=\boldsymbol{n}^0\cdot\overrightarrow{P_1P_0}&=\frac{1}{\sqrt{A^2+B^2+C^2}}(A,B,C)\cdot(x_1-x_0,y_1-y_0,z_1-z_0)\\&=\frac{1}{\sqrt{A^2+B^2+C^2}}[(Ax_1+By_1+Cz_1)-(Ax_0+By_0+Cz_0)]\\&=\frac{1}{\sqrt{A^2+B^2+C^2}}[-D-(Ax_0+By_0+Cz_0)]\\&=\frac{-(Ax_0+By_0+Cz_0+D)}{\sqrt{A^2+B^2+C^2}}\end{aligned}$$

于是

$$d=|\overrightarrow{P_1P_0}|=|\delta|=\frac{|Ax_0+By_0+Cz_0+D|}{\sqrt{A^2+B^2+C^2}}$$

8.6 空间中直线与平面之间的度量关系

1. 空间直线与平面的三种位置关系的判定

在 4.3 节的讨论中，我们已经知道直线与平面有三种不同的位置关系，或者直线与平面相交，或者直线与平面平行，或者直线在平面内(也可以说成平面经过直线). 下面我们借助度量关系进一步讨论直线与平面的这三种位置关系.

现在空间直角坐标系中，来讨论过定点 $P_0(x_0,y_0,z_0)$ 且与方向向量 $\boldsymbol{v}=(X,Y,Z)$ 平行的直线 a: $\dfrac{x-x_0}{X}=\dfrac{y-y_0}{Y}=\dfrac{z-z_0}{Z}$ 与法向量为 $\boldsymbol{n}=(A,B,C)$ 的平面 α: $Ax+By+Cz+D=0$ 二者之间的关系.

设 $\dfrac{x-x_0}{X}=\dfrac{y-y_0}{Y}=\dfrac{z-z_0}{Z}=t$，则 $x=x_0+Xt,y=y_0+Yt,z=z_0+Zt$，代入平面 α 的方程，有 $(AX+BY+CZ)t=-(Ax_0+By_0+Cz_0+D)$.

(1) 当 $AX+BY+CZ\neq0$ 时，上述关于 t 的方程有唯一解，表明直线 a 与平面 α 有唯一的公共点，即直线 a 与平面 α 相交；

(2) 当 $AX+BY+CZ=0$ 但 $Ax_0+By_0+Cz_0+D\neq0$ 时，上述关于 t 的方程无解，表明直线 a 与平面 α 没有的公共点，即直线 a 与平面 α 平行；

(3) 当 $AX+BY+CZ=0$ 且 $Ax_0+By_0+Cz_0+D=0$ 时，上述关于 t 的方程有无数解，表明直线 a 与平面 α 有无数个公共点，即直线 a 在平面 α 内（或平面 α 经过直线 a）.

上述讨论是借助代数方程来讨论的，其实，借助直线 $a:\dfrac{x-x_0}{X}=\dfrac{y-y_0}{Y}=\dfrac{z-z_0}{Z}$ 的方向向量 $\boldsymbol{v}=(X,Y,Z)$ 和平面 $\alpha:Ax+By+Cz+D=0$ 的法向量 $\boldsymbol{n}=(A,B,C)$，也容易清楚地认识到上述关系：

(1) 当 $\boldsymbol{v}\cdot\boldsymbol{n}\neq 0$，即直线 a 的方向向量 $\boldsymbol{v}=(X,Y,Z)$ 与平面 α 的法向量为 $\boldsymbol{n}=(A,B,C)$ 不垂直，亦即 $AX+BY+CZ\neq 0$ 时，直线 a 与平面 α 相交；

(2) 当 $\boldsymbol{v}\cdot\boldsymbol{n}=0$，但点 $P_0(x_0,y_0,z_0)$ 不在平面 α 上，即直线 a 的方向向量 $\boldsymbol{v}=(X,Y,Z)$ 与平面 α 的法向量为 $\boldsymbol{n}=(A,B,C)$ 垂直，但点 $P_0(x_0,y_0,z_0)$ 不在平面 α 上时，直线 a 与平面 α 平行. 亦即当 $AX+BY+CZ=0$，但 $Ax_0+By_0+Cz_0+D\neq 0$ 时，直线 a 与平面 α 平行；

(3) 当 $\boldsymbol{v}\cdot\boldsymbol{n}=0$，且点 $P_0(x_0,y_0,z_0)$ 在平面 α 上，即直线 a 的方向向量 $\boldsymbol{v}=(X,Y,Z)$ 与平面 α 的法向量为 $\boldsymbol{n}=(A,B,C)$ 垂直，且点 $P_0(x_0,y_0,z_0)$ 在平面 α 上时，直线 a 在平面 α 内（或平面 α 经过直线 a）. 亦即当 $AX+BY+CZ=0$，且 $Ax_0+By_0+Cz_0+D=0$ 时，直线 a 在平面 α 内（或平面 α 经过直线 a）.

2. 空间直线与平面的夹角的计算

如图 8.10，图 8.11，设直线 a 在平面 α 之间的夹角为 θ，选择的直线 a 的方向向量和平面 α 的法向量 $\boldsymbol{n}$ 所夹角为 φ. 其中，θ 与 φ 之间的关系是：或者 $\theta=\dfrac{\pi}{2}-\varphi$，或者 $\theta=\varphi-\dfrac{\pi}{2}$.

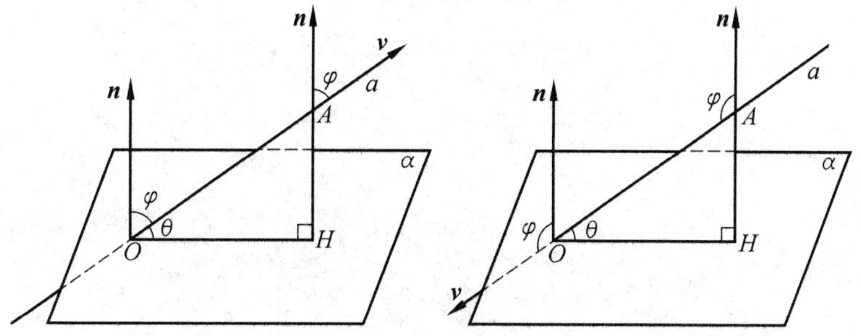

图 8.10　　　　图 8.11

在讨论具体问题时，需要根据具体的情况来确定. 但下面的关系始终成立：

$$\sin\theta=|\cos\varphi|=\frac{|\boldsymbol{n}\cdot\boldsymbol{v}|}{|\boldsymbol{n}||\boldsymbol{v}|}=\frac{|AX+BY+CZ|}{\sqrt{A^2+B^2+C^2}\sqrt{X^2+Y^2+Z^2}}.$$

特别地，当 $\theta=\frac{\pi}{2}$ 时，直线 a 在平面 α 垂直，于是有下面的充要条件：

直线 a 在平面 α 垂直 $\Leftrightarrow \boldsymbol{v} /\!/ \boldsymbol{n} \Leftrightarrow \frac{A}{X}=\frac{B}{Y}=\frac{C}{Z}$.

简单几何体的侧面积与体积

第9章

本章是本书的最后一章，重点讨论棱柱与圆柱、棱锥与圆锥、棱台与圆台等的侧面积、球的表面积及其它们的体积公式.

在9.1节中，讨论了与棱柱、棱锥、棱台有关的各种名称、叫法及分类等最基础的概念或性质. 如什么几何体叫棱柱、什么叫直棱柱、斜棱柱、正棱柱，什么几何体叫平行六面体、长方体、正方体，什么几何体叫棱锥、正棱锥，什么几何体叫棱台、正棱台等；什么叫作相应几何体的侧棱、侧面、底面、高等. 此外，不仅介绍了棱柱、直棱柱、平行六面体、长方体、正方体、正棱锥、正棱台等几何体最基本的性质，而且还简单介绍了如何用斜二测画法画出这些几何体的直观图.

在9.2节中，与9.1节类似，讨论了与圆柱、圆锥、圆台相关的各种名称、叫法及分类等最基础的概念或性质. 如什么几何体叫圆柱、圆锥、圆台，什么是这些几何体的侧面、底面、轴截面、母线、高等. 此外，不仅介绍了圆柱、圆锥、圆台等几何体的最基本的性质，而且还简单介绍了如何用正等测画法画出这些几何体的直观图.

在9.3节中，讨论了诸如直棱柱、正棱锥、正棱台及圆柱、圆锥、圆台等柱、锥、台的侧面积.

在9.4节中，借助祖暅原理讨论了棱柱与圆柱、棱锥与圆锥、棱台与圆台的体积.

在9.5节中，介绍了与球有关的诸如球心、球半径、球的大圆、球的小圆、球面距离等最基础的名词概念，介绍了球的直观图的画法，简单介绍了球的球面的面积公式及球的体积公式的推导过程.

9.1　棱柱、棱锥、棱台的相关概念与性质

9.1.1　与棱柱相关的一些概念及简单性质

1. 与多面体有关的概念

由若干个平面多边形(本章中所讨论的平面多边形根据问题的需要还包括相应的多边形的边所围成的平面) 所围成的几何体叫作多面体,围成这个多面体的各个平面多边形叫作这个多面体的面,多面体中相邻的两个面的公共边叫作这个多面体的一条棱,多面体的棱与棱的公共端点叫作这个多面体的顶点,联结多面体的不在同一面上的两个顶点所形成的线段叫作这个多面体的一条(体) 对角线,有时也把这个多面体的一个面内的对角线叫作这个多面体的面对角线.

和凸多边形类似,如果一个多面体相对于它的任何一个面来说,其余各个平面都在这个平面的同一侧,那么这个多面体就叫作凸多面体. 在后续学习中,我们一般都只讨论凸多面体,一般也将凸多面体简称为多面体.

一个凸多面体至少有四个面,按多面体的面的多少,可以叫作四面体、五面体、六面体等.

有时,在讨论问题的时候,可能需要用一个平面去截一个多面体,一个多面体和一个平面相交时所得到的平面叫作这个多面体的一个截面.

2. 与棱柱相关的一些概念及简单性质

如果一个多面体有两个面互相平行,且其余每相邻的两个面的交线都互相平行,那么这样的多面体叫作棱柱,如图 9.1;这两个互相平行的面叫作这个棱柱的底面(简称底),其余各面叫作这个棱柱的侧面,两个侧面的公共边叫作这个棱柱的侧棱,和这个棱柱的上下底面都垂直相交的公垂线段叫作这个棱柱的高,如图中的 HH' 就是这个棱柱的一条高.

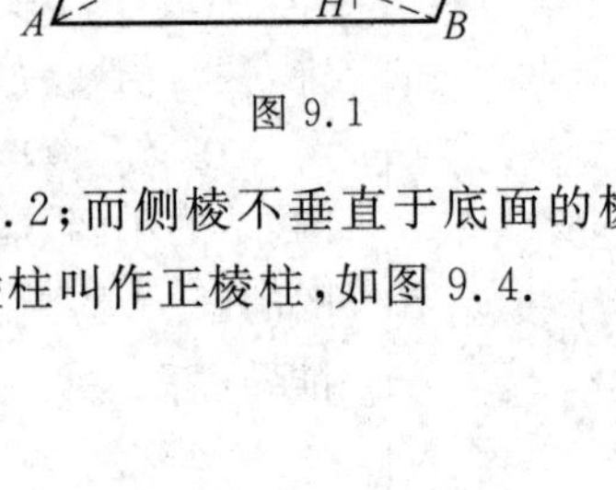

图 9.1

侧棱垂直于底面的棱柱叫作直棱柱,如图 9.2;而侧棱不垂直于底面的棱柱叫作斜棱柱,如图 9.3;底面是正多边形的直棱柱叫作正棱柱,如图 9.4.

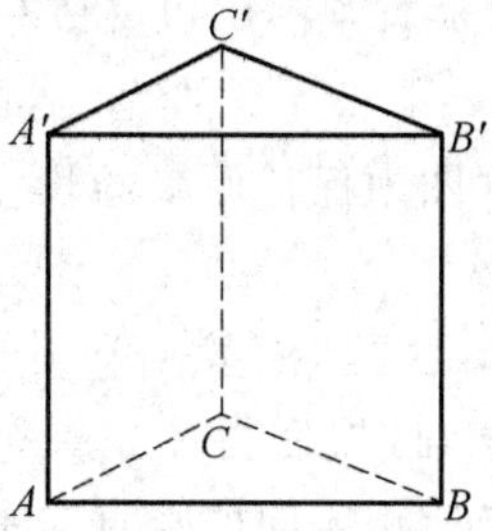

图 9.2

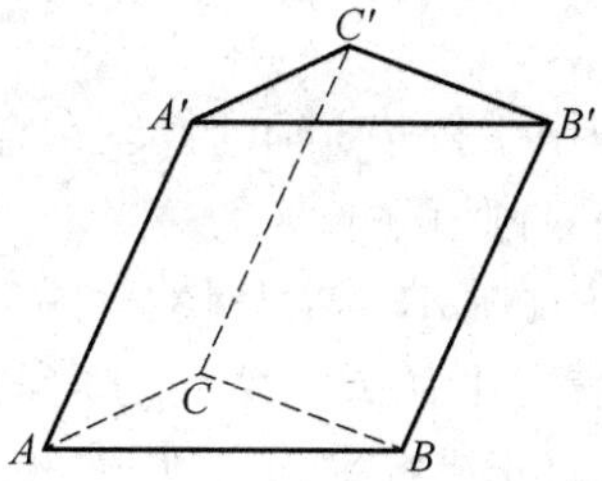

图 9.3

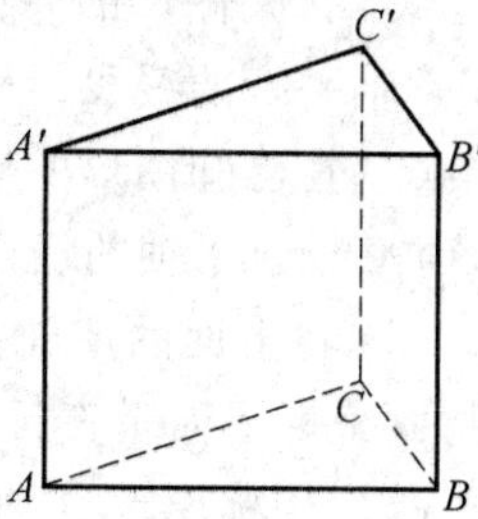

图 9.4

一般依据底面的形状来命名棱柱，如果底面是三角形，这样的棱柱就叫作三棱柱，依次有四棱柱、五棱柱等等.

棱柱一般用表示它的上下两个底面的顶点的字母来命名，比如斜棱柱 $ABC-A'B'C'$，如图 9.3；或直三棱柱 $ABC-A'B'C'$，如图 9.2；或正三棱柱 $ABC-A'B'C'$，如图 9.4. 有时，也有它们的一条体对角线的两个端点的字母来命名，如直三棱柱 $A'B$ 等，如图 9.2.

容易在观察的基础上，归纳、论证下面有关棱柱的一些基本性质：

棱柱的侧棱都相等，侧面都是平行四边形；直棱柱的每一个侧面都是矩形；正棱柱的每一个侧面都是全等的矩形.

3. 与平行六面体相关的一些概念及简单性质

底面是平行四边形的四棱柱叫作平行六面体，侧棱与底面垂直的平行六面体叫作直平行六面体. 底面是矩形的直平行六面体叫作长方体，棱长都相等的长方体又叫作正方体.

借助观察和论证，容易得到下述有关平行六面体的一些简单性质：

(1) 平行六面体任何相对的两个面都是互相平行且全等的平行四边形；

(2) 长方体的六个面都是矩形；

(3) 正方体的六个面都是全等的正方形.

4. 直棱柱的直观图及斜二测画法

要把空间的立体图形画在纸上，就只能借助平面上的平面图形来表示空间立体图形的形象. 因此，表示空间立体图形的平面图形就不可能是空间中的图形本身了，这样的平面图形通常称为空间立体图形的直观图.

画水平放置的空间立体图形的直观图的时候，一般采用斜二测画法. 这种画法的基本规则是：

(1) 在已知图形的底面取互相垂直的两条坐标轴 Ox，Oy，在画直观图的时候，画成相交成 $45°$ 或 $135°$ 的两条坐标轴 $O'x'$，$O'y'$，用这两条坐标轴 $O'x'$，$O'y'$ 所确定的平面来表示水平平面.

(2) 已知图形的底面中平行于 x 轴或 y 轴的线段，在直观图中也画成与 x' 轴，y' 轴平行的线段；

(3) 在已知图形的底面中平行于 x 轴的线段在直观图中保持原来的长度不变，而平行于 y 轴的线段则只画原来长度的一半.

(4) 在上面的基础上，先在原来的立体图形中所选定的坐标系 xOy 中，确定与此坐标平面垂直且竖直向上的方向为正方向的 z 轴，然后再在坐标平面 $x'O'y'$ 的坐标原点 O' 画垂直于坐标平面 $x'O'y'$ 的 z' 轴，正方向取竖直向上的方向为正方向. 在立体图形中所有与 z 轴平行的线段在直观图中都保持与 z' 轴平行且等长.

在画立体图形的直观图的时候，一般先画它的底面的直观图，然后在此基础上，再画与它的底面垂直的其他线段.

如图 9.4，这就是按上述规则所画的一个正三棱柱的直观图.

9.1.2　与棱锥相关的一些概念及简单性质

1. 棱锥

如果一个多面体有一个面是多边形，而其余各个面都是三角形，且这些三角形都有一个公共顶点，那么这样的多面体叫作棱锥. 这个多边形叫作这个棱锥的底面(简称底)，其余各面叫作这个棱锥的侧面，相邻侧面的公共边叫作这个棱锥的侧棱，各侧面的公共顶点叫作棱锥的顶点，从顶点到这个棱锥的底面的垂线段的长叫作这个棱柱的高，如图 9.5 中的 SH 就是这个棱锥的一条高.

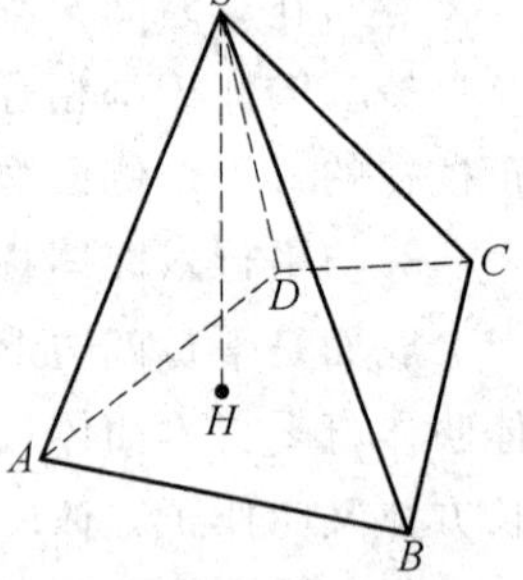

图 9.5

如果一个棱锥的底面是正多边形，且这个棱锥的顶点在底面内的射影正好是这个棱锥的底面的中心，那么这个棱锥叫作正棱锥，如图 9.6 所示的三棱锥即为正三棱锥.

一般依据底面的形状来命名棱锥，如果底面是三角形，这样的棱锥就叫作三棱锥，依次有四棱锥、五棱锥等等. 三棱锥有时也叫四面体，它有四个面，每个面都是三角形，其中任何一个面都可以叫作这个棱锥的底面.

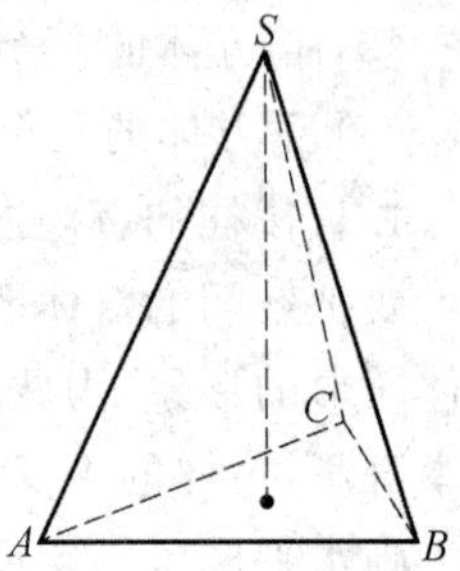

图 9.6

棱锥一般用表示它的顶点及底面上各顶点的字母来命名，比如棱锥 $S-ABCD$，如图 9.5，或正棱锥 $S-ABC$，如图 9.6；有时，也用这个棱锥的顶点和它的底面一条体对角线的两个端点来命名，如棱锥

$S-AC$ 等，如图 9.5.

2. 正棱锥的一些基本性质

容易在观察的基础上，归纳、论证有关正棱锥的一些基本性质，如图 9.7：

(1) 正棱锥的各个侧棱都相等，各个侧面都是全等的等腰三角形.

由于正棱锥的侧面都是全等的等腰三角形，且这些等腰三角形的底边上的高都相等，因此，在数学上，也将这些等腰三角形的底边上的高叫作正棱锥的斜高，如图 9.7，图中的 SM 便是正棱锥 $S-ABC$ 的一条斜高.

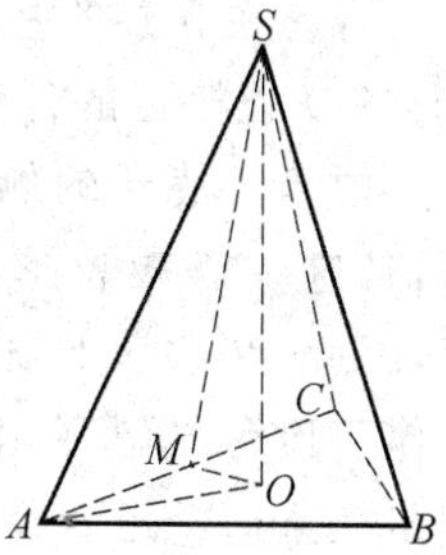

图 9.7

正棱锥的高、斜高及斜高在底面上的射影组成一个直角三角形；正棱锥的高、侧棱和侧棱在底面上的射影则组成另一个直角三角形，如图 9.7 中的 $\mathrm{Rt}\triangle SOM$ 及 $\mathrm{Rt}\triangle SOA$.

3. 正棱锥的直观图的画法

在画正棱锥的直观图时，正棱锥的底面的画法与直棱柱的底面的画法一致，这个正棱锥的顶点正好在 z 轴上，其顶点到底面中心的距离正好等于这个正棱锥的高，图 9.7 中的正棱锥就是按标准的斜二测画法画出的一个正三棱锥.

9.1.3　棱台

1. 与棱台相关的一些概念

如果用一个平行于棱锥底面的平面去截棱锥，那么这个棱锥的底面和这时的截面之间的部分所构成的几何体通常就称之为棱台. 通常称原来的棱锥的底面为这时的棱台的下底面，称上述截面为这时的棱台的上底面；而棱台的其他面则均统称为棱台的侧面；相邻侧面的公共边则称之为棱台的侧棱；棱台上下底面的距离叫作这个棱台的高，如图 9.8，图中的 HH' 就是这个棱台的一条高.

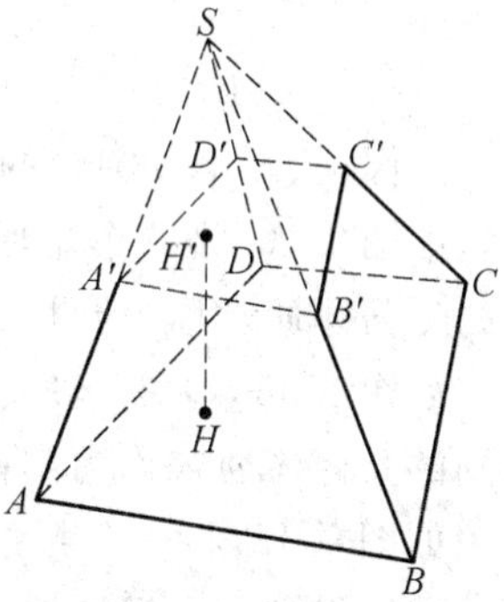

图 9.8

一个正棱锥被一个平行于底面的平面所截而得到的棱台则叫作正棱台.

一个三棱锥被平行平面所截后形成的棱台叫作三棱台，依次有四棱台、五棱台等等.

棱台一般用表示它的上下底面的各个顶点的字母来命名，如棱台 $ABC-$

$A'B'C'$；有时，也用这个棱台一条体对角线的两个端点来命名，如棱台 AC' 等.

2. 正棱台的一些基本性质

容易在观察的基础上，归纳、论证得到下面有关正棱台的一些基本性质：

(1) 正棱台的各个侧棱都相等，各个侧面都是全等的等腰梯形.

由于正棱台的侧面都是全等的等腰梯形，且这些等腰梯形的底边上的高也都相等，因此，在数学上，也将这些等腰梯形的高叫作正棱台的斜高，如图 9.9，图中的 HH' 就是一条这个正四棱台 $ABCD-A'B'C'D'$ 的一条斜高.

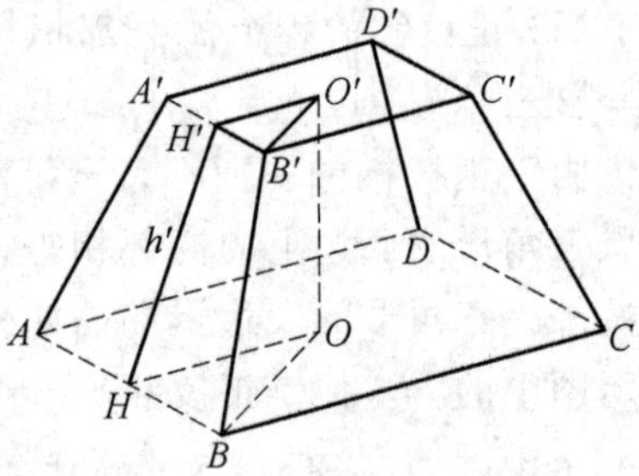

图 9.9

(2) 正棱台两底中心的连线、上下两底面的正多边形相应的一组的边心距、斜高组成一个直角梯形，如图 9.9 中的直角梯形 $OO'H'H$；正棱台两底中心的连线、侧棱、上下两底面的正多边形相应的一组半径组成另一个直角梯形，如图 9.9 中的直角梯形 $OO'B'B$.

3. 正棱台的直观图的画法

在画正棱台的直观图时，正棱台的底面的画法与直棱柱的底面的画法一致，这个正棱台的上下两个底面的中心都在 z 轴上，上下两底面的中心的距离正好等于这个正棱台的高.

9.2　圆柱、圆锥、圆台的相关概念与性质

1. 圆柱、圆锥及圆台的相关概念

如图 9.10，将一个矩形 $OO'A'A$ 以它的一条边 OO' 为旋转轴旋转一周所得到的几何体通常称为圆柱.

如图 9.11，将一个 $\mathrm{Rt}\triangle SOA$ 以它的一条直角边 SO 为旋转轴旋转一周所得到的几何体通常称为圆锥.

如图 9.12，将一个直角梯形 $OO'CA$ 以它垂直于底边的腰 OO' 为旋转轴旋转一周所得到的几何体通常称为圆台.

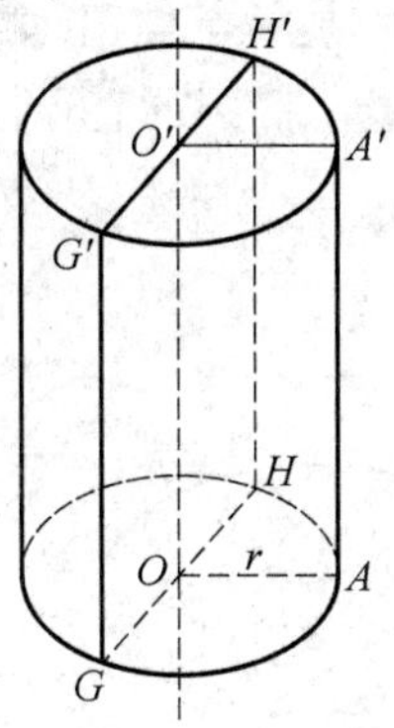

图 9.10

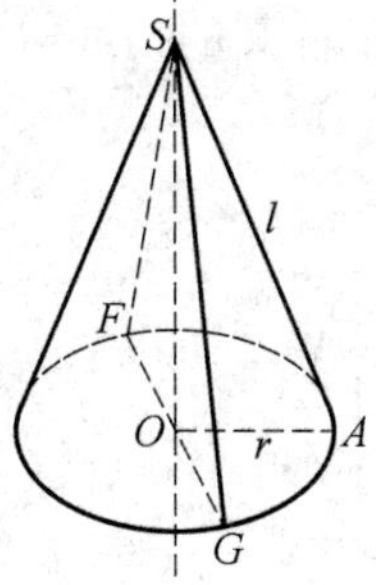

图 9.11

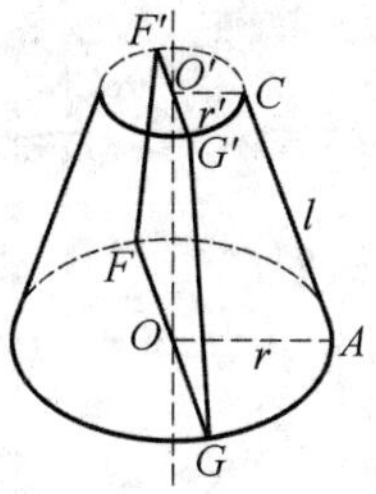

图 9.12

圆柱、圆锥、圆台在形成过程中的旋转轴都分别称之为相应的几何体的轴；圆柱、圆锥、圆台在它们的轴上的边的长度就叫作相应几何体的高；垂直于轴的边旋转而形成的圆面叫作相应的几何体的底面，除圆锥外圆柱和圆台的两个底面分别称之为上底面、下底面；不垂直于轴的边旋转而成的曲面则称之为相应几何体的侧面，且不论旋转到什么位置，这条边都叫作相应的几何体的侧面的母线；过圆柱、圆锥、圆台的轴的截面一律叫作轴截面，如图 9.10、图 9.11、图 9.12 等图中的四边形 $GHH'G'$，$\triangle SFG$，梯形 $FGG'F'$ 等都是相应圆柱、圆锥、圆台的一个截面.

和棱台一样，圆台也可以看成是一个圆锥被平行于它的底面的平面所截而形成的.

圆柱、圆锥、圆台一般用表示它的轴的字母来表示，如图，相应的圆柱、圆锥、圆台依次可以称作圆柱 OO'、圆锥 SO、圆台 OO' 等.

2. 圆柱、圆锥及圆台的简单性质

借助直观观察及抽象，完全可以发现圆柱、圆锥、圆台的轴截面分别是全等的矩形、等腰三角形及等腰梯形.

3. 圆柱、圆锥、圆台的直观图的画法

圆柱、圆锥、圆台的底面都是圆，而圆在画其直观图时，一般不用斜二测画法，而用正等测画法.

(1) 在已知的 $\odot O$ 中取互相垂直的两条轴 Ox，Oy，而在画直观图的时候，把它们画成对应的 $O'x'$，$O'y'$ 轴，但这时他们之间的夹角不再是 $45°$ 或 $135°$ 了，而是 $60°$ 或 $120°$；

(2) 在已知圆中平行于 x 轴、y 轴的线段也在直观图中分别画成平行于 x' 轴、y' 轴的线段，但不同于斜二测画法的是这时线段的长度在直观图中和原来的长度保持不变.

用上述正等测画法所画出的圆在平面直观图中是一个椭圆，如图 9.13、图 9.14，原来图 9.13 圆的直径在直观图图 9.14 中变成了椭圆的直径，通常称作椭圆的共轭直径，圆的切线就成了椭圆的切线.

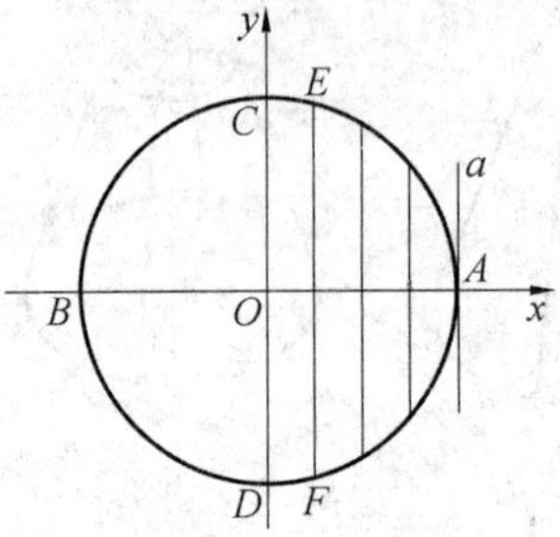

图 9.13

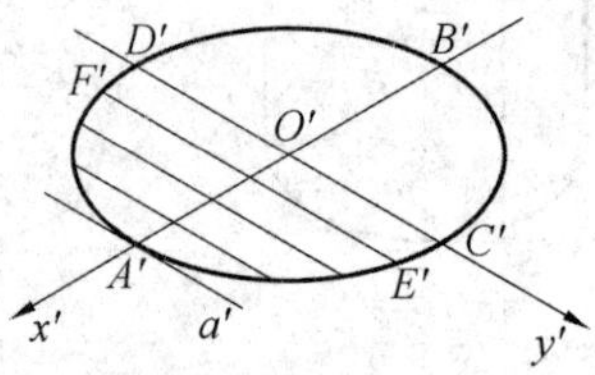

图 9.14

圆柱、圆锥、圆台的直观图时，先用正等测画法画出它们的底面的直观图，然后再用类似于棱柱、棱锥、棱台的直观图的方法来画剩余的其他部分的直观图.

9.3 棱柱、棱锥、棱台与圆柱、圆锥、圆台的侧面积

9.3.1 棱柱、棱锥、棱台的侧面积

1. 直棱柱的侧面积

由于直棱柱的每一个侧面都是矩形，因此任一直棱柱的侧面积都等于它的各侧面的面积之和，如图 9.15.

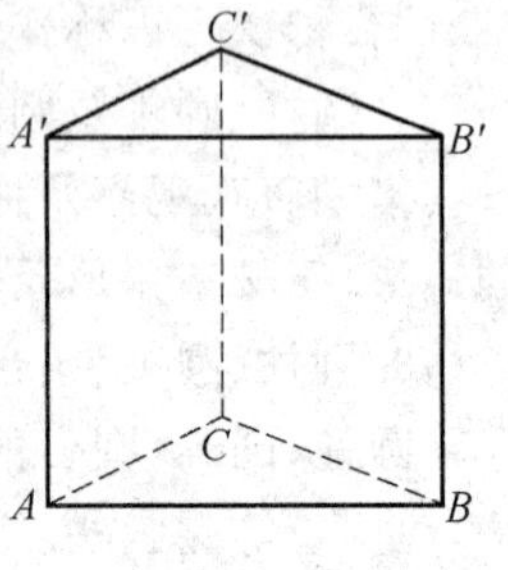

图 9.15

对于正棱柱来说，由于它的每一个侧面都是全等的矩形，因此正棱柱的侧面积等于其中一个侧面的面积 × 它的侧面的个数.

2. 正棱锥的侧面积

由于正棱锥的各个侧面都是全等的等腰三角形，因此一个正棱锥的侧面积等于它的任何一个侧面的面积 × 它的侧面的个数.

3. 正棱台的侧面积

由于正棱台是正棱锥被平行于底面的平面所截而形成的，因此借助空间想象或动手实践操作，可以发现，当把一个正棱台沿着它的一条侧棱剪开，并展开

平铺在一个平面上时，它的侧面展开图是由若干个全等的等腰梯形平铺在平面上所组成的，因此它的侧面积也就是所有的这些全等的等腰梯形的面积的和，如图 9.16，有：

正棱台的侧面积等于它的任何一个侧面的面积 × 它的侧面的个数.

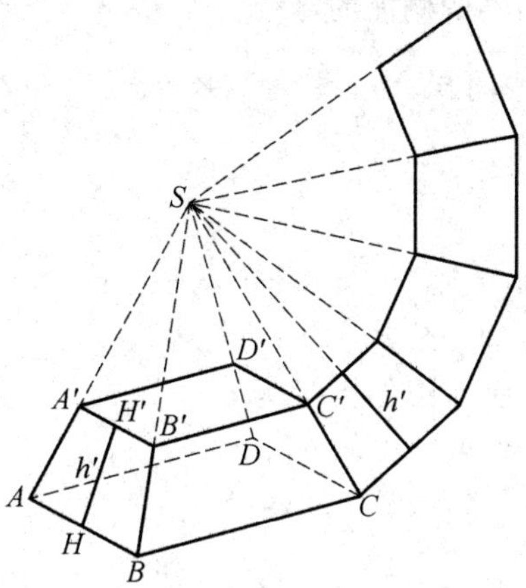

图 9.16

9.3.2　圆柱、圆锥、圆台的侧面积

1. 圆柱的侧面积

圆柱的侧面积在小学的时候，大家就已经知道，借助想象或直观操作，圆柱的侧面展开图是一个矩形，这个矩形的一组对边正好等于这个圆柱的底面圆的周长 $2\pi r$，而另一组对边则正好就是这个圆柱的侧面的母线 l.

因此，圆柱的侧面积 = 它的底面圆的周长 × 侧面的母线长 $= 2\pi rl$，如图 9.17.

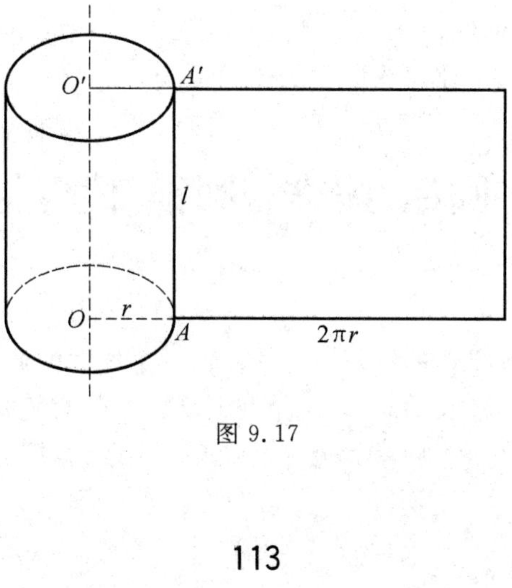

图 9.17

2. 圆锥的侧面积

假定圆锥底面圆的半径为 r，而圆锥的侧面展开图是一个扇形，而这个扇形的弧长 c 等于原来的圆锥的底面圆的周长 $2\pi r$，即 $c=2\pi r$，而这时扇形的半径正好等于这个圆锥的侧面的母线长 l.

因此，圆锥 SO 的侧面积 $=\frac{1}{2}cl=\frac{1}{2}\times 2\pi r\times l=\pi rl$，如图 9.18.

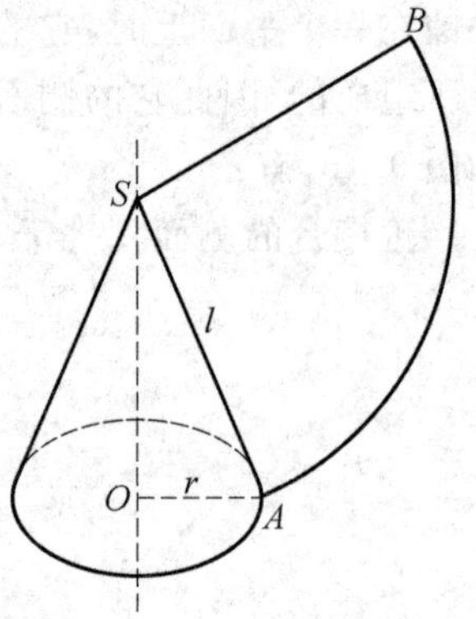

图 9.18

3. 圆台的侧面积

圆台的侧面积的推导过程相对复杂一些，下面我们来推导圆台的侧面积公式.

如图 9.19，圆台下底面圆的半径为 r、上底面圆的半径为 r'，侧面母线 $AC=l$，下底面圆的周长为 $c=2\pi r$，上底面圆的周长为 $c'=2\pi r'$，于是由 $\mathrm{Rt}\triangle SOA\backsim\mathrm{Rt}\triangle SO'C$ 得 $\frac{c'}{c}=\frac{2\pi r'}{2\pi r}=\frac{r'}{r}=\frac{SC}{SC+l}$，进而 $SC=\frac{c'l}{c-c'}$；于是，

$$\begin{aligned}\text{圆台 } O'O \text{ 的侧面积}&=\frac{1}{2}c(l+SC)-\frac{1}{2}c'SC\\&=\frac{1}{2}[cl+(c-c')SC]\\&=\frac{1}{2}[cl+(c-c')\frac{c'l}{c-c'}]\\&=\frac{1}{2}(c+c')l=\pi(r+r')l\end{aligned}$$

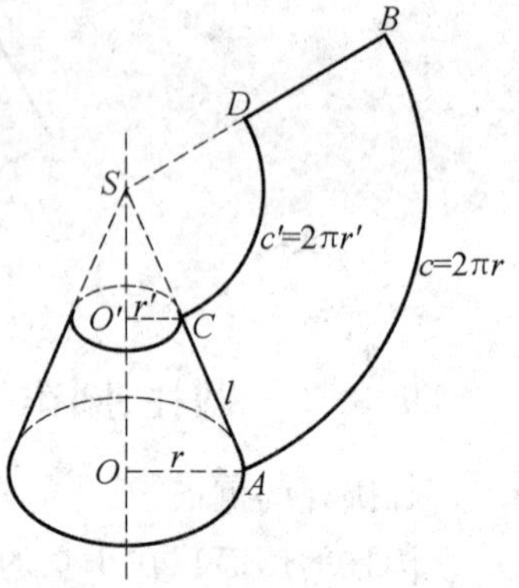

图 9.19

也就是说，圆台的侧面积 $=\pi(r+r')l$，其中 r 为圆台的下底面圆的半径、r' 为圆台的上底面圆的半径，l 为圆台的侧面母线.

9.4 棱柱与圆柱、棱锥与圆锥、棱台与圆台的体积

1. 祖暅原理

我们已经知道长方体的体积 = 它的任何一个底面的面积 × 这个面上的高；正方体的体积 = 它的棱长的立方，这是我们认知本节有关几何体的认知基础之一. 此外，要认知棱柱、棱锥、棱台及圆柱、圆锥、圆台等几何体的体积还需要借助祖暅原理.

祖暅原理:夹在两个平行平面之间的几何体,如果被平行于这两个平面的任一个平面所截,所截得的截面的面积总相等,那么这两个几何体的体积也相等.

如图 9.20,夹在平行平面 α,β 之间的两个形状不同的几何体,被平行于平面 α,β 的任何一个平面所截,如果截面 S,T 总相等,那么这两个几何体的体积也是相等的.

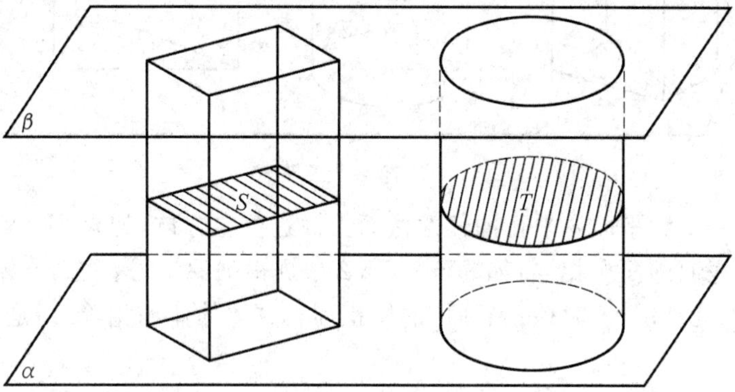

图 9.20

再如 9.21,把一摞纸竖直地堆放在桌面上,然后再将这一摞纸随意地改变一下摆放的形状,显然,改变形状前后与之等高的每张纸的面都没有改变,因此,根据祖暅原理改变形状前后的这两摞纸张的体积是相等的.

我们的生活经验也告诉我们,形状改变前后它们的体积也应该是相等的,也就是说,借助祖暅原理所得到的结果和我们的生活经验是一致的.

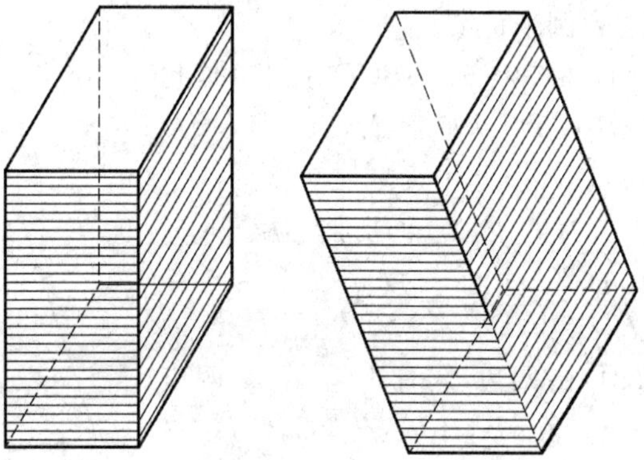

图 9.21

2. 棱柱、圆柱的体积

假定现有底面积都等于 S、且相等的底面上的高也都等于 h 的任意棱柱、圆柱、长方体的下底面都在平面 α 上,如图 9.22,由于这些立方体等高、且上下底面都互相平行，因此，这些立方体的上底面也就在和平面 α 平行的一个平面上.

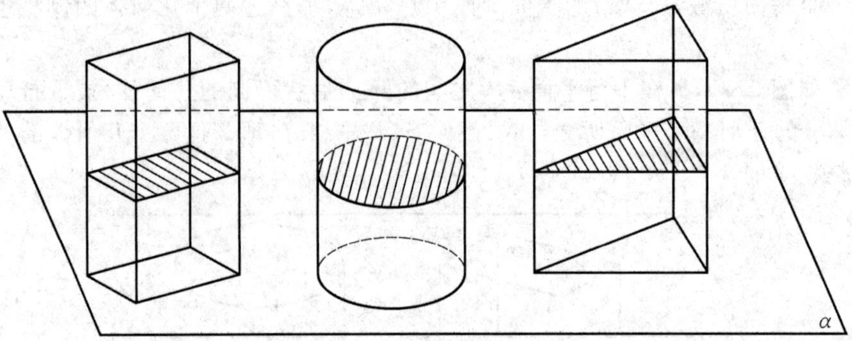

图 9.22

现用一个和平面 α 平行的任意截面去截这些立方体，如果所得到的截面都和它们的底面的面积相等，都等于 S，那么根据祖暅原理，这些立方体的体积一定相等，也就是说，这时棱柱、圆柱的体积和长方体的体积相等. 于是，我们有下面的结论：

棱柱、圆柱等柱体的体积都等于它的底面积 S 和这个面积相等的底面上的高 h 的积，即 $V_{柱体}=Sh$.

显然，底面半径为 r，高为 h 的圆柱的体积 $V_{圆柱}=\pi r^2 h$.

3. 棱锥、圆锥的体积

为了方便推导棱锥的体积公式，我们先推导下面的命题：

当一个棱锥被一个平行于它的底面的截面所截时，所得到的截面和底面相似，且其相似比正好等于所截得的新棱锥的高与原棱锥的高的比.

下面以四棱锥为例来证明.

已知如图 9.23，在棱锥 $S-ABCD$ 中，SO 是此棱锥的高，截面 $A_1B_1C_1D_1 \parallel$ 底面 $ABCD$，且与 SO 相交于 O_1.

求证：四边形 $A_1B_1C_1D_1 \backsim$ 四边形 $ABCD$，且 $\dfrac{A_1B_1}{AB}=\dfrac{B_1C_1}{BC}=\dfrac{C_1D_1}{CD}=\dfrac{D_1A_1}{DA}=\dfrac{SO_1}{SO}$.

证明　一方面，由四边形 $A_1B_1C_1D_1 \parallel$ 四边形 $ABCD$ 可得 $A_1B_1 \parallel AB$，$B_1C_1 \parallel BC$，$C_1D_1 \parallel CD$，$D_1A_1 \parallel DA$.

由 $A_1B_1 \parallel AB$ 知 $\triangle SA_1B_1 \backsim \triangle SAB$，于是 $\dfrac{A_1B_1}{AB}=\dfrac{SA_1}{SA}$；

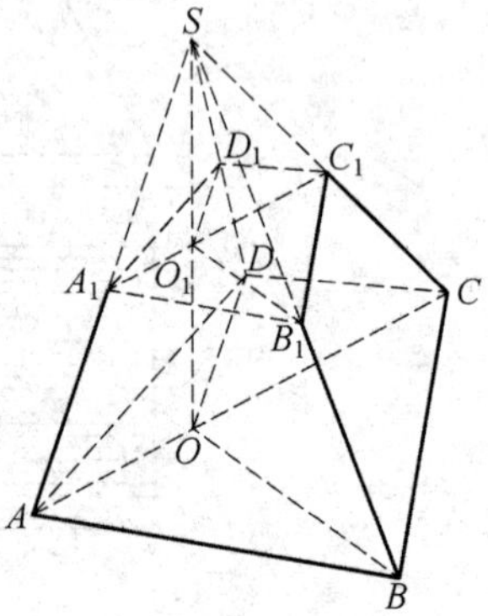

图 9.23

同理，$\frac{B_1C_1}{BC}=\frac{SB_1}{SB}$，$\frac{C_1D_1}{CD}=\frac{SC_1}{SC}$，$\frac{D_1A_1}{DA}=\frac{SD_1}{SD}$.

另一方面，由四边形 $A_1B_1C_1D_1$ // 四边形 $ABCD$ 还可得 $A_1O_1 \parallel AO$，$B_1O_1 \parallel BO$，$C_1O_1 \parallel CO$，$D_1O_1 \parallel DO$.

进而，由 $A_1O_1 \parallel AO$ 知 $\triangle SA_1O_1 \backsim \triangle SAO$，于是 $\frac{SA_1}{SA}=\frac{SO_1}{SO}$；

同理，$\frac{SB_1}{SB}=\frac{SO_1}{SO}$，$\frac{SC_1}{SC}=\frac{SO_1}{SO}$，$\frac{SD_1}{SD}=\frac{SO_1}{SO}$.

于是，有 $\frac{A_1B_1}{AB}=\frac{B_1C_1}{BC}=\frac{C_1D_1}{CD}=\frac{D_1A_1}{DA}=\frac{SO_1}{SO}$，也就是说，四边形 $A_1B_1C_1D_1$ 与四边形 $ABCD$ 的边对应成比例；下面论证这两个四边形的对应角也分别相等.

由 $A_1B_1 \parallel AB$ 及 $A_1D_1 \parallel AD$ 知 $\angle B_1A_1D_1=\angle BAD$；

同理，$\angle A_1B_1C_1=\angle ABC$，$\angle B_1C_1D_1=\angle BCD$，$\angle C_1D_1A_1=\angle CDA$.

这样四边形 $A_1B_1C_1D_1$ 与四边形 $ABCD$ 的边对应成比例不仅四条边对应成比例，而且对应的夹角也相等，于是有四边形 $A_1B_1C_1D_1 \backsim$ 四边形 $ABCD$. 进而，有 $\frac{A_1B_1}{AB}=\frac{B_1C_1}{BC}=\frac{C_1D_1}{CD}=\frac{D_1A_1}{DA}=\frac{SO_1}{SO}$.

假定现有底面积都等于 S，且相等的底面上的高也都等于 h 的任意棱锥、圆锥的下底面都在平面 α 上，如图 9.24，由于棱锥和圆锥等高，因此，它们的顶点都在和平面 α 平行的一个平面上. 现用一个和平面 α 平行的任意截面去截棱锥、圆锥，所得截面分别与它们各自的底面相似.

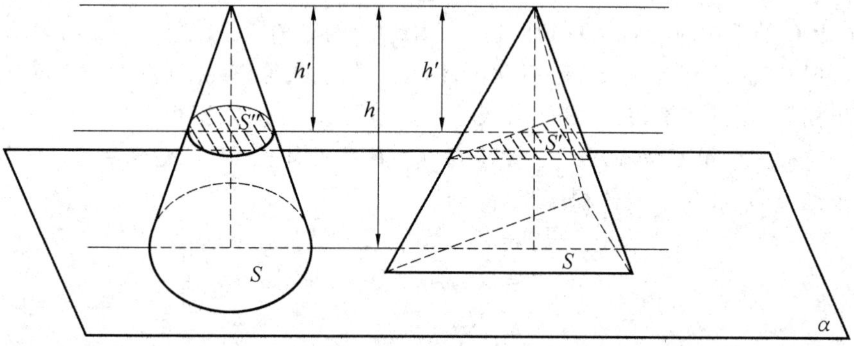

图 9.24

现假定截面和顶点的距离为 h'，棱锥被截面所截得的多边形面积为 S'、圆锥被截面所截得的圆面的面积为 S''，于是，由 $\frac{S'}{S}=\frac{h'^2}{h^2}=\frac{S''}{S}$ 知截面面积 $S'=S''$，这样，根据祖暅原理，棱锥、圆锥的体积相等. 也就是说，底面积相等、且这个底面上的高也相等的棱锥、圆锥的体积相等.

下面先证明三棱锥、圆锥的体积都等于它的底面积 S 与这个面上的高 h 的乘积的三分之一，然后再在此基础上，进一步借助三棱锥的体积公式推导四棱锥等棱锥的体积公式.

事实上，如图 9.25，在三棱柱 $ABC-A'B'C'$ 中，联结 $A'C$，$B'C$，$A'B$，得到三棱锥 $C-A'AB$、三棱锥 $C-A'B'B$、三棱锥 $A'-C'B'C$ 等三个三棱锥，且这三个三棱锥的体积相等.

借助图 9.25 和图 9.26，我们可以顺利地发现：由于四边形 $A'ABB'$ 是矩形，因此 $\triangle A'AB$ 和 $\triangle A'B'B$ 的面积相等，而 C 到四边形 $A'ABB'$ 的距离既是三棱锥 $C-A'AB$ 的高，也是三棱锥 $C-A'B'B$ 的高，因此，由底面积相等、高相同的两个三棱锥的体积相等知三棱锥 $C-A'AB$、三棱锥 $C-A'B'B$ 的体积相等.

结合图 9.25、图 9.26、图 9.27，三棱锥 $C-A'B'B$ 也可以另外命名为三棱锥 $A'-B'CB$，也就是说，三棱锥 $C-A'B'B$ 和三棱锥 $A'-B'CB$ 是同一个棱锥，只是根据需要，为了讨论它的体积的需要，换了一个不同的底面来观察.

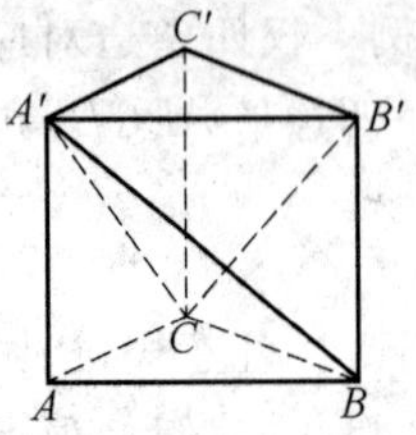

图 9.25

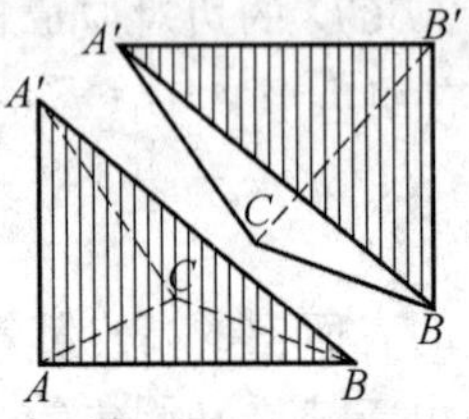

图 9.26

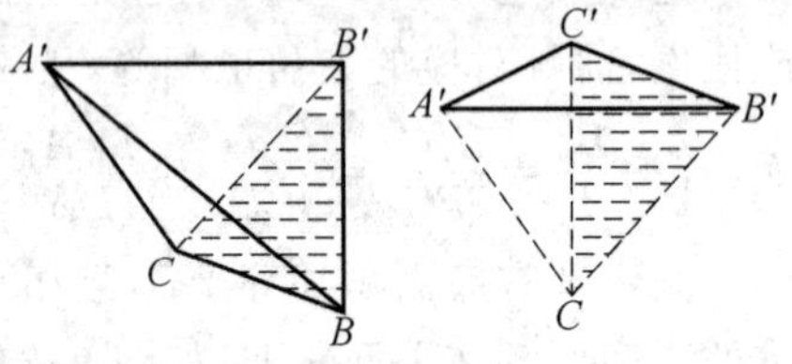

图 9.27

借助图 9.25 和图 9.27，由于四边形 $CBB'C'$ 是矩形，因此 $\triangle B'CB$ 和 $\triangle C'B'C$ 的面积相等，而 A' 到四边形 $CBB'C'$ 的距离既是三棱锥 $A'-B'CB$ 的高，也是三棱锥 $A'-C'B'C$ 的高，因此，由底面积相等、高相同的两个三棱锥的体积相等，知三棱锥 $A'-B'CB$、三棱锥 $A'-C'B'C$ 的体积相等.

这样三棱锥 $C-A'AB$、三棱锥 $C-A'B'B$ 的体积（或三棱锥 $A'-B'CB$）、三棱锥 $A'-C'B'C$ 的体积都相等，即

$$\begin{aligned}V_{\text{三棱锥 } C-A'AB}&=V_{\text{三棱锥 } C-A'B'B}=V_{\text{三棱锥 } A'-B'CB}\\&=V_{\text{三棱锥 } A'-C'B'C}\\&=\frac{1}{3}V_{\text{三棱锥 } ABC-A'B'C'}\\&=\frac{1}{3}Sh\end{aligned}$$

由于底面积相等、相等的底面上的高也相等的圆锥的体积与三棱锥的体积相等，因此，有 $V_{\text{圆锥}}=V_{\text{三棱锥}}=\frac{1}{3}Sh$.

特别地，对于圆锥来说，当这个圆锥的底面半径为 r，且底面上的高为 h 时，

此圆锥的的体积 $V_{圆锥}=\frac{1}{3}Sh=\frac{1}{3}\pi r^2h$.

下面我们在三棱锥的体积公式的基础之上进一步讨论其他棱锥的体积公式.

现将一个三棱锥和一个与之等底面积、等高的非三棱锥放在同一平面上，且它们的顶点也都位于这一平面的同侧.

现用一个平面与它们的底面所在的平面平行的截面去截这两个棱锥，所得的截面都分别与它们所在的棱锥的底面相似，而且所得到的截面的面积之比正好等于所截得的新棱锥的高与原棱锥的高的比的平方.

由于这两个棱锥的底面积相等、高也相等，因此所截平面的面积也相等；这样根据祖暅原理知这两个棱锥的体积也相等，也就是说，这时不论另一个棱锥是什么样的棱锥，它的体积都等于与之等底面、等高的三棱锥的体积.

于是，我们可以在此基础上，得到下面的命题：

任何棱锥的体积都等于它的底面积与高的乘积的三分之一.

4. 棱台、圆台的体积

由于棱台、圆台可以分别看作是棱锥、圆锥被平行于它们的底面的平面截去截面之上的棱锥或圆锥后得到的，因此，它们的体积也就可以借助相应的棱锥与棱锥、圆锥与圆锥的差来求.

如图 9.28，假定任意棱台与圆台的上、下底面的面积分别为 S'，S，高均为 h，被截面截去的棱锥、圆锥的高均为 h'，则棱台、圆台的上、下底面相似，有

$$\frac{S'}{S}=\frac{h'^2}{(h+h')^2}$$

即

$$\frac{\sqrt{S'}}{\sqrt{S}}=\frac{h'}{h+h'}$$

于是

$$h'=\frac{h\sqrt{S'}}{\sqrt{S}-\sqrt{S'}}$$

假定原来未被截去时的棱锥、圆锥的体积均为 $V=\frac{1}{3}S(h+h')$，被去掉的棱锥、圆锥的体积均为 $V'=\frac{1}{3}S'h'$，这样所求棱台、圆台的体积

$$\begin{aligned}V_{棱台}=V_{圆台}=V-V'&=\frac{1}{3}S(h+h')-\frac{1}{3}S'h'=\frac{1}{3}[Sh+(S-S')h']\\&=\frac{1}{3}h[S+(S-S')\frac{\sqrt{S'}}{\sqrt{S}-\sqrt{S'}}]=\frac{1}{3}h[S+\sqrt{S'}(\sqrt{S}+\sqrt{S'})]\\&=\frac{1}{3}h(S+\sqrt{SS'}+S')\end{aligned}$$

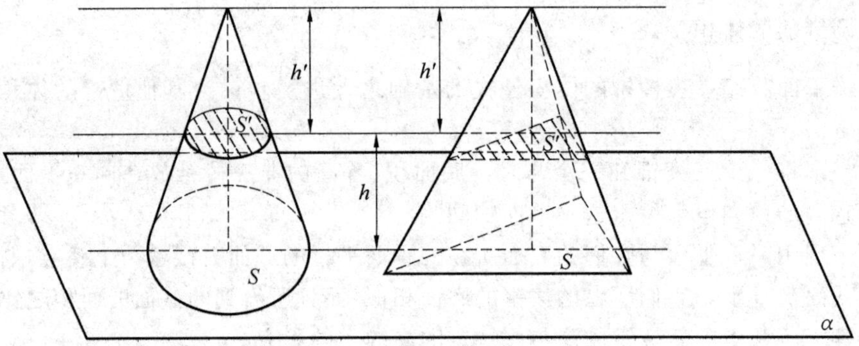

图 9.28

对于上、下底面半径分别为 r'，r，高为 h 圆台来说，有

$$V_{圆台}=\frac{1}{3}h(S+\sqrt{SS'}+S')=\frac{1}{3}\pi h(r^2+rr'+r'^2)$$

9.5 球的相关概念及球的表面积与球的体积

1. 与球的相关概念

球是我们所常见的几何体之一，但数学上所说的球，可以看成一个半圆以它的直径为旋转轴旋转一周所形成的曲面叫作球面，球面所围成的几何体则称为球体，也简称为球，如图 9.29. 原来的半圆的圆心，也称为球的球心；连结球心和球面上任一点的线段叫作球的半径；经过球心的直线和球相交于两点，这两点之间的线段叫作这个球的直径；从集合的角度看，球也可以看成是到定点的距离等于定长的所有点的集合，这里的定点就是球的球心，定长就是球的半径.

球可以用表示它的球心的字母来表示，如图 9.29，图中的球可以称其为球 O，其中 OA 为这个球的一条半径，BC 为这个球的一条直径.

如图 9.30，用一个平面去截一个球，所得到的截面是一个圆面. 当截面经

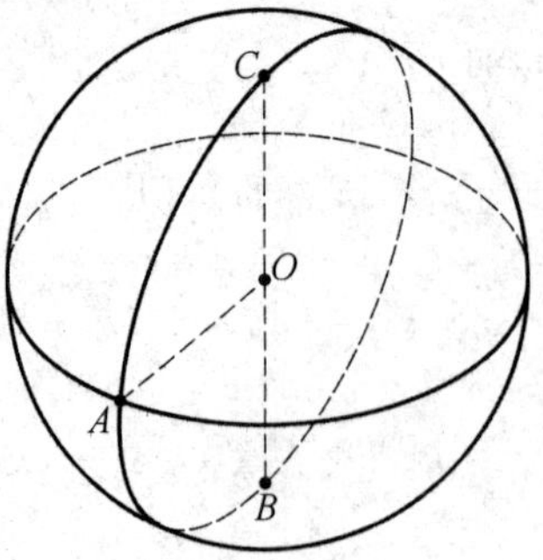

图 9.29

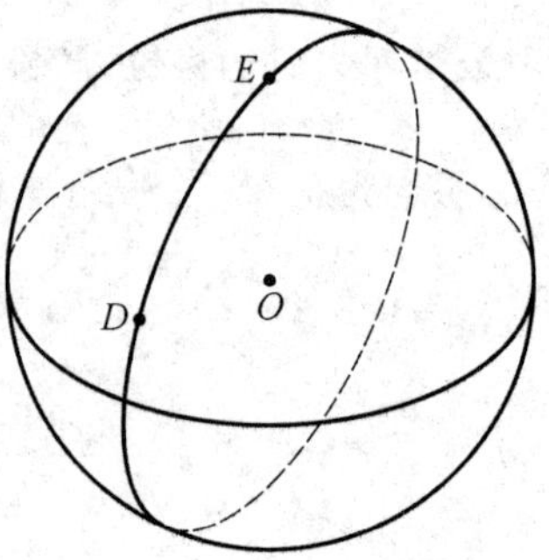

图 9.30

过圆心时，球面被截得的圆最大，这时的圆称这个球的大圆. 不经过球心的截面所形成的圆均一律称为小圆. 如果我们把地球看作一个球，那么所有的经线都是球面上从北极到南极的半个大圆；赤道也是一个大圆，但除赤道外，其余的纬线都是小圆.

在球面上，两点间的最短距离是经过这两点的大圆在这两点间的劣弧的长度，通常也把这段劣弧叫作两点间的球面距离. 如图 9.29，图中的$\overset{\frown}{DE}$ 的长度就是 D，E 这两点间的球面距离.

2. 球的直观图

球的直观图一般采用正等测画法来画，这时球的轮廓就是一个圆.

3. 球面的面积

下面推导球的表面积. 如图 9.31，当一个球面的内接圆台（这个圆台的上、下两个底面都是球的两个平行截面）的高为 h，球心到这个球的内接圆台的母线的距离 d，那么这个球的内接圆台的侧面积 $=2\pi dh$.

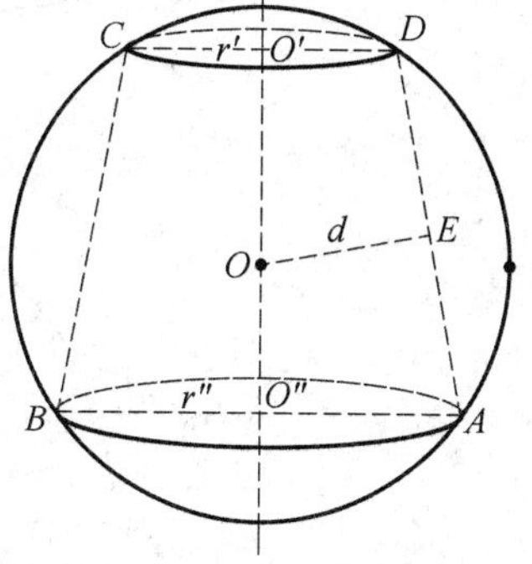

图 9.31

事实上，如图 9.31 及图 9.32，过这个圆台的轴的平面截圆台得轴截面 $ABCD$，截球得球的一个大圆 $\odot O$，圆台的轴截面 $ABCD$ 正好是球的轴截面大圆 $\odot O$ 的内接等腰梯形，如图. 现过 O 作 $OE \perp AD$ 于 E，于是 E 为 AD 的中点，且 $OE=d$；再过 D 作 $DF \perp AB$ 于 F，过 E 作 $EG \perp O'O''$ 于 G，则 $DF=h$.

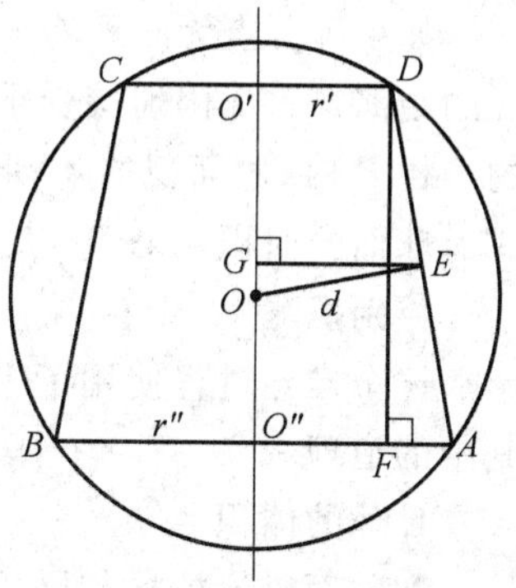

图 9.32

设这个圆台的上底面的圆面 $\odot O'$ 的半径为 r'，这个圆台的下底面的圆面 $\odot O''$ 的半径为 r''，则 $EG=\frac{1}{2}(r'+r'')$，这里 EG 为梯形 $AO''O'D$ 的中位线.

设这个圆台的母线长为 l，则由 $\text{Rt}\triangle ADF \backsim \text{Rt}\triangle OEG$ 知 $\frac{EG}{DF}=\frac{EO}{AD}$，即 $\frac{\frac{1}{2}(r'+r'')}{h}=\frac{d}{l}$，于是 $l(r'+r'')=2dh$，这样这个圆台的侧面积 $S_{圆台}=\pi(r'+r'')l=2\pi dh$.

事实上，上述关于球的内接圆台的侧面积 $S_{圆台}=\pi(r'+r'')l=2\pi dh$，对于球的内接圆锥、内接圆柱也同样成立. 但限于篇幅在此不再推导.

现在，我们在此基础上，来求半径为 R 的球的表面积 $S_{球}$.

如图 9.33、图 9.34，将半球面上的大半圆 $\overset{\frown}{AMB}$ 分成 $2n$ 等份，再用过各分

点且平行于半球的大圆圆面的平面将这个半球分成 n 部分，以截得的圆为底作圆台、圆锥，假定它们的高分别为 h_1、h_2、…、h_n，这样球心 O 到它们的母线的距离都相等，设此距离为 d，于是根据上述命题，知这些圆台、圆锥的侧面积的和

$$\begin{aligned} S &= 2\pi dh_1 + 2\pi d h_2 + \cdots + 2\pi dh_n \\ &= 2\pi d(h_1 + h_2 + \cdots + h_n) = 2\pi dOM = 2\pi dR \end{aligned}$$

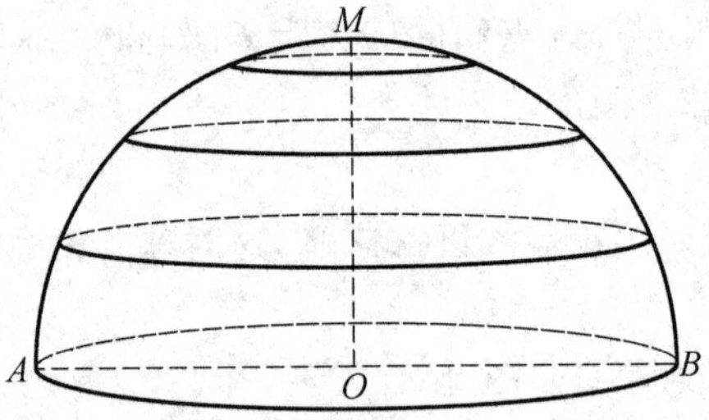

图 9.33

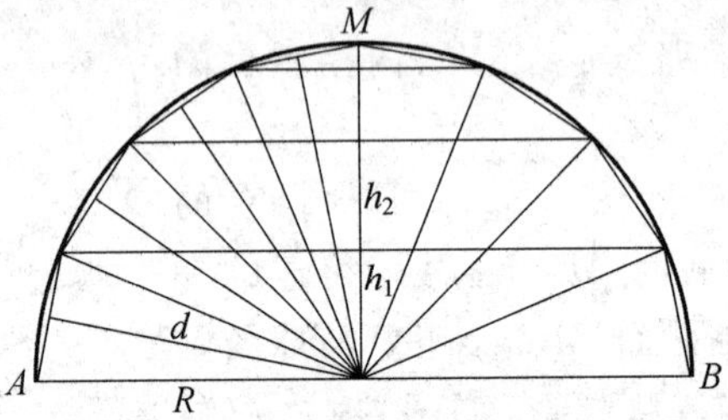

图 9.34

如果等分点无限地增加，侧面就无限地接近于这个半球面；且球心 O 到母线的距离 d 也无限地接受半球的半径 R. 而当球心 O 到母线的距离 d 变成半球的半径 R 时，侧面积的和 $S=2\pi R^2$，此即半球面的面积. 因此，不难得到：

球面的面积 $=4\pi R^2$，其中 R 为球的半径.

特别提醒

这个推导过程使用了极限的思维，相信同学们能够借助自己的想象，理解其中的道理.

4. 球的体积

和前面讨论棱柱与圆柱、棱锥与圆锥的体积一样，也可以借助祖暅原理来讨论球的体积. 我们借助一个半径为 R 的半球(如图 9.35) 来讨论. 但为了能使用祖暅原理，需要借助一个能求体积的几何体，当这个半球和这个能求体积的几何体夹在两个平行平面之间时，用另外一个平行于这两个平行平面的平面去截这个半球和这个几何体，不论这个平行平面位于何处时，所得到的截面的面积总相等.

这个能求体积的几何体可以这样“造出来”：如图 9.36，取一个底面半径和

高都是 R 的圆柱，然后从这个圆柱中挖去一个以这个圆柱的上底面为底面、下底面圆心为顶点的圆锥，把这样得到的几何体和半球放在同一个平面 α 上，由于这时的圆柱的高等于球的半径 R，因此这样“造出来”的这个几何体和这个半球都夹在两个平行平面之间.

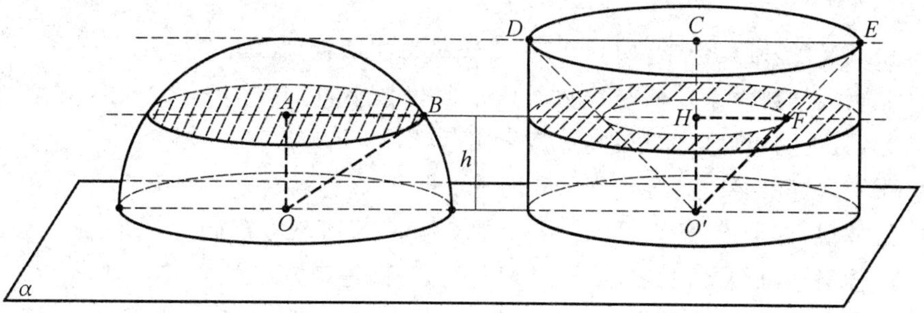

图 9.35　　　　图 9.36

如图 9.35、图 9.36，当用一个平面于平面 α 的平面去截这两个几何体时，球的截面即图 9.35 中的 $\odot A$，而按上述方法“造出来”的这个几何体的截面却是一个圆环面，如图 9.36.

假定这个截平面与平面 α 的距离是 h，那么球的这个截面圆的半径 $AB=r=\sqrt{R^2-h^2}$，而按上述方法“造出来”的这个几何体的截面圆环的大圆半径为 R，小圆半径 FH 正好等于截平面与平面 α 的距离 h，即 $FH=h$(事实上，如图 9.36，因 $O'C=CD=CE$，故 $\triangle O'DE$ 为等腰直角三角形，其中 $\angle DO'E=\frac{\pi}{2}$，$\angle DEO'=\frac{\pi}{4}$；而 $FH \parallel DE$，$FH \perp O'H$，因此，$\angle HFO'=\frac{\pi}{4}$，于是 $HF=HO'=h$).

于是 $S_{\odot A}=\pi AB^2=\pi(R^2-h^2)=S_{圆环}$，这样，根据祖暅原理，这两个几何体的体积相等，于是半球的体积 $\frac{1}{2}V_{球}=\pi R^2 h-\frac{1}{3}\pi R^2\cdot R=\frac{2}{3}\pi R^3$，于是所求球的体积为 $\frac{4}{3}\pi R^3$.

也就是说，球的体积为 $\frac{4}{3}\pi R^3$，其中 R 为所求球体积的球的半径.

参考文献

[1] 项武义.基础几何学[M].北京:人民教育出版社,2004.

[2] 北京大学数学系几何与代数教研室前代数小组.高等代数[M].3版.王萼芳,石生明,修订.北京:高等教育出版社,2003.

[3] 张禾瑞,郝鈵新.高等代数[M].5版.北京:高等教育出版社,2007.

[4] 吕林根,许子道.解析几何[M].4版.北京:高等教育出版社,2006.

[5] 吕林根.解析几何学习辅导书[M].北京:高等教育出版社,2006.

[6] 丘维声.中等职业教育国家规划教材《数学》(基础版):第2册[M].修订版.北京:高等教育出版社,2006.

[7] 丘维声.解析几何[M].3版.北京:北京大学出版社,2015.

[8] 丘维声.大学高等代数课程创新教材:高等代数(上下册)[M].北京:清华大学出版社,2010.

[9] 高红铸,王敬赓,傅若男.空间解析几何[M].3版.北京:北京师范大学出版社,2007.

[10] 高红铸,王幼宁,张蓓.空间解析几何习题精解[M].3版.北京:北京师范大学出版社,2009.

[11] 中学数学实验教材编写组.中学数学实验教材:第五册(上)[M].北京:北京师范大学出版社,1984:213.

[12] 人民教育出版社中学数学室.高级中学试验课本:数学III[M].2版.北京:人民教育出版社,1993.

[13] 上海市中小学幼儿园教材改革委员会.高中二年级第一学期(试用本)[M].2版.上海:上海教育出版社,2007.

[14] 课程教材研究所,中学数学教材实验研究组.普通高中课程标准实验教科书,数学(必修)2A版[M].3版.北京:人民教育出版社,2007.

[15] 课程教材研究所,中学数学教材实验研究组.普通高中课程标准实验教科书,数学(必修)2B版[M].2版.北京:人民教育出版社,2007.

[16] 课程教材研究所,中学数学教材实验研究组.普通高中课程标准实验教科书,数学(选修)2－1A版[M].北京:人民教育出版社,2005.

[17] 课程教材研究所,中学数学教材实验研究组.普通高中课程标准实验教科书,数学(选修)2－1B版[M].2版.北京:人民教育出版社,2007.

[18] 严士健.向量及其应用[M].张惠英,王申怀,王培甫,编著.北京:高等教

育出版社,2005.
[19] 课程教材研究所. 20世纪中国中小学课程标准·教学大纲汇编[M]. 北京:人民教育出版社,2001:632,672.
[20] 李润泉,陈宏伯,蔡上鹤,等. 中小学数学教材五十年(1950－2000)[M]. 北京:人民教育出版社,2008:422,427.

本书中几个重要公式或结论

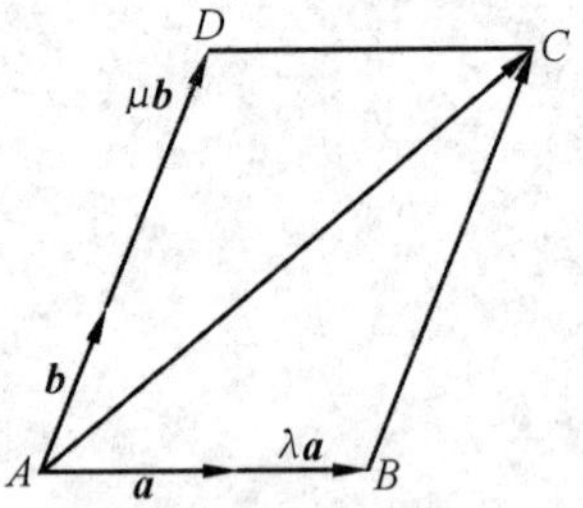

1. $$\begin{vmatrix} a_{11} & a_{12} & a_{13} \\ a_{21} & a_{22} & a_{23} \\ a_{31} & a_{32} & a_{33} \end{vmatrix}$$

$$=a_{11}\begin{vmatrix} a_{22} & a_{23} \\ a_{32} & a_{33} \end{vmatrix}+a_{12}\left(-\begin{vmatrix} a_{21} & a_{23} \\ a_{31} & a_{33} \end{vmatrix}\right)+a_{13}\begin{vmatrix} a_{21} & a_{22} \\ a_{31} & a_{32} \end{vmatrix}$$

2. 向量 $\boldsymbol{a},\boldsymbol{b}$ 不共线，则向量 $\boldsymbol{c}$ 与向量 $\boldsymbol{a},\boldsymbol{b}$ 共面 $\Leftrightarrow$ 存在唯一实数 λ,μ，使得 $\boldsymbol{c}=\lambda\boldsymbol{a}+\mu\boldsymbol{b}$.

3. 空间中的任一向量 $\overrightarrow{OD}$ 都可以唯一地表示成三个不共面的向量 $\overrightarrow{OA}$，$\overrightarrow{OB}$，$\overrightarrow{OC}$ 的一个线性组合 $\overrightarrow{OD}=x\,\overrightarrow{OA}+y\,\overrightarrow{OB}+z\,\overrightarrow{OC}$.

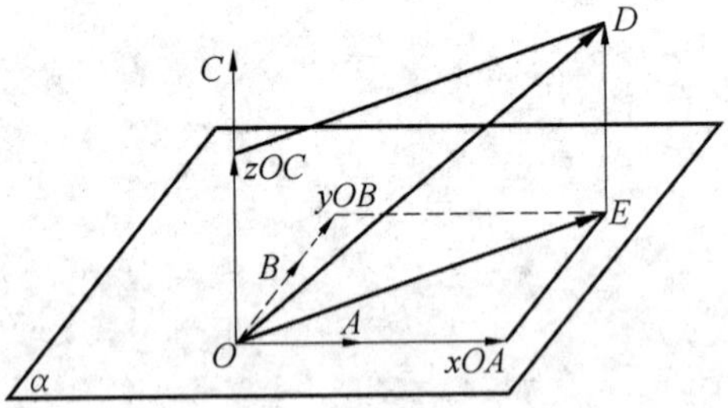

4. 若 A,B 是直线 l 上的任意两点，O 是直线 l 外任一点，P 为直线 l 上的点，则点 P 在直线 l 上 $\Leftrightarrow$ 存在实数 t 使得 $\overrightarrow{OP}=(1-t)\,\overrightarrow{OA}+t\,\overrightarrow{OB}$.

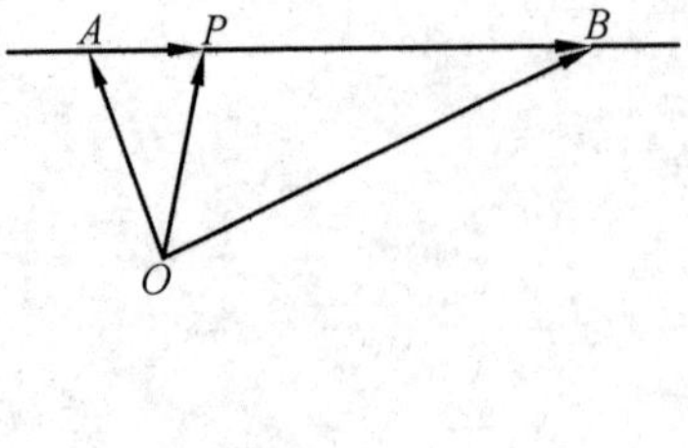

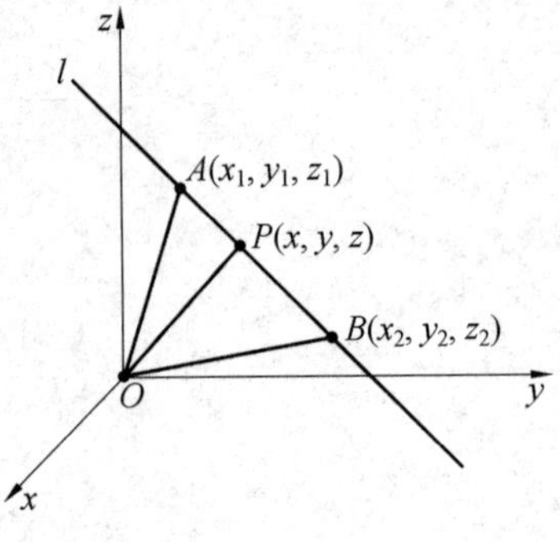

5. 若 A,B 是直线 l 上的任意两点，且 O 是直线 l 外任一点，则点 P 在直线 l 上，且存在实数 λ，使得 $\overrightarrow{AP}=\lambda\overrightarrow{PB}\Leftrightarrow\overrightarrow{OP}=\frac{1}{1+\lambda}\overrightarrow{OA}+\frac{\lambda}{1+\lambda}\overrightarrow{OB}$.

6. $$\begin{aligned}\boldsymbol{a}\times\boldsymbol{b}&=(x_1\boldsymbol{e}_1+y_1\boldsymbol{e}_2+z_1\boldsymbol{e}_3)\times(x_2\boldsymbol{e}_1+y_2\boldsymbol{e}_2+z_2\boldsymbol{e}_3)\\&=\begin{vmatrix}y_1&z_1\\y_2&z_2\end{vmatrix}\boldsymbol{e}_1-\begin{vmatrix}x_1&z_1\\x_2&z_2\end{vmatrix}\boldsymbol{e}_2+\begin{vmatrix}x_1&y_1\\x_2&y_2\end{vmatrix}\boldsymbol{e}_3\end{aligned}$$

或

$$\begin{aligned}\boldsymbol{a}\times\boldsymbol{b}&=(x_1\boldsymbol{e}_1+y_1\boldsymbol{e}_2+z_1\boldsymbol{e}_3)\times(x_2\boldsymbol{e}_1+y_2\boldsymbol{e}_2+z_2\boldsymbol{e}_3)\\&=\begin{vmatrix}\boldsymbol{e}_1&\boldsymbol{e}_2&\boldsymbol{e}_3\\x_1&y_1&z_1\\x_2&y_2&z_2\end{vmatrix}\end{aligned}$$

其中 $\boldsymbol{e}_1,\boldsymbol{e}_2,\boldsymbol{e}_3$ 两两正交.

7. $$\begin{aligned}(\boldsymbol{a}\times\boldsymbol{b})\cdot\boldsymbol{c}&=\left(\begin{vmatrix}y_1&z_1\\y_2&z_2\end{vmatrix}\boldsymbol{e}_1+\begin{vmatrix}z_1&x_1\\z_2&x_2\end{vmatrix}\boldsymbol{e}_2+\begin{vmatrix}x_1&y_1\\x_2&y_2\end{vmatrix}\boldsymbol{e}_3\right)\cdot\\&\quad(x_3\boldsymbol{e}_1+y_3\boldsymbol{e}_2+z_3\boldsymbol{e}_3)\\&=\begin{vmatrix}x_1&y_1&z_1\\x_2&y_2&z_2\\x_3&y_3&z_3\end{vmatrix}\end{aligned}$$

8. $$\begin{aligned}d&=\frac{|(\boldsymbol{v}_1\times\boldsymbol{v}_2)\cdot\overrightarrow{B_1A_1}|}{|\boldsymbol{v}_1\times\boldsymbol{v}_2|}\\&=\left|\frac{\begin{vmatrix}x_2-x_1&y_2-y_1&z_2-z_1\\X_1&Y_1&Z_1\\X_2&Y_2&Z_2\end{vmatrix}}{\sqrt{\begin{vmatrix}Y_1&Z_1\\Y_2&Z_2\end{vmatrix}^2+\begin{vmatrix}Z_1&X_1\\Z_2&X_2\end{vmatrix}^2+\begin{vmatrix}X_1&Y_1\\X_2&Y_2\end{vmatrix}^2}}\right|\end{aligned}$$

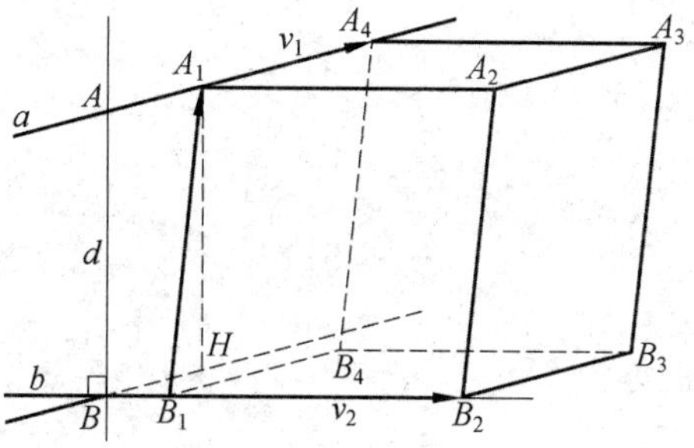

刘培杰数学工作室
已出版(即将出版)图书目录——初等数学

书　名	出版时间	定　价	编号
新编中学数学解题方法全书(高中版)上卷(第2版)	2018－08	58.00	951
新编中学数学解题方法全书(高中版)中卷(第2版)	2018－08	68.00	952
新编中学数学解题方法全书(高中版)下卷(一)(第2版)	2018－08	58.00	953
新编中学数学解题方法全书(高中版)下卷(二)(第2版)	2018－08	58.00	954
新编中学数学解题方法全书(高中版)下卷(三)(第2版)	2018－08	68.00	955
新编中学数学解题方法全书(初中版)上卷	2008－01	28.00	29
新编中学数学解题方法全书(初中版)中卷	2010－07	38.00	75
新编中学数学解题方法全书(高考复习卷)	2010－01	48.00	67
新编中学数学解题方法全书(高考真题卷)	2010－01	38.00	62
新编中学数学解题方法全书(高考精华卷)	2011－03	68.00	118
新编平面解析几何解题方法全书(专题讲座卷)	2010－01	18.00	61
新编中学数学解题方法全书(自主招生卷)	2013－08	88.00	261
数学奥林匹克与数学文化(第一辑)	2006－05	48.00	4
数学奥林匹克与数学文化(第二辑)(竞赛卷)	2008－01	48.00	19
数学奥林匹克与数学文化(第二辑)(文化卷)	2008－07	58.00	36′
数学奥林匹克与数学文化(第三辑)(竞赛卷)	2010－01	48.00	59
数学奥林匹克与数学文化(第四辑)(竞赛卷)	2011－08	58.00	87
数学奥林匹克与数学文化(第五辑)	2015－06	98.00	370
世界著名平面几何经典著作钩沉——几何作图专题卷(上)	2009－06	48.00	49
世界著名平面几何经典著作钩沉——几何作图专题卷(下)	2011－01	88.00	80
世界著名平面几何经典著作钩沉(民国平面几何老课本)	2011－03	38.00	113
世界著名平面几何经典著作钩沉(建国初期平面三角老课本)	2015－08	38.00	507
世界著名解析几何经典著作钩沉——平面解析几何卷	2014－01	38.00	264
世界著名数论经典著作钩沉(算术卷)	2012－01	28.00	125
世界著名数学经典著作钩沉——立体几何卷	2011－02	28.00	88
世界著名三角学经典著作钩沉(平面三角卷Ⅰ)	2010－06	28.00	69
世界著名三角学经典著作钩沉(平面三角卷Ⅱ)	2011－01	38.00	78
世界著名初等数论经典著作钩沉(理论和实用算术卷)	2011－07	38.00	126
发展你的空间想象力(第2版)	2019－11	68.00	1117
空间想象力进阶	2019－05	68.00	1062
走向国际数学奥林匹克的平面几何试题诠释．第1卷	2019－07	88.00	1043
走向国际数学奥林匹克的平面几何试题诠释．第2卷	2019－09	78.00	1044
走向国际数学奥林匹克的平面几何试题诠释．第3卷	2019－03	78.00	1045
走向国际数学奥林匹克的平面几何试题诠释．第4卷	2019－09	98.00	1046
平面几何证明方法全书	2007－08	35.00	1
平面几何证明方法全书习题解答(第2版)	2006－12	18.00	10
平面几何天天练上卷·基础篇(直线型)	2013－01	58.00	208
平面几何天天练中卷·基础篇(涉及圆)	2013－01	28.00	234
平面几何天天练下卷·提高篇	2013－01	58.00	237
平面几何专题研究	2013－07	98.00	258

刘培杰数学工作室

已出版(即将出版)图书目录——初等数学

书　　名	出版时间	定　价	编号
最新世界各国数学奥林匹克中的平面几何试题	2007-09	38.00	14
数学竞赛平面几何典型题及新颖解	2010-07	48.00	74
初等数学复习及研究(平面几何)	2008-09	58.00	38
初等数学复习及研究(立体几何)	2010-06	38.00	71
初等数学复习及研究(平面几何)习题解答	2009-01	48.00	42
几何学教程(平面几何卷)	2011-03	68.00	90
几何学教程(立体几何卷)	2011-07	68.00	130
几何变换与几何证题	2010-06	88.00	70
计算方法与几何证题	2011-06	28.00	129
立体几何技巧与方法	2014-04	88.00	293
几何瑰宝——平面几何500名题暨1000条定理(上、下)	2010-07	138.00	76,77
三角形的解法与应用	2012-07	18.00	183
近代的三角形几何学	2012-07	48.00	184
一般折线几何学	2015-08	48.00	503
三角形的五心	2009-06	28.00	51
三角形的六心及其应用	2015-10	68.00	542
三角形趣谈	2012-08	28.00	212
解三角形	2014-01	28.00	265
三角学专门教程	2014-09	28.00	387
图天下几何新题试卷.初中(第2版)	2017-11	58.00	855
圆锥曲线习题集(上册)	2013-06	68.00	255
圆锥曲线习题集(中册)	2015-01	78.00	434
圆锥曲线习题集(下册·第1卷)	2016-10	78.00	683
圆锥曲线习题集(下册·第2卷)	2018-01	98.00	853
圆锥曲线习题集(下册·第3卷)	2019-10	128.00	1113
论九点圆	2015-05	88.00	645
近代欧氏几何学	2012-03	48.00	162
罗巴切夫斯基几何学及几何基础概要	2012-07	28.00	188
罗巴切夫斯基几何学初步	2015-06	28.00	474
用三角、解析几何、复数、向量计算解数学竞赛几何题	2015-03	48.00	455
美国中学几何教程	2015-04	88.00	458
三线坐标与三角形特征点	2015-04	98.00	460
平面解析几何方法与研究(第1卷)	2015-05	18.00	471
平面解析几何方法与研究(第2卷)	2015-06	18.00	472
平面解析几何方法与研究(第3卷)	2015-07	18.00	473
解析几何研究	2015-01	38.00	425
解析几何学教程.上	2016-01	38.00	574
解析几何学教程.下	2016-01	38.00	575
几何学基础	2016-01	58.00	581
初等几何研究	2015-02	58.00	444
十九和二十世纪欧氏几何学中的片段	2017-01	58.00	696
平面几何中考.高考.奥数一本通	2017-07	28.00	820
几何学简史	2017-08	28.00	833
四面体	2018-01	48.00	880
平面几何证明方法思路	2018-12	68.00	913
平面几何图形特性新析.上篇	2019-01	68.00	911
平面几何图形特性新析.下篇	2018-06	88.00	912
平面几何范例多解探究.上篇	2018-04	48.00	910
平面几何范例多解探究.下篇	2018-12	68.00	914
从分析解题过程学解题:竞赛中的几何问题研究	2018-07	68.00	946
从分析解题过程学解题:竞赛中的向量几何与不等式研究(全2册)	2019-06	138.00	1090
二维、三维欧氏几何的对偶原理	2018-12	38.00	990
星形大观及闭折线论	2019-03	68.00	1020
圆锥曲线之设点与设线	2019-05	60.00	1063
立体几何的问题和方法	2019-11	58.00	1127

刘培杰数学工作室
已出版(即将出版)图书目录——初等数学

书名	出版时间	定价	编号
俄罗斯平面几何问题集	2009－08	88.00	55
俄罗斯立体几何问题集	2014－03	58.00	283
俄罗斯几何大师——沙雷金论数学及其他	2014－01	48.00	271
来自俄罗斯的5000道几何习题及解答	2011－03	58.00	89
俄罗斯初等数学问题集	2012－05	38.00	177
俄罗斯函数问题集	2011－03	38.00	103
俄罗斯组合分析问题集	2011－01	48.00	79
俄罗斯初等数学万题选——三角卷	2012－11	38.00	222
俄罗斯初等数学万题选——代数卷	2013－08	68.00	225
俄罗斯初等数学万题选——几何卷	2014－01	68.00	226
俄罗斯《量子》杂志数学征解问题100题选	2018－08	48.00	969
俄罗斯《量子》杂志数学征解问题又100题选	2018－08	48.00	970
463个俄罗斯几何老问题	2012－01	28.00	152
《量子》数学短文精粹	2018－09	38.00	972
用三角、解析几何等计算解来自俄罗斯的几何题	2019－11	88.00	1119

谈谈素数	2011－03	18.00	91
平方和	2011－03	18.00	92
整数论	2011－05	38.00	120
从整数谈起	2015－10	28.00	538
数与多项式	2016－01	38.00	558
谈谈不定方程	2011－05	28.00	119

解析不等式新论	2009－06	68.00	48
建立不等式的方法	2011－03	98.00	104
数学奥林匹克不等式研究	2009－08	68.00	56
不等式研究(第二辑)	2012－02	68.00	153
不等式的秘密(第一卷)(第2版)	2014－02	38.00	286
不等式的秘密(第二卷)	2014－01	38.00	268
初等不等式的证明方法	2010－06	38.00	123
初等不等式的证明方法(第二版)	2014－11	38.00	407
不等式·理论·方法(基础卷)	2015－07	38.00	496
不等式·理论·方法(经典不等式卷)	2015－07	38.00	497
不等式·理论·方法(特殊类型不等式卷)	2015－07	48.00	498
不等式探究	2016－03	38.00	582
不等式探秘	2017－01	88.00	689
四面体不等式	2017－01	68.00	715
数学奥林匹克中常见重要不等式	2017－09	38.00	845
三正弦不等式	2018－09	98.00	974
函数方程与不等式:解法与稳定性结果	2019－04	68.00	1058

同余理论	2012－05	38.00	163
[x]与{x}	2015－04	48.00	476
极值与最值.上卷	2015－06	28.00	486
极值与最值.中卷	2015－06	38.00	487
极值与最值.下卷	2015－06	28.00	488
整数的性质	2012－11	38.00	192
完全平方数及其应用	2015－08	78.00	506
多项式理论	2015－10	88.00	541
奇数、偶数、奇偶分析法	2018－01	98.00	876
不定方程及其应用.上	2018－12	58.00	992
不定方程及其应用.中	2019－01	78.00	993
不定方程及其应用.下	2019－02	98.00	994

刘培杰数学工作室
已出版(即将出版)图书目录——初等数学

书　名	出版时间	定　价	编号
历届美国中学生数学竞赛试题及解答(第一卷)1950－1954	2014－07	18.00	277
历届美国中学生数学竞赛试题及解答(第二卷)1955－1959	2014－04	18.00	278
历届美国中学生数学竞赛试题及解答(第三卷)1960－1964	2014－06	18.00	279
历届美国中学生数学竞赛试题及解答(第四卷)1965－1969	2014－04	28.00	280
历届美国中学生数学竞赛试题及解答(第五卷)1970－1972	2014－06	18.00	281
历届美国中学生数学竞赛试题及解答(第六卷)1973－1980	2017－07	18.00	768
历届美国中学生数学竞赛试题及解答(第七卷)1981－1986	2015－01	18.00	424
历届美国中学生数学竞赛试题及解答(第八卷)1987－1990	2017－05	18.00	769

历届中国数学奥林匹克试题集(第2版)	2017－03	38.00	757
历届加拿大数学奥林匹克试题集	2012－08	38.00	215
历届美国数学奥林匹克试题集:多解推广加强(第2版)	2016－03	48.00	592
历届波兰数学竞赛试题集.第1卷,1949～1963	2015－03	18.00	453
历届波兰数学竞赛试题集.第2卷,1964～1976	2015－03	18.00	454
历届巴尔干数学奥林匹克试题集	2015－05	38.00	466
保加利亚数学奥林匹克	2014－10	38.00	393
圣彼得堡数学奥林匹克试题集	2015－01	38.00	429
匈牙利奥林匹克数学竞赛题解.第1卷	2016－05	28.00	593
匈牙利奥林匹克数学竞赛题解.第2卷	2016－05	28.00	594
历届美国数学邀请赛试题集(第2版)	2017－10	78.00	851
全国高中数学竞赛试题及解答.第1卷	2014－07	38.00	331
普林斯顿大学数学竞赛	2016－06	38.00	669
亚太地区数学奥林匹克竞赛题	2015－07	18.00	492
日本历届(初级)广中杯数学竞赛试题及解答.第1卷(2000～2007)	2016－05	28.00	641
日本历届(初级)广中杯数学竞赛试题及解答.第2卷(2008～2015)	2016－05	38.00	642
360个数学竞赛问题	2016－08	58.00	677
奥数最佳实战题.上卷	2017－06	38.00	760
奥数最佳实战题.下卷	2017－05	58.00	761
哈尔滨市早期中学数学竞赛试题汇编	2016－07	28.00	672
全国高中数学联赛试题及解答:1981—2017(第2版)	2018－05	98.00	920
20世纪50年代全国部分城市数学竞赛试题汇编	2017－07	28.00	797
国内外数学竞赛题及精解:2017～2018	2019－06	45.00	1092
许康华竞赛优学精选集.第一辑	2018－08	68.00	949
天问叶班数学问题征解100题.Ⅰ,2016－2018	2019－05	88.00	1075
美国初中数学竞赛:AMC8准备(共6卷)	2019－07	138.00	1089
美国高中数学竞赛:AMC10准备(共6卷)	2019－08	158.00	1105

高考数学临门一脚(含密押三套卷)(理科版)	2017－01	45.00	743
高考数学临门一脚(含密押三套卷)(文科版)	2017－01	45.00	744
新课标高考数学题型全归纳(文科版)	2015－05	72.00	467
新课标高考数学题型全归纳(理科版)	2015－05	82.00	468
洞穿高考数学解答题核心考点(理科版)	2015－11	49.80	550
洞穿高考数学解答题核心考点(文科版)	2015－11	46.80	551

刘培杰数学工作室
已出版(即将出版)图书目录——初等数学

书　　名	出版时间	定　价	编号
高考数学题型全归纳:文科版.上	2016—05	53.00	663
高考数学题型全归纳:文科版.下	2016—05	53.00	664
高考数学题型全归纳:理科版.上	2016—05	58.00	665
高考数学题型全归纳:理科版.下	2016—05	58.00	666
王连笑教你怎样学数学:高考选择题解题策略与客观题实用训练	2014—01	48.00	262
王连笑教你怎样学数学:高考数学高层次讲座	2015—02	48.00	432
高考数学的理论与实践	2009—08	38.00	53
高考数学核心题型解题方法与技巧	2010—01	28.00	86
高考思维新平台	2014—03	38.00	259
30 分钟拿下高考数学选择题、填空题(理科版)	2016—10	39.80	720
30 分钟拿下高考数学选择题、填空题(文科版)	2016—10	39.80	721
高考数学压轴题解题诀窍(上)(第 2 版)	2018—01	58.00	874
高考数学压轴题解题诀窍(下)(第 2 版)	2018—01	48.00	875
北京市五区文科数学三年高考模拟题详解:2013～2015	2015—08	48.00	500
北京市五区理科数学三年高考模拟题详解:2013～2015	2015—09	68.00	505
向量法巧解数学高考题	2009—08	28.00	54
高考数学解题金典(第 2 版)	2017—01	78.00	716
高考物理解题金典(第 2 版)	2019—05	68.00	717
高考化学解题金典(第 2 版)	2019—05	58.00	718
我一定要赚分:高中物理	2016—01	38.00	580
数学高考参考	2016—01	78.00	589
2011～2015 年全国及各省市高考数学文科精品试题审题要津与解法研究	2015—10	68.00	539
2011～2015 年全国及各省市高考数学理科精品试题审题要津与解法研究	2015—10	88.00	540
最新全国及各省市高考数学试卷解法研究及点拨评析	2009—02	38.00	41
2011 年全国及各省市高考数学试题审题要津与解法研究	2011—10	48.00	139
2013 年全国及各省市高考数学试题解析与点评	2014—01	48.00	282
全国及各省市高考数学试题审题要津与解法研究	2015—02	48.00	450
高中数学章节起始课的教学研究与案例设计	2019—05	28.00	1064
新课标高考数学——五年试题分章详解(2007～2011)(上、下)	2011—10	78.00	140,141
全国中考数学压轴题审题要津与解法研究	2013—04	78.00	248
新编全国及各省市中考数学压轴题审题要津与解法研究	2014—05	58.00	342
全国及各省市 5 年中考数学压轴题审题要津与解法研究(2015 版)	2015—04	58.00	462
中考数学专题总复习	2007—04	28.00	6
中考数学较难题常考题型解题方法与技巧	2016—09	48.00	681
中考数学难题常考题型解题方法与技巧	2016—09	48.00	682
中考数学中档题常考题型解题方法与技巧	2017—08	68.00	835
中考数学选择填空压轴好题妙解 365	2017—05	38.00	759
中小学数学的历史文化	2019—11	48.00	1124
初中平面几何百题多思创新解	2020—01	58.00	1125
初中数学中考备考	2020—01	58.00	1126
高考数学之九章演义	2019—08	68.00	1044
化学可以这样学:高中化学知识方法智慧感悟疑难辨析	2019—07	58.00	1103
如何成为学习高手	2019—09	58.00	1107

刘培杰数学工作室
已出版(即将出版)图书目录——初等数学

书　　名	出版时间	定　价	编号
中考数学小压轴汇编初讲	2017－07	48.00	788
中考数学大压轴专题微言	2017－09	48.00	846
怎么解中考平面几何探索题	2019－06	48.00	1093
北京中考数学压轴题解题方法突破(第5版)	2020－01	58.00	1120
助你高考成功的数学解题智慧：知识是智慧的基础	2016－01	58.00	596
助你高考成功的数学解题智慧：错误是智慧的试金石	2016－04	58.00	643
助你高考成功的数学解题智慧：方法是智慧的推手	2016－04	68.00	657
高考数学奇思妙解	2016－04	38.00	610
高考数学解题策略	2016－05	48.00	670
数学解题泄天机(第2版)	2017－10	48.00	850
高考物理压轴题全解	2017－04	48.00	746
高中物理经典问题25讲	2017－05	28.00	764
高中物理教学讲义	2018－01	48.00	871
2016年高考文科数学真题研究	2017－04	58.00	754
2016年高考理科数学真题研究	2017－04	78.00	755
2017年高考理科数学真题研究	2018－01	58.00	867
2017年高考文科数学真题研究	2018－01	48.00	868
初中数学、高中数学脱节知识补缺教材	2017－06	48.00	766
高考数学小题抢分必练	2017－10	48.00	834
高考数学核心素养解读	2017－09	38.00	839
高考数学客观题解题方法和技巧	2017－10	38.00	847
十年高考数学精品试题审题要津与解法研究.上卷	2018－01	68.00	872
十年高考数学精品试题审题要津与解法研究.下卷	2018－01	58.00	873
中国历届高考数学试题及解答.1949－1979	2018－01	38.00	877
历届中国高考数学试题及解答.第二卷，1980—1989	2018－10	28.00	975
历届中国高考数学试题及解答.第三卷，1990—1999	2018－10	48.00	976
数学文化与高考研究	2018－03	48.00	882
跟我学解高中数学题	2018－07	58.00	926
中学数学研究的方法及案例	2018－05	58.00	869
高考数学抢分技能	2018－07	68.00	934
高一新生常用数学方法和重要数学思想提升教材	2018－06	38.00	921
2018年高考数学真题研究	2019－01	68.00	1000
高考数学全国卷16道选择、填空题常考题型解题诀窍.理科	2018－09	88.00	971
高考数学全国卷16道选择、填空题常考题型解题诀窍.文科	2020－01	88.00	1123
高中数学一题多解	2019－06	58.00	1087

新编640个世界著名数学智力趣题	2014－01	88.00	242
500个最新世界著名数学智力趣题	2008－06	48.00	3
400个最新世界著名数学最值问题	2008－09	48.00	36
500个世界著名数学征解问题	2009－06	48.00	52
400个中国最佳初等数学征解老问题	2010－01	48.00	60
500个俄罗斯数学经典老题	2011－01	28.00	81
1000个国外中学物理好题	2012－04	48.00	174
300个日本高考数学题	2012－05	38.00	142
700个早期日本高考数学试题	2017－02	88.00	752
500个前苏联早期高考数学试题及解答	2012－05	28.00	185
546个早期俄罗斯大学生数学竞赛题	2014－03	38.00	285
548个来自美苏的数学好问题	2014－11	28.00	396
20所苏联著名大学早期入学试题	2015－02	18.00	452
161道德国工科大学生必做的微分方程习题	2015－05	28.00	469
500个德国工科大学生必做的高数习题	2015－06	28.00	478
360个数学竞赛问题	2016－08	58.00	677
200个趣味数学故事	2018－02	48.00	857
470个数学奥林匹克中的最值问题	2018－10	88.00	985
德国讲义日本考题.微积分卷	2015－04	48.00	456
德国讲义日本考题.微分方程卷	2015－04	38.00	457
二十世纪中叶中、英、美、日、法、俄高考数学试题精选	2017－06	38.00	783

刘培杰数学工作室
已出版(即将出版)图书目录——初等数学

书 名	出版时间	定 价	编号
中国初等数学研究　2009 卷(第 1 辑)	2009－05	20.00	45
中国初等数学研究　2010 卷(第 2 辑)	2010－05	30.00	68
中国初等数学研究　2011 卷(第 3 辑)	2011－07	60.00	127
中国初等数学研究　2012 卷(第 4 辑)	2012－07	48.00	190
中国初等数学研究　2014 卷(第 5 辑)	2014－02	48.00	288
中国初等数学研究　2015 卷(第 6 辑)	2015－06	68.00	493
中国初等数学研究　2016 卷(第 7 辑)	2016－04	68.00	609
中国初等数学研究　2017 卷(第 8 辑)	2017－01	98.00	712
初等数学研究在中国.第 1 辑	2019－03	158.00	1024
初等数学研究在中国.第 2 辑	2019－10	158.00	1116
几何变换(Ⅰ)	2014－07	28.00	353
几何变换(Ⅱ)	2015－06	28.00	354
几何变换(Ⅲ)	2015－01	38.00	355
几何变换(Ⅳ)	2015－12	38.00	356
初等数论难题集(第一卷)	2009－05	68.00	44
初等数论难题集(第二卷)(上、下)	2011－02	128.00	82,83
数论概貌	2011－03	18.00	93
代数数论(第二版)	2013－08	58.00	94
代数多项式	2014－06	38.00	289
初等数论的知识与问题	2011－02	28.00	95
超越数论基础	2011－03	28.00	96
数论初等教程	2011－03	28.00	97
数论基础	2011－03	18.00	98
数论基础与维诺格拉多夫	2014－03	18.00	292
解析数论基础	2012－08	28.00	216
解析数论基础(第二版)	2014－01	48.00	287
解析数论问题集(第二版)(原版引进)	2014－05	88.00	343
解析数论问题集(第二版)(中译本)	2016－04	88.00	607
解析数论基础(潘承洞,潘承彪著)	2016－07	98.00	673
解析数论导引	2016－07	58.00	674
数论入门	2011－03	38.00	99
代数数论入门	2015－03	38.00	448
数论开篇	2012－07	28.00	194
解析数论引论	2011－03	48.00	100
Barban Davenport Halberstam 均值和	2009－01	40.00	33
基础数论	2011－03	28.00	101
初等数论 100 例	2011－05	18.00	122
初等数论经典例题	2012－07	18.00	204
最新世界各国数学奥林匹克中的初等数论试题(上、下)	2012－01	138.00	144,145
初等数论(Ⅰ)	2012－01	18.00	156
初等数论(Ⅱ)	2012－01	18.00	157
初等数论(Ⅲ)	2012－01	28.00	158

刘培杰数学工作室
已出版(即将出版)图书目录——初等数学

书　　名	出版时间	定　价	编号
平面几何与数论中未解决的新老问题	2013－01	68.00	229
代数数论简史	2014－11	28.00	408
代数数论	2015－09	88.00	532
代数、数论及分析习题集	2016－11	98.00	695
数论导引提要及习题解答	2016－01	48.00	559
素数定理的初等证明.第2版	2016－09	48.00	686
数论中的模函数与狄利克雷级数(第二版)	2017－11	78.00	837
数论:数学导引	2018－01	68.00	849
范氏大代数	2019－02	98.00	1016
解析数学讲义.第一卷,导来式及微分、积分、级数	2019－04	88.00	1021
解析数学讲义.第二卷,关于几何的应用	2019－04	68.00	1022
解析数学讲义.第三卷,解析函数论	2019－04	78.00	1023
分析·组合·数论纵横谈	2019－04	58.00	1039
Hall代数:民国时期的中学数学课本:英文	2019－08	88.00	1106
数学精神巡礼	2019－01	58.00	731
数学眼光透视(第2版)	2017－06	78.00	732
数学思想领悟(第2版)	2018－01	68.00	733
数学方法溯源(第2版)	2018－08	68.00	734
数学解题引论	2017－05	58.00	735
数学史话览胜(第2版)	2017－01	48.00	736
数学应用展观(第2版)	2017－08	68.00	737
数学建模尝试	2018－04	48.00	738
数学竞赛采风	2018－01	68.00	739
数学测评探营	2019－05	58.00	740
数学技能操握	2018－03	48.00	741
数学欣赏拾趣	2018－02	48.00	742
从毕达哥拉斯到怀尔斯	2007－10	48.00	9
从迪利克雷到维斯卡尔迪	2008－01	48.00	21
从哥德巴赫到陈景润	2008－05	98.00	35
从庞加莱到佩雷尔曼	2011－08	138.00	136
博弈论精粹	2008－03	58.00	30
博弈论精粹.第二版(精装)	2015－01	88.00	461
数学 我爱你	2008－01	28.00	20
精神的圣徒　别样的人生——60位中国数学家成长的历程	2008－09	48.00	39
数学史概论	2009－06	78.00	50
数学史概论(精装)	2013－03	158.00	272
数学史选讲	2016－01	48.00	544
斐波那契数列	2010－02	28.00	65
数学拼盘和斐波那契魔方	2010－07	38.00	72
斐波那契数列欣赏(第2版)	2018－08	58.00	948
Fibonacci数列中的明珠	2018－06	58.00	928
数学的创造	2011－02	48.00	85
数学美与创造力	2016－01	48.00	595
数海拾贝	2016－01	48.00	590
数学中的美(第2版)	2019－04	68.00	1057
数论中的美学	2014－12	38.00	351

刘培杰数学工作室
已出版(即将出版)图书目录——初等数学

书　　名	出版时间	定　价	编号
数学王者　科学巨人——高斯	2015－01	28.00	428
振兴祖国数学的圆梦之旅:中国初等数学研究史话	2015－06	98.00	490
二十世纪中国数学史料研究	2015－10	48.00	536
数字谜、数阵图与棋盘覆盖	2016－01	58.00	298
时间的形状	2016－01	38.00	556
数学发现的艺术:数学探索中的合情推理	2016－07	58.00	671
活跃在数学中的参数	2016－07	48.00	675
数学解题——靠数学思想给力(上)	2011－07	38.00	131
数学解题——靠数学思想给力(中)	2011－07	48.00	132
数学解题——靠数学思想给力(下)	2011－07	38.00	133
我怎样解题	2013－01	48.00	227
数学解题中的物理方法	2011－06	28.00	114
数学解题的特殊方法	2011－06	48.00	115
中学数学计算技巧	2012－01	48.00	116
中学数学证明方法	2012－01	58.00	117
数学趣题巧解	2012－03	28.00	128
高中数学教学通鉴	2015－05	58.00	479
和高中生漫谈:数学与哲学的故事	2014－08	28.00	369
算术问题集	2017－03	38.00	789
张教授讲数学	2018－07	38.00	933
自主招生考试中的参数方程问题	2015－01	28.00	435
自主招生考试中的极坐标问题	2015－04	28.00	463
近年全国重点大学自主招生数学试题全解及研究.华约卷	2015－02	38.00	441
近年全国重点大学自主招生数学试题全解及研究.北约卷	2016－05	38.00	619
自主招生数学解证宝典	2015－09	48.00	535
格点和面积	2012－07	18.00	191
射影几何趣谈	2012－04	28.00	175
斯潘纳尔引理——从一道加拿大数学奥林匹克试题谈起	2014－01	28.00	228
李普希兹条件——从几道近年高考数学试题谈起	2012－10	18.00	221
拉格朗日中值定理——从一道北京高考试题的解法谈起	2015－10	18.00	197
闵科夫斯基定理——从一道清华大学自主招生试题谈起	2014－01	28.00	198
哈尔测度——从一道冬令营试题的背景谈起	2012－08	28.00	202
切比雪夫逼近问题——从一道中国台北数学奥林匹克试题谈起	2013－04	38.00	238
伯恩斯坦多项式与贝齐尔曲面——从一道全国高中数学联赛试题谈起	2013－03	38.00	236
卡塔兰猜想——从一道普特南竞赛试题谈起	2013－06	18.00	256
麦卡锡函数和阿克曼函数——从一道前南斯拉夫数学奥林匹克试题谈起	2012－08	18.00	201
贝蒂定理与拉姆贝克莫斯尔定理——从一个拣石子游戏谈起	2012－08	18.00	217
皮亚诺曲线和豪斯道夫分球定理——从无限集谈起	2012－08	18.00	211
平面凸图形与凸多面体	2012－10	28.00	218
斯坦因豪斯问题——从一道二十五省市自治区中学数学竞赛试题谈起	2012－07	18.00	196

刘培杰数学工作室

已出版(即将出版)图书目录——初等数学

书名	出版时间	定价	编号
纽结理论中的亚历山大多项式与琼斯多项式——从一道北京市高一数学竞赛试题谈起	2012－07	28.00	195
原则与策略——从波利亚"解题表"谈起	2013－04	38.00	244
转化与化归——从三大尺规作图不能问题谈起	2012－08	28.00	214
代数几何中的贝祖定理(第一版)——从一道IMO试题的解法谈起	2013－08	18.00	193
成功连贯理论与约当块理论——从一道比利时数学竞赛试题谈起	2012－04	18.00	180
素数判定与大数分解	2014－08	18.00	199
置换多项式及其应用	2012－10	18.00	220
椭圆函数与模函数——从一道美国加州大学洛杉矶分校(UCLA)博士资格考题谈起	2012－10	28.00	219
差分方程的拉格朗日方法——从一道2011年全国高考理科试题的解法谈起	2012－08	28.00	200
力学在几何中的一些应用	2013－01	38.00	240
从根式解到伽罗华理论	2020－01	48.00	1121
康托洛维奇不等式——从一道全国高中联赛试题谈起	2013－03	28.00	337
西格尔引理——从一道第18届IMO试题的解法谈起	即将出版		
罗斯定理——从一道前苏联数学竞赛试题谈起	即将出版		
拉克斯定理和阿廷定理——从一道IMO试题的解法谈起	2014－01	58.00	246
毕卡大定理——从一道美国大学数学竞赛试题谈起	2014－07	18.00	350
贝齐尔曲线——从一道全国高中联赛试题谈起	即将出版		
拉格朗日乘子定理——从一道2005年全国高中联赛试题的高等数学解法谈起	2015－05	28.00	480
雅可比定理——从一道日本数学奥林匹克试题谈起	2013－04	48.00	249
李天岩－约克定理——从一道波兰数学竞赛试题谈起	2014－06	28.00	349
整系数多项式因式分解的一般方法——从克朗耐克算法谈起	即将出版		
布劳维不动点定理——从一道前苏联数学奥林匹克试题谈起	2014－01	38.00	273
伯恩赛德定理——从一道英国数学奥林匹克试题谈起	即将出版		
布查特－莫斯特定理——从一道上海市初中竞赛试题谈起	即将出版		
数论中的同余数问题——从一道普特南竞赛试题谈起	即将出版		
范·德蒙行列式——从一道美国数学奥林匹克试题谈起	即将出版		
中国剩余定理:总数法构建中国历史年表	2015－01	28.00	430
牛顿程序与方程求根——从一道全国高考试题解法谈起	即将出版		
库默尔定理——从一道IMO预选试题谈起	即将出版		
卢丁定理——从一道冬令营试题的解法谈起	即将出版		
沃斯滕霍姆定理——从一道IMO预选试题谈起	即将出版		
卡尔松不等式——从一道莫斯科数学奥林匹克试题谈起	即将出版		
信息论中的香农熵——从一道近年高考压轴题谈起	即将出版		
约当不等式——从一道希望杯竞赛试题谈起	即将出版		
拉比诺维奇定理	即将出版		
刘维尔定理——从一道《美国数学月刊》征解问题的解法谈起	即将出版		
卡塔兰恒等式与级数求和——从一道IMO试题的解法谈起	即将出版		
勒让德猜想与素数分布——从一道爱尔兰竞赛试题谈起	即将出版		
天平称重与信息论——从一道基辅市数学奥林匹克试题谈起	即将出版		
哈密尔顿－凯莱定理:从一道高中数学联赛试题的解法谈起	2014－09	18.00	376
艾思特曼定理——从一道CMO试题的解法谈起	即将出版		

刘培杰数学工作室
已出版(即将出版)图书目录——初等数学

书　名	出版时间	定　价	编号
阿贝尔恒等式与经典不等式及应用	2018－06	98.00	923
迪利克雷除数问题	2018－07	48.00	930
幻方、幻立方与拉丁方	2019－08	48.00	1092
帕斯卡三角形	2014－03	18.00	294
蒲丰投针问题——从 2009 年清华大学的一道自主招生试题谈起	2014－01	38.00	295
斯图姆定理——从一道"华约"自主招生试题的解法谈起	2014－01	18.00	296
许瓦兹引理——从一道加利福尼亚大学伯克利分校数学系博士生试题谈起	2014－08	18.00	297
拉姆塞定理——从王诗宬院士的一个问题谈起	2016－04	48.00	299
坐标法	2013－12	28.00	332
数论三角形	2014－04	38.00	341
毕克定理	2014－07	18.00	352
数林掠影	2014－09	48.00	389
我们周围的概率	2014－10	38.00	390
凸函数最值定理:从一道华约自主招生题的解法谈起	2014－10	28.00	391
易学与数学奥林匹克	2014－10	38.00	392
生物数学趣谈	2015－01	18.00	409
反演	2015－01	28.00	420
因式分解与圆锥曲线	2015－01	18.00	426
轨迹	2015－01	28.00	427
面积原理:从常庚哲命的一道 CMO 试题的积分解法谈起	2015－01	48.00	431
形形色色的不动点定理:从一道 28 届 IMO 试题谈起	2015－01	38.00	439
柯西函数方程:从一道上海交大自主招生的试题谈起	2015－02	28.00	440
三角恒等式	2015－02	28.00	442
无理性判定:从一道 2014 年"北约"自主招生试题谈起	2015－01	38.00	443
数学归纳法	2015－03	18.00	451
极端原理与解题	2015－04	28.00	464
法雷级数	2014－08	18.00	367
摆线族	2015－01	38.00	438
函数方程及其解法	2015－05	38.00	470
含参数的方程和不等式	2012－09	28.00	213
希尔伯特第十问题	2016－01	38.00	543
无穷小量的求和	2016－01	28.00	545
切比雪夫多项式:从一道清华大学金秋营试题谈起	2016－01	38.00	583
泽肯多夫定理	2016－03	38.00	599
代数等式证题法	2016－01	28.00	600
三角等式证题法	2016－01	28.00	601
吴大任教授藏书中的一个因式分解公式:从一道美国数学邀请赛试题的解法谈起	2016－06	28.00	656
易卦——类万物的数学模型	2017－08	68.00	838
"不可思议"的数与数系可持续发展	2018－01	38.00	878
最短线	2018－01	38.00	879

幻方和魔方(第一卷)	2012－05	68.00	173
尘封的经典——初等数学经典文献选读(第一卷)	2012－07	48.00	205
尘封的经典——初等数学经典文献选读(第二卷)	2012－07	38.00	206

初级方程式论	2011－03	28.00	106
初等数学研究(Ⅰ)	2008－09	68.00	37
初等数学研究(Ⅱ)(上、下)	2009－05	118.00	46,47

刘培杰数学工作室

已出版(即将出版)图书目录——初等数学

书　　名	出版时间	定　价	编号
趣味初等方程妙题集锦	2014－09	48.00	388
趣味初等数论选美与欣赏	2015－02	48.00	445
耕读笔记(上卷):一位农民数学爱好者的初数探索	2015－04	28.00	459
耕读笔记(中卷):一位农民数学爱好者的初数探索	2015－05	28.00	483
耕读笔记(下卷):一位农民数学爱好者的初数探索	2015－05	28.00	484
几何不等式研究与欣赏.上卷	2016－01	88.00	547
几何不等式研究与欣赏.下卷	2016－01	48.00	552
初等数列研究与欣赏·上	2016－01	48.00	570
初等数列研究与欣赏·下	2016－01	48.00	571
趣味初等函数研究与欣赏.上	2016－09	48.00	684
趣味初等函数研究与欣赏.下	2018－09	48.00	685
火柴游戏	2016－05	38.00	612
智力解谜.第1卷	2017－07	38.00	613
智力解谜.第2卷	2017－07	38.00	614
故事智力	2016－07	48.00	615
名人们喜欢的智力问题	2020－01	48.00	616
数学大师的发现、创造与失误	2018－01	48.00	617
异曲同工	2018－09	48.00	618
数学的味道	2018－01	58.00	798
数学千字文	2018－10	68.00	977
数贝偶拾——高考数学题研究	2014－04	28.00	274
数贝偶拾——初等数学研究	2014－04	38.00	275
数贝偶拾——奥数题研究	2014－04	48.00	276
钱昌本教你快乐学数学(上)	2011－12	48.00	155
钱昌本教你快乐学数学(下)	2012－03	58.00	171
集合、函数与方程	2014－01	28.00	300
数列与不等式	2014－01	38.00	301
三角与平面向量	2014－01	28.00	302
平面解析几何	2014－01	38.00	303
立体几何与组合	2014－01	28.00	304
极限与导数、数学归纳法	2014－01	38.00	305
趣味数学	2014－03	28.00	306
教材教法	2014－04	68.00	307
自主招生	2014－05	58.00	308
高考压轴题(上)	2015－01	48.00	309
高考压轴题(下)	2014－10	68.00	310
从费马到怀尔斯——费马大定理的历史	2013－10	198.00	Ⅰ
从庞加莱到佩雷尔曼——庞加莱猜想的历史	2013－10	298.00	Ⅱ
从切比雪夫到爱尔特希(上)——素数定理的初等证明	2013－07	48.00	Ⅲ
从切比雪夫到爱尔特希(下)——素数定理100年	2012－12	98.00	Ⅲ
从高斯到盖尔方特——二次域的高斯猜想	2013－10	198.00	Ⅳ
从库默尔到朗兰兹——朗兰兹猜想的历史	2014－01	98.00	Ⅴ
从比勃巴赫到德布朗斯——比勃巴赫猜想的历史	2014－02	298.00	Ⅵ
从麦比乌斯到陈省身——麦比乌斯变换与麦比乌斯带	2014－02	298.00	Ⅶ
从布尔到豪斯道夫——布尔方程与格论漫谈	2013－10	198.00	Ⅷ
从开普勒到阿诺德——三体问题的历史	2014－05	298.00	Ⅸ
从华林到华罗庚——华林问题的历史	2013－10	298.00	Ⅹ

刘培杰数学工作室
已出版(即将出版)图书目录——初等数学

书　　名	出版时间	定　价	编号
美国高中数学竞赛五十讲.第1卷(英文)	2014-08	28.00	357
美国高中数学竞赛五十讲.第2卷(英文)	2014-08	28.00	358
美国高中数学竞赛五十讲.第3卷(英文)	2014-09	28.00	359
美国高中数学竞赛五十讲.第4卷(英文)	2014-09	28.00	360
美国高中数学竞赛五十讲.第5卷(英文)	2014-10	28.00	361
美国高中数学竞赛五十讲.第6卷(英文)	2014-11	28.00	362
美国高中数学竞赛五十讲.第7卷(英文)	2014-12	28.00	363
美国高中数学竞赛五十讲.第8卷(英文)	2015-01	28.00	364
美国高中数学竞赛五十讲.第9卷(英文)	2015-01	28.00	365
美国高中数学竞赛五十讲.第10卷(英文)	2015-02	38.00	366

三角函数(第2版)	2017-04	38.00	626
不等式	2014-01	38.00	312
数列	2014-01	38.00	313
方程(第2版)	2017-04	38.00	624
排列和组合	2014-01	28.00	315
极限与导数(第2版)	2016-04	38.00	635
向量(第2版)	2018-08	58.00	627
复数及其应用	2014-08	28.00	318
函数	2014-01	38.00	319
集合	2020-01	48.00	320
直线与平面	2014-01	28.00	321
立体几何(第2版)	2016-04	38.00	629
解三角形	即将出版		323
直线与圆(第2版)	2016-11	38.00	631
圆锥曲线(第2版)	2016-09	48.00	632
解题通法(一)	2014-07	38.00	326
解题通法(二)	2014-07	38.00	327
解题通法(三)	2014-05	38.00	328
概率与统计	2014-01	28.00	329
信息迁移与算法	即将出版		330

IMO 50年.第1卷(1959-1963)	2014-11	28.00	377
IMO 50年.第2卷(1964-1968)	2014-11	28.00	378
IMO 50年.第3卷(1969-1973)	2014-09	28.00	379
IMO 50年.第4卷(1974-1978)	2016-04	38.00	380
IMO 50年.第5卷(1979-1984)	2015-04	38.00	381
IMO 50年.第6卷(1985-1989)	2015-04	58.00	382
IMO 50年.第7卷(1990-1994)	2016-01	48.00	383
IMO 50年.第8卷(1995-1999)	2016-06	38.00	384
IMO 50年.第9卷(2000-2004)	2015-04	58.00	385
IMO 50年.第10卷(2005-2009)	2016-01	48.00	386
IMO 50年.第11卷(2010-2015)	2017-03	48.00	646

刘培杰数学工作室
已出版(即将出版)图书目录——初等数学

书　名	出版时间	定　价	编号
数学反思(2006—2007)	即将出版		915
数学反思(2008—2009)	2019—01	68.00	917
数学反思(2010—2011)	2018—05	58.00	916
数学反思(2012—2013)	2019—01	58.00	918
数学反思(2014—2015)	2019—03	78.00	919
历届美国大学生数学竞赛试题集.第一卷(1938—1949)	2015—01	28.00	397
历届美国大学生数学竞赛试题集.第二卷(1950—1959)	2015—01	28.00	398
历届美国大学生数学竞赛试题集.第三卷(1960—1969)	2015—01	28.00	399
历届美国大学生数学竞赛试题集.第四卷(1970—1979)	2015—01	18.00	400
历届美国大学生数学竞赛试题集.第五卷(1980—1989)	2015—01	28.00	401
历届美国大学生数学竞赛试题集.第六卷(1990—1999)	2015—01	28.00	402
历届美国大学生数学竞赛试题集.第七卷(2000—2009)	2015—08	18.00	403
历届美国大学生数学竞赛试题集.第八卷(2010—2012)	2015—01	18.00	404
新课标高考数学创新题解题诀窍:总论	2014—09	28.00	372
新课标高考数学创新题解题诀窍:必修1～5分册	2014—08	38.00	373
新课标高考数学创新题解题诀窍:选修2—1,2—2,1—1,1—2分册	2014—09	38.00	374
新课标高考数学创新题解题诀窍:选修2—3,4—4,4—5分册	2014—09	18.00	375
全国重点大学自主招生英文数学试题全攻略:词汇卷	2015—07	48.00	410
全国重点大学自主招生英文数学试题全攻略:概念卷	2015—01	28.00	411
全国重点大学自主招生英文数学试题全攻略:文章选读卷(上)	2016—09	38.00	412
全国重点大学自主招生英文数学试题全攻略:文章选读卷(下)	2017—01	58.00	413
全国重点大学自主招生英文数学试题全攻略:试题卷	2015—07	38.00	414
全国重点大学自主招生英文数学试题全攻略:名著欣赏卷	2017—03	48.00	415
劳埃德数学趣题大全.题目卷.1:英文	2016—01	18.00	516
劳埃德数学趣题大全.题目卷.2:英文	2016—01	18.00	517
劳埃德数学趣题大全.题目卷.3:英文	2016—01	18.00	518
劳埃德数学趣题大全.题目卷.4:英文	2016—01	18.00	519
劳埃德数学趣题大全.题目卷.5:英文	2016—01	18.00	520
劳埃德数学趣题大全.答案卷:英文	2016—01	18.00	521
李成章教练奥数笔记.第1卷	2016—01	48.00	522
李成章教练奥数笔记.第2卷	2016—01	48.00	523
李成章教练奥数笔记.第3卷	2016—01	38.00	524
李成章教练奥数笔记.第4卷	2016—01	38.00	525
李成章教练奥数笔记.第5卷	2016—01	38.00	526
李成章教练奥数笔记.第6卷	2016—01	38.00	527
李成章教练奥数笔记.第7卷	2016—01	38.00	528
李成章教练奥数笔记.第8卷	2016—01	48.00	529
李成章教练奥数笔记.第9卷	2016—01	28.00	530

刘培杰数学工作室
已出版(即将出版)图书目录——初等数学

书　名	出版时间	定　价	编号
第19～23届"希望杯"全国数学邀请赛试题审题要津详细评注(初一版)	2014-03	28.00	333
第19～23届"希望杯"全国数学邀请赛试题审题要津详细评注(初二、初三版)	2014-03	38.00	334
第19～23届"希望杯"全国数学邀请赛试题审题要津详细评注(高一版)	2014-03	28.00	335
第19～23届"希望杯"全国数学邀请赛试题审题要津详细评注(高二版)	2014-03	38.00	336
第19～25届"希望杯"全国数学邀请赛试题审题要津详细评注(初一版)	2015-01	38.00	416
第19～25届"希望杯"全国数学邀请赛试题审题要津详细评注(初二、初三版)	2015-01	58.00	417
第19～25届"希望杯"全国数学邀请赛试题审题要津详细评注(高一版)	2015-01	48.00	418
第19～25届"希望杯"全国数学邀请赛试题审题要津详细评注(高二版)	2015-01	48.00	419
物理奥林匹克竞赛大题典——力学卷	2014-11	48.00	405
物理奥林匹克竞赛大题典——热学卷	2014-04	28.00	339
物理奥林匹克竞赛大题典——电磁学卷	2015-07	48.00	406
物理奥林匹克竞赛大题典——光学与近代物理卷	2014-06	28.00	345
历届中国东南地区数学奥林匹克试题集(2004～2012)	2014-06	18.00	346
历届中国西部地区数学奥林匹克试题集(2001～2012)	2014-07	18.00	347
历届中国女子数学奥林匹克试题集(2002～2012)	2014-08	18.00	348
数学奥林匹克在中国	2014-06	98.00	344
数学奥林匹克问题集	2014-01	38.00	267
数学奥林匹克不等式散论	2010-06	38.00	124
数学奥林匹克不等式欣赏	2011-09	38.00	138
数学奥林匹克超级题库(初中卷上)	2010-01	58.00	66
数学奥林匹克不等式证明方法和技巧(上、下)	2011-08	158.00	134,135
他们学什么:原民主德国中学数学课本	2016-09	38.00	658
他们学什么:英国中学数学课本	2016-09	38.00	659
他们学什么:法国中学数学课本.1	2016-09	38.00	660
他们学什么:法国中学数学课本.2	2016-09	28.00	661
他们学什么:法国中学数学课本.3	2016-09	38.00	662
他们学什么:苏联中学数学课本	2016-09	28.00	679
高中数学题典——集合与简易逻辑·函数	2016-07	48.00	647
高中数学题典——导数	2016-07	48.00	648
高中数学题典——三角函数·平面向量	2016-07	48.00	649
高中数学题典——数列	2016-07	58.00	650
高中数学题典——不等式·推理与证明	2016-07	38.00	651
高中数学题典——立体几何	2016-07	48.00	652
高中数学题典——平面解析几何	2016-07	78.00	653
高中数学题典——计数原理·统计·概率·复数	2016-07	48.00	654
高中数学题典——算法·平面几何·初等数论·组合数学·其他	2016-07	68.00	655

刘培杰数学工作室
已出版(即将出版)图书目录——初等数学

书　　名	出版时间	定　价	编号
台湾地区奥林匹克数学竞赛试题.小学一年级	2017－03	38.00	722
台湾地区奥林匹克数学竞赛试题.小学二年级	2017－03	38.00	723
台湾地区奥林匹克数学竞赛试题.小学三年级	2017－03	38.00	724
台湾地区奥林匹克数学竞赛试题.小学四年级	2017－03	38.00	725
台湾地区奥林匹克数学竞赛试题.小学五年级	2017－03	38.00	726
台湾地区奥林匹克数学竞赛试题.小学六年级	2017－03	38.00	727
台湾地区奥林匹克数学竞赛试题.初中一年级	2017－03	38.00	728
台湾地区奥林匹克数学竞赛试题.初中二年级	2017－03	38.00	729
台湾地区奥林匹克数学竞赛试题.初中三年级	2017－03	28.00	730
不等式证题法	2017－04	28.00	747
平面几何培优教程	2019－08	88.00	748
奥数鼎级培优教程.高一分册	2018－09	88.00	749
奥数鼎级培优教程.高二分册.上	2018－04	68.00	750
奥数鼎级培优教程.高二分册.下	2018－04	68.00	751
高中数学竞赛冲刺宝典	2019－04	68.00	883
初中尖子生数学超级题典.实数	2017－07	58.00	792
初中尖子生数学超级题典.式、方程与不等式	2017－08	58.00	793
初中尖子生数学超级题典.圆、面积	2017－08	38.00	794
初中尖子生数学超级题典.函数、逻辑推理	2017－08	48.00	795
初中尖子生数学超级题典.角、线段、三角形与多边形	2017－07	58.00	796
数学王子——高斯	2018－01	48.00	858
坎坷奇星——阿贝尔	2018－01	48.00	859
闪烁奇星——伽罗瓦	2018－01	58.00	860
无穷统帅——康托尔	2018－01	48.00	861
科学公主——柯瓦列夫斯卡娅	2018－01	48.00	862
抽象代数之母——埃米·诺特	2018－01	48.00	863
电脑先驱——图灵	2018－01	58.00	864
昔日神童——维纳	2018－01	48.00	865
数坛怪侠——爱尔特希	2018－01	68.00	866
传奇数学家徐利治	2019－09	88.00	1110
当代世界中的数学.数学思想与数学基础	2019－01	38.00	892
当代世界中的数学.数学问题	2019－01	38.00	893
当代世界中的数学.应用数学与数学应用	2019－01	38.00	894
当代世界中的数学.数学王国的新疆域(一)	2019－01	38.00	895
当代世界中的数学.数学王国的新疆域(二)	2019－01	38.00	896
当代世界中的数学.数林撷英(一)	2019－01	38.00	897
当代世界中的数学.数林撷英(二)	2019－01	48.00	898
当代世界中的数学.数学之路	2019－01	38.00	899

刘培杰数学工作室

已出版(即将出版)图书目录——初等数学

书　　名	出版时间	定　价	编号
105 个代数问题:来自 AwesomeMath 夏季课程	2019—02	58.00	956
106 个几何问题:来自 AwesomeMath 夏季课程	即将出版		957
107 个几何问题:来自 AwesomeMath 全年课程	即将出版		958
108 个代数问题:来自 AwesomeMath 全年课程	2019—01	68.00	959
109 个不等式:来自 AwesomeMath 夏季课程	2019—04	58.00	960
国际数学奥林匹克中的 110 个几何问题	即将出版		961
111 个代数和数论问题	2019—05	58.00	962
112 个组合问题:来自 AwesomeMath 夏季课程	2019—05	58.00	963
113 个几何不等式:来自 AwesomeMath 夏季课程	即将出版		964
114 个指数和对数问题:来自 AwesomeMath 夏季课程	2019—09	48.00	965
115 个三角问题:来自 AwesomeMath 夏季课程	2019—09	58.00	966
116 个代数不等式:来自 AwesomeMath 全年课程	2019—04	58.00	967
紫色彗星国际数学竞赛试题	2019—02	58.00	999
澳大利亚中学数学竞赛试题及解答(初级卷)1978～1984	2019—02	28.00	1002
澳大利亚中学数学竞赛试题及解答(初级卷)1985～1991	2019—02	28.00	1003
澳大利亚中学数学竞赛试题及解答(初级卷)1992～1998	2019—02	28.00	1004
澳大利亚中学数学竞赛试题及解答(初级卷)1999～2005	2019—02	28.00	1005
澳大利亚中学数学竞赛试题及解答(中级卷)1978～1984	2019—03	28.00	1006
澳大利亚中学数学竞赛试题及解答(中级卷)1985～1991	2019—03	28.00	1007
澳大利亚中学数学竞赛试题及解答(中级卷)1992～1998	2019—03	28.00	1008
澳大利亚中学数学竞赛试题及解答(中级卷)1999～2005	2019—03	28.00	1009
澳大利亚中学数学竞赛试题及解答(高级卷)1978～1984	2019—05	28.00	1010
澳大利亚中学数学竞赛试题及解答(高级卷)1985～1991	2019—05	28.00	1011
澳大利亚中学数学竞赛试题及解答(高级卷)1992～1998	2019—05	28.00	1012
澳大利亚中学数学竞赛试题及解答(高级卷)1999～2005	2019—05	28.00	1013
天才中小学生智力测验题.第一卷	2019—03	38.00	1026
天才中小学生智力测验题.第二卷	2019—03	38.00	1027
天才中小学生智力测验题.第三卷	2019—03	38.00	1028
天才中小学生智力测验题.第四卷	2019—03	38.00	1029
天才中小学生智力测验题.第五卷	2019—03	38.00	1030
天才中小学生智力测验题.第六卷	2019—03	38.00	1031
天才中小学生智力测验题.第七卷	2019—03	38.00	1032
天才中小学生智力测验题.第八卷	2019—03	38.00	1033
天才中小学生智力测验题.第九卷	2019—03	38.00	1034
天才中小学生智力测验题.第十卷	2019—03	38.00	1035
天才中小学生智力测验题.第十一卷	2019—03	38.00	1036
天才中小学生智力测验题.第十二卷	2019—03	38.00	1037
天才中小学生智力测验题.第十三卷	2019—03	38.00	1038

刘培杰数学工作室

已出版(即将出版)图书目录——初等数学

书　名	出版时间	定　价	编号
重点大学自主招生数学备考全书:函数	即将出版		1047
重点大学自主招生数学备考全书:导数	即将出版		1048
重点大学自主招生数学备考全书:数列与不等式	2019－10	78.00	1049
重点大学自主招生数学备考全书:三角函数与平面向量	即将出版		1050
重点大学自主招生数学备考全书:平面解析几何	即将出版		1051
重点大学自主招生数学备考全书:立体几何与平面几何	2019－08	48.00	1052
重点大学自主招生数学备考全书:排列组合·概率统计·复数	2019－09	48.00	1053
重点大学自主招生数学备考全书:初等数论与组合数学	2019－08	48.00	1054
重点大学自主招生数学备考全书:重点大学自主招生真题.上	2019－04	68.00	1055
重点大学自主招生数学备考全书:重点大学自主招生真题.下	2019－04	58.00	1056

高中数学竞赛培训教程:平面几何问题的求解方法与策略.上	2018－05	68.00	906
高中数学竞赛培训教程:平面几何问题的求解方法与策略.下	2018－06	78.00	907
高中数学竞赛培训教程:整除与同余以及不定方程	2018－01	88.00	908
高中数学竞赛培训教程:组合计数与组合极值	2018－04	48.00	909
高中数学竞赛培训教程:初等代数	2019－04	78.00	1042
高中数学讲座:数学竞赛基础教程(第一册)	2019－06	48.00	1094
高中数学讲座:数学竞赛基础教程(第二册)	即将出版		1095
高中数学讲座:数学竞赛基础教程(第三册)	即将出版		1096
高中数学讲座:数学竞赛基础教程(第四册)	即将出版		1097

联系地址:哈尔滨市南岗区复华四道街10号　哈尔滨工业大学出版社刘培杰数学工作室
网　　址:http://lpj.hit.edu.cn/
邮　　编:150006
联系电话:0451－86281378　　13904613167
E-mail:lpj1378@163.com